ALBERT THIELE

Innovativ Präsentieren

ALBERT THIELE

Innovativ
Präsentieren

Zielführende Konzepte entwickeln

Multimedia sinnvoll einsetzen

Kernbotschaften verankern

Durch Persönlichkeit überzeugen

- **Mit „Stressfahrplan" und CD-ROM**

F.A.Z.-INSTITUT
FÜR MANAGEMENT-, MARKT- UND MEDIENINFORMATIONEN GMBH

Die Deutsche Bibliothek – CIP-Einheitsaufnahme

Albert Thiele

Innovativ Präsentieren

Zielführende Konzepte entwickeln. Multimedia sinnvoll einsetzen.
Kernbotschaften verankern. Durch Persönlichkeit überzeugen.
Mit „Stressfahrplan" und CD-ROM.
F.A.Z.-Institut für Management-,
Markt- und Medieninformationen,
Frankfurt am Main: 2000

ISBN 3-927282-96-0

Copyright	F.A.Z.-Institut für Management-, Markt- und Medieninformationen GmbH Mainzer Landstraße 195 60326 Frankfurt am Main
Umschlaggestaltung	xplicit Gesellschaft für visuelle Kommunikation, Frankfurt am Main
DTP-Layout	Dietmar Ostermann, F.A.Z.-Institut für Management-, Markt- und Medieninformationen GmbH
Druck	Halle Union Druck GmbH, Halle

Printed in Germany

Inhaltsverzeichnis

Vorwort und Dank

Die Digitaltechnik hat die Präsentationskultur in den Unternehmen grundlegend verändert. Multimediale Präsentationen über Notebook und Dataprojektor gewinnen zunehmend an Bedeutung. Dieser Trend wird sich in Zukunft verstärken, weil Neue Medien helfen, Qualität und Wirkungsgrad von Präsentationen spürbar zu verbessern. So ist es möglich, Textcharts mit Fotos zu kombinieren, Schaubilder schrittweise aufzubauen, Videoclips einzubinden, Produkte und Abläufe virtuell darzustellen, in andere Programme oder ins Internet zu verzweigen oder entfernte Personen über Videokonferenz zusätzlich teilnehmen zu lassen.

Während man früher Overheadprojektor, Videorecorder, Flipchart und die übrigen klassischen Hilfsmittel als eigenständige Medien einzeln oder zu mehreren nebeneinander einsetzte, werden sie heute auf einer einzigen Plattform, dem Computer integriert. Dieses integrierende Basismedium ist im Zusammenwirken mit der globalen Vernetzung das eigentlich Neue und markiert einen „Quantensprung" beim Präsentieren.

Bei der Weiterentwicklung der Präsentationstechnik kommt es darauf an, Erfolg versprechende Zukunfttrends früh zu erkennen und die strategisch richtigen Konsequenzen zu ziehen: für die eigene Person, aber auch für die Präsentationskultur des Teams und des Unternehmens insgesamt.

Dieses Buch zeigt Ihnen vorwiegend innovative Wege zur Optimierung von Präsentationen. Es behandelt jedoch auch den bewährten klassischen Medieneinsatz. Sie erfahren, wie Sie für Ihre Szenarien die geeigneten Medien und die beste Überzeugungsstrategie finden. Dabei wird deutlich, dass es nicht das ideale Medium beim Präsentieren schlechthin gibt. Auch im digitalen Zeitalter gibt es eine Reihe von Anlässen und Zielen, bei denen der Einsatz klassischer Hilfsmittel zu besseren Erfolgen führt als die Computerpräsentation. Um Ihnen die jeweilige Entscheidung für das beste Medium zu erleichtern, lernen Sie differenzierte Eignungskriterien kennen.

Dieser Ratgeber wendet sich an alle, die vor Gruppen oder in Gesprächen professionell und wettbewerbsfähig präsentieren müssen. Dazu gehören insbesondere Vertriebsleiter, Verkäufer und Spezialisten mit Kundenkontakt, Führungs- und Fachkräfte aller Ebenen und Funktionsbereiche sowie Fachreferenten, Schulungsleiter und Trainer.

Ausgangspunkt und Ziel dieses Ratgebers ist die Präsentationspraxis. Hierbei wurde besonderer Wert darauf gelegt, dass die Inhalte leicht anwendbar sind. Theoretische Ausführungen sind zugunsten von Praxistipps, Empfehlungen und Referenzbeispielen auf ein Mindestmaß beschränkt.

Der besondere Nutzen dieses Buches:

- Im Mittelpunkt stehen Möglichkeiten und Grenzen der *neuen Medien*.

- Die Prinzipien der *Qualitäts- und Kundenorientierung* werden in allen Phasen des Präsentationsprozesses berücksichtigt.

- Der Optimierungsansatz des Buches umfasst alle Faktoren, die den Erfolg von Präsentationen beeinflussen.

- Mit der beigefügten *CD-ROM* verfügen Sie über ein Informations- und Lernwerkzeug, das eine Fülle multimedialer Praxisbeispiele („best practices"), Software-Tools und Illustrationen neuer Medien und Präsentationstechniken enthält.

Betrachten Sie die Anregungen in diesem Buch als Angebote: Suchen Sie sich diejenigen Empfehlungen heraus, die zu Ihren Präsentationsanlässen, zu Ihrer Persönlichkeit und zu Ihren Laufbahnzielen passen. Denken Sie beim Verbessern Ihres Präsentationsstils stets daran: Sie wirken nur dann glaubwürdig und überzeugend, wenn Sie sich treu bleiben.

Für die Lektüre dieses Buches und für die Arbeit mit der CD-ROM wünsche ich Ihnen Freude und zahlreiche Aha-Erlebnisse. Möge Ihnen dieses Buch helfen, Ihre Präsentationen:

- mit einem schlüssigen Konzept durchzuführen,

- mit einem sinnvollen Einsatz von Multimedia zielwirksam zu bereichern,

- durch die positive Wirkung Ihrer Persönlichkeit und durch Ihre professionelle Überzeugungsarbeit erfolgreich zu gestalten.

Mit Interesse erwarte ich Ihre Anregungen, Verbesserungsvorschläge und Fragen zu diesem Buch: Dr.Thiele@t-online.de sowie www.albertthiele.de.

Mein Dank

Zahlreiche Unternehmen, Organisationen und Fachexperten haben mich bei meinen Recherchen zu Buch und CD-ROM unterstützt, indem sie vielfältige multimediale Materialien, Software und Informationen bereitgestellt haben. Mein Dank gilt insbesondere folgenden Personen und Organisationen

Firmenpräsentationen und Beispielcharts: DaimlerChrysler AG (Herr Knut Bormann, CI), Volkswagen AG (Herr Klaus Schadewald, Konzern-CI), Deutsche Telekom AG (Frau Karin Gottschalk, CI), Heidelberger Druckmaschinen AG (Herr Martin Leonhard, CD), e.on AG (Frau Dr. Susanne von Bassewitz, PR), IAO Fraunhofer-Institut für Arbeitswirtschaft und Organisation (Herr Dr. Rolf Ilg, CC Wissenstransfer).

Neue Medien und Raumdesign: Medium GmbH (Herr Reinhold Imdahl, Herr Patrick Schappert), AVI-Studio (Herr Wolfgang Griese), ED. Liesegang (Herr Roland Glatz), Weyel Kommunikation & Raumdesign (Herr Klingelhöfer), 3M Germany (Frau M. Rhode, PR), voss interactive (Herr Andreas von Estorff, Frau Anja Schwenke), Höring Management Consulting (Herr Dr. Klaus Höring)

Software-Tools: MarketSoft GmbH (Herr Michael Louis), FAST Multimedia AG (Herr Dirk Heller)

Bedanken möchte ich mich vor allem bei Frau Dr. phil. Christina Eibl vom F.A.Z.-Institut für die professionelle, inspirierende und herzliche Zusammenarbeit, bei Herrn Jochen Lamp für Konzept und Produktion der CD-ROM sowie bei Herrn Dietmar Ostermann für die Sorgfalt bei der Gestaltung der Abbildungen.

Nicht zuletzt gilt mein besonderer Dank meinem Partner und Freund Siegmar Saul, der mit fachlicher und sprachlicher Kompetenz, mit wertschätzender Kritik und zahlreichen Verbesserungsvorschlägen den gesamten Prozess der Manuskripterstellung begleitet hat.

Düsseldorf,
Winter 2000   Dr. Albert Thiele

1 Grundlegung

Im schärfer werdenden Wettbewerb ist eine professionelle Präsentationstechnik unverzichtbar. Wer Erfolg haben will, muss fähig sein, seine Ideen, Produkte und Leistungsangebote überzeugend darzustellen: In der Neuakquisition, beim Altkunden, bei Tagungen und Kongressen sowie bei den zahlreichen internen Präsentationsanlässen. Dieses Buch zeigt Ihnen bewährte und innovative Wege, um Qualität und Wirkungsgrad Ihrer Präsentationen zu verbessern. Im Rahmen dieser Optimierungsaufgabe sind veränderte Einstellungen und Erwartungen der Kunden genauso zu berücksichtigen wie Entwicklungen bei den „neuen Medien":

- Zunehmender Verdrängungs- und Qualitätswettbewerb legt es nahe, durch kundenorientierte und imageförderliche Präsentationstechniken zusätzliche Vorteile gegenüber konkurrierenden Angeboten zu erlangen.

- Auf der Kundenseite sind steigende Erwartungen zu beobachten hinsichtlich „maßgeschneiderter" Lösungen, hoher Qualitätsstandards und besserer Serviceleistungen.

- Hinzu kommt die wachsende Bedeutung eines Beziehungsmanagements, das den Gedanken einer vertrauensvollen und auf Dauer angelegten Partnerschaft in den Mittelpunkt stellt.

- Die Digitaltechnik ermöglicht es, Text, Daten, Grafiken, Videos und sonstige Informationen mithilfe eines Computers zu integrieren.

- Leistungsfähige Notebooks und Dataprojektoren fördern die Verbreitung computergestützter Präsentationen.

- Benutzerfreundliche Programme wie PowerPoint, Flowchart oder Corel Draw sind verfügbar, um auch unter Zeitdruck professionelle Darstellungen zu gestalten.

- Internet und Intranet helfen, die Aktualität und Qualität der präsentierten Inhalte zu verbessern.

Diesen Zukunftstendenzen trägt das vorliegende Buch Rechnung. Es gibt Ihnen differenzierte Empfehlungen für alle Faktoren, die den Erfolg Ihrer Präsentationen beeinflussen. Unterstützt wird das Buch durch eine CD-ROM, die Musterpräsentationen und vielfältige Praxistipps zum Thema Multimedia bereithält. Die vorgestellten Konzepte und Qualitätsstandards helfen Ihnen, Verbesserungspotenziale für Ihre persönliche Präsentationstechnik zu erkennen. Darüber hinaus können Buch und CD-ROM als Informationsgrundlage genutzt werden, um die Präsentationskultur Ihres Teams und Ihres gesamten Unternehmens weiterzuentwickeln.

In diesem nächsten, grundlegenden Teil, erfahren Sie

1.1   was das Wort „innovativ" im Buchtitel bedeutet
1.2   was unter Präsentationen zu verstehen ist
1.3   wie das Buch konzipiert und aufgebaut ist
1.4   wie Sie das Buch bestmöglich nutzen
1.5   welche besonderen Vorteile die CD-ROM bietet

1.1 Was bedeutet das Wort „innovativ" im Buchtitel?

Der innovative und damit auch zukunftsgerichtete Charakter dieses Ratgebers beruht auf der multimedialen Orientierung von Buch und CD-ROM sowie auf einer umfassenden Qualitäts- und Kundenorientierung

1.1.1 Multimediale Orientierung

Der innovative Grundzug des Buches zeigt sich insbesondere darin, dass Möglichkeiten und Grenzen der neuen Medien im Vordergrund stehen. Klassische Medien wie Tageslichtprojektor und Flipchart werden als ergänzende Optionen behandelt. Sie verlieren im Vergleich zu den computergestützten Medien an Bedeutung, bleiben jedoch für bestimmte Anlässe auch in Zukunft unverzichtbar. Die besonderen Chancen von Multimedia werden für alle Phasen des Präsentationsprozesses dargestellt: Vorbereitung, Durchführung und Nachbereitung. So finden Sie beispielsweise Empfehlungen, wie Text, Daten, Grafiken, Videos und andere multimediale Elemente in Computerpräsentationen eingebunden werden können, wie sich Inhalte und Anzahl der Charts optimieren lassen und welche Vortragstechnik bei Bildschirmpräsentationen empfehlenswert ist.

Die innovative Orientierung dieses Ratgebers lässt sich besonders anschaulich anhand der beigefügten CD-ROM demonstrieren. Sie ist ein „digitales" Informations- und Lernwerkzeug und ergänzt mit multimedialen Praxisbeispielen das Buch. So können Sie beispielsweise per Mausklick farbige Musterpräsentationen („best practices") namhafter Unternehmen oder Präsentationsmedien anschauen.

1.1.2 Qualitäts- und Kundenorientierung

Um die Qualität von Präsentationen zu verbessern, werden aktuelle Erkenntnisse des Marketing im Bereich des Qualitätsmanagements für Dienstleistungen (siehe zum Beispiel Meffert/Bruhn 1997) zu Grunde gelegt. Im Mittelpunkt stehen dabei zwei Prinzipien, die auch für die Optimierung von Präsentationen unverzichtbar sind:

- umfassende Qualitätsorientierung,

- konsequente Kundenorientierung.

Qualitäts- und Kundenorientierung sind zwei Seiten einer Medaille. Wie später im Einzelnen dargestellt, sind die Qualitätsmaßstäbe für Präsentationen stets an den Erwartungen der Kunden auszurichten. So macht es beispielsweise wenig Sinn, in Neue Medien mit höchsten Qualitätsstandards zu investieren, wenn diese Neuerungen von den Teilnehmern nicht als Verbesserung erlebt werden.

Die Forderung nach umfassender *Qualitätsorientierung* besagt, dass alle Bestimmungsfaktoren zu berücksichtigen sind, die Verlauf und Ergebnis der Präsentation beeinflussen. Dazu gehören nicht nur die Faktoren, die während der Präsentation auf den Zuhörer einwirken, also Vortragender*, Medien, Inhalte, Ambiente und die übrigen unter Punkt 1.3 dargestellten Bedingungen. Auch das Umfeld vor und nach der Veranstaltung ist zu beachten, soweit es für die Kunden wahrnehmbar ist.

Diese Zusammenhänge lassen bereits erkennen, dass objektive (vom Kunden losgelöste) Maßstäbe für die Qualität einer Präsentation nicht existieren. Daher gibt es auch nicht den Königsweg, der bei allen Präsentationen zum Erfolg führt. Das Gleiche gilt für die Wahl der Medien, den Aufbau von Präsentationen und die übrigen erfolgswichtigen Faktoren. Wie gut die Qualität einer Präsentation ist, hängt stets davon ab, wie sie vom Kunden wahrgenommen wird.

Daher bietet eine konsequente *Kundenorientierung* die besten Voraussetzungen für den Präsentationserfolg. Bei der Qualitätsoptimierung Ihrer Präsentationen lautet somit die Kernfrage: Wie kann ich alle Faktoren, die vor, während und nach der Präsentation auf die Kunden einwirken, so beeinflussen, dass sie die Qualität der Veranstaltung als positiv (im besten Fall als exzellent) erleben?

1.2 Präsentationen und ihre Anlässe

Dieses Buch hält zahlreiche Praxistipps für weit gefächerte Präsentationsanlässe bereit. Dazu gehören Präsentationen vor Mitarbeitern, Entscheidungsgremien und Kunden genauso wie Vorträge bei Fachtagungen und Kongressen. Daher sind einige begriffliche Klärungen notwendig, die zum besseren Verständnis der Ausführungen beitragen:

---

* Unabhängig von der männlichen Sprachform sind stets beide Geschlechter gemeint.

- Was verstehen wir unter einer Präsentation?
- Was sind die wichtigsten Anlässe für Präsentationen?

1.2.1 Was verstehen wir unter einer Präsentation?

Präsentationen sind dadurch gekennzeichnet, dass ein Vortragender bestimmte Inhalte unter Einsatz multimedialer und/oder klassischer Medien sowie didaktischer Methoden einem Zuhörerkreis vermittelt. Dabei können Motivations-, Informations- oder Überzeugungsziele verfolgt werden. Die meisten Präsentationen sind mit Diskussionsphasen gekoppelt. Hier werden Fragen und Einwände beantwortet oder Lösungsvorschläge im Dialog mit den Zuhörern weiterentwickelt.

Diese Definition enthält zwar die wichtigsten Merkmale, ist aber noch zu allgemein, um konkrete Situationen und Anlässe für Präsentationen eindeutig zu beschreiben. Es erscheint insbesondere sinnvoll, die Kernelemente *Vortragender, Zielgruppe* und *Inhalt* weiter zu präzisieren.

Vortragender
Zu den Personen, die allein oder im Team präsentieren, gehören Führungs- und Fachkräfte aller Ebenen und Funktionsbereiche. Es ist denkbar, dass eine Führungskraft in unterschiedlichen Rollen als Vortragender (synonym Präsentator) in Erscheinung tritt: als Vorgesetzter, als Leiter eines Projektteams, als externer Referent oder als Mitglied in einem Verband.

Zuhörer
Der erwähnte Grundsatz der Kundenorientierung legt es nahe, den Ausdruck „Kunde" für die Adressaten einer Präsentation zu verwenden. Es gibt jedoch eine Reihe interner wie externer Szenarien, bei denen die Verwendung dieses Begriffes unüblich ist, so beispielsweise bei Präsentationen vor den eigenen Mitarbeitern oder vor wissenschaftlichen Gremien. Daher wird im Folgenden der Begriff „Zuhörer" benutzt, um die Adressaten einer Präsentation in Vortragsform* zu kennzeichnen. Bei internen Präsentationen sind mögliche Zuhörerkreise Mitarbeiter, Kollegen, Vorgesetzte und Seminarteilnehmer. Bei externen Anlässen

---

* Bei Präsentationen in Gesprächsform wird der Adressat als „Gesprächspartner" bezeichnet.

gehören dazu insbesondere Kunden und Teilnehmer an Kongressen, Fachtagungen und wissenschaftlichen Foren.

Angebot
Dieser Begriff steht für den Gegenstand (das WAS) einer Präsentation. Das können sein

a) bei internen Präsentationen: Projektergebnisse, Konzepte, Lösungsvorschläge, Lernangebote

b) bei externen Präsentationen: Produkte, Leistungsangebote, Dienstleistungen.

Falls Themen präsentiert werden, die nicht durch die Kategorien a) und b) abgedeckt sind, wird der Ausdruck Präsentations-Inhalt verwendet.

1.2.2 Was sind die wichtigsten Anlässe für Präsentationen?

Die vorstehenden Unterscheidungen erleichtern es, die verschiedenen Präsentationsanlässe anhand der Kriterien Vortragender, Zuhörer und Inhalt zu beschreiben. Hier eine Zusammenstellung interner und externer Anlässe.

Beispiele für interne Anlässe

- Sie präsentierten Ihren eigenen Mitarbeitern eine organisatorische Neuerung.

- Sie berichten vor einem Führungsgremium über den Stand eines Projekts.

- Sie unterbreiten dem Vorstand Lösungsvorschläge.

- Sie erläutern Planungskonzepte vor Konferenzteilnehmern.

- Sie stellen den Vertriebsmitarbeitern Jahresergebnisse vor.

- Sie erklären Teilnehmern eines Workshops komplexe Sachzusammenhänge.

- Sie präsentieren einer Besuchergruppe das eigene Unternehmen.

Beispiele für externe Anlässe

- Sie präsentieren Ihr Unternehmen und Ihre Leistungsangebote bei Neukunden im In- oder Ausland.

- Sie präsentieren bestimmte Produktmodifikationen oder technische Neuerungen vor Altkunden.

- Sie präsentieren im Team den Stand eines Projekts vor einem Führungsgremium.

- Sie präsentieren ein Zukunftsthema vor Managern im Rahmen von Fachtagungen, Kongressen, Events oder Messen.

- Sie referieren bei einer externen Schulungsveranstaltung zu einem Fachthema vor Vertriebsleitern.

1.3 Konzeption und Aufbau des Buches

Der konzeptionelle Bezugsrahmen (Abb. 1) zeigt den Gegenstand der Qualitätsoptimierung bei Präsentationen. Dabei sind die Faktoren, die Ihren Präsentationserfolg beeinflussen, in bausteinähnliche Form gebracht worden. Die Bausteine „Inhalte", „Visualisierung", „Medienwahl" usw. korrespondieren mit den zitierten Kapiteln dieses Buches. Aus praktischen Gründen sind die Bausteine den Phasen des Präsentationsprozesses zugeordnet, also der Vorbereitung, Durchführung und Nachbereitung.

Was beschreiben die einzelnen Kapitel?

In **Kapitel 2** werden *Chancen und Risiken multimedialer Präsentationen* behandelt. Wegen der zunehmenden Bedeutung von Multimedia wird dieses spezielle Thema vorgeschaltet. Sie können sich hier einen ersten Überblick verschaffen, inwieweit die neuen Medien geeignet sind, die Vorbereitung und Durchführung Ihrer Präsentationen zu unterstützen.

Kapitel 3 beschäftigt sich mit der *Vorbereitung von Präsentationen*. Darin findet sich ein bewährter Leitfaden, der Ihnen zeigt, wie Sie ein maßgeschneidertes Konzept für Ihren jeweiligen Zuhörerkreis entwickeln. Sie können diesen Leitfaden für alle Präsentationsanlässe zu Grunde legen. Behandelt werden unter anderem folgende Fragen:

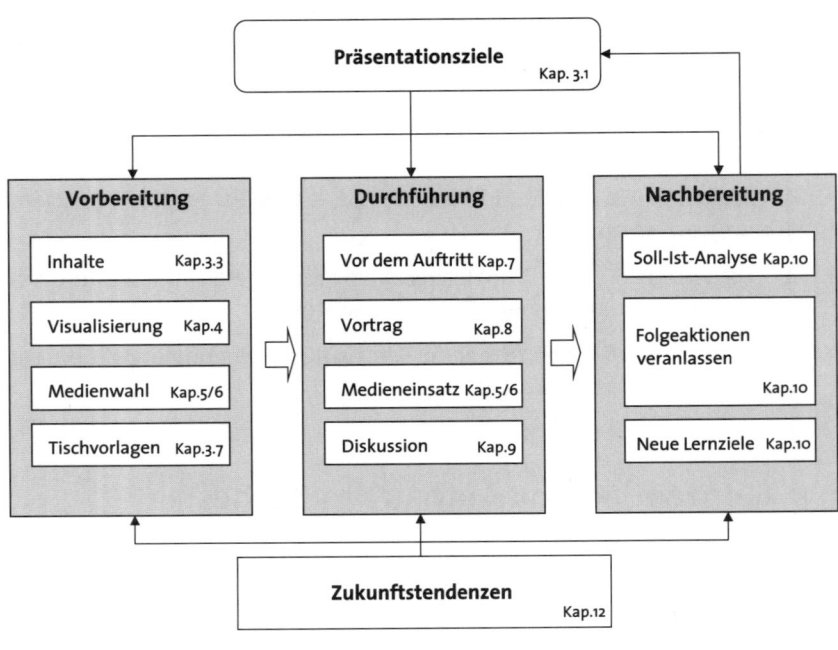

Abb. 1: *Gegenstand der Qualitätsoptimierung bei Präsentationen*

- Wie definiere ich Sach- und Metaziele meiner Präsentation?
- Wie gehe ich vor, um Situation und Erwartungen des Kunden zu analysieren?
- Wie kann ich Inhalte sammeln, gewichten und gliedern?
- Wie optimiere ich Einleitung, Hauptteil und Schluss der Präsentation?
- Wie bereite ich Bildschirmpräsentationen vor?
- Wie erstelle ich mein Stichwortskript sowie teilnehmergerechte Tischvorlagen?

Im Mittelpunkt des **4. Kapitels** steht die *Visualisierung*. Sie erfahren im Einzelnen:

- welche Funktionen Bilder bei Präsentationen übernehmen können,

- welche Bildertypen zur Verfügung stehen,

- welche Gestaltungskriterien zu beachten sind, um Charts und Schaubilder „hirngerecht" und imageförderlich zu gestalten.

Zu diesem Kapitel finden Sie ergänzend auf der CD-ROM eine Fülle von Beispielcharts und Musterpräsentationen namhafter Unternehmen, die Ihnen helfen, Ihre visuelle Strategie zu optimieren (zu den Themen der CD-ROM siehe Abschnitt 1.4 und Anhang).

Kapitel 5 beinhaltet *Wahl und Einsatz der neuen Medien*. Soweit für das Thema Präsentieren relevant, werden dabei die Ergebnisse der Minolta-Studie (1999) einbezogen. Im Mittelpunkt dieses Kapitels stehen folgende Fragen:

- Welche neuen und klassischen Medien stehen zur Verfügung?

- Welche Leistungsmerkmale und Einsatzmöglichkeiten bieten Neue Medien?

- Anhand welcher Kriterien kann eine optimale Medienwahl getroffen werden?

- Was ist bei der Durchführung von Computerpräsentationen zu beachten?

Das **Kapitel 6** behandelt in komprimierter Form Praxisempfehlungen für die *Präsentation mit klassischen Medien*. Sie erfahren, wann der Einsatz von Tageslichtprojektor, Flipchart, Diaprojektor oder Video sinnvoll ist. Auch im Zeitalter von Multimedia behalten die klassischen Hilfsmittel ihre Berechtigung als eigenständige, aber auch als ergänzende Medien bei Computerpräsentationen.

Kapitel 7 widmet sich den Fragen, die kurz *vor der Präsentation* zu bedenken sind: Wie präpariere ich die Medien im Konferenzraum? Welches sind die letzten Handgriffe bei Folien- oder Computerpräsentationen? Was kann ich vor der Präsentation gegen Lampenfieber tun?

In **Kapitel 8** geht es um Empfehlungen für den *überzeugenden Vortrag*. Hier erfahren Sie:

- wie Sie sicher und souverän auftreten,

- wie Sie Ihre Körpersprache wirkungsvoll einsetzen,

- wie Sie ausdrucksstark sprechen,

- wie Sie Kontakt zum Auditorium halten,

- wie Sie mit dem Phänomen Stress während der Präsentation besser zurechtkommen.

Ein gesonderter Abschnitt behandelt das Thema, wie Sie Ihre Zuhörer fesseln und deren Aufmerksamkeit auf hohem Niveau halten können.

Kapitel 9 behandelt das Thema *Souverän interagieren und diskutieren.* Sie lernen erfolgversprechende Wege kennen, um:

- die Diskussion zu leiten,

- mit Einwänden kooperativ umzugehen und

- unsachliche Angriffe gelassen zu neutralisieren.

Das kurze **Kapitel 10** gibt eine Anleitung zur Erfolgskontrolle und speziellen *Nachbereitung Ihrer Präsentationen.*

Das **Kapitel 11** zeigt Ihnen Maßnahmen zur *Optimierung Ihres Präsentationsverhaltens im Alltag.* Die Empfehlungen helfen Ihnen:

- Ihre persönlichen Stärken und Ihren Lernbedarf zu erkennen,

- Ihr Präsentationsverhalten nachhaltig zu verbessern,

- die CD-ROM als Transferhilfe einzusetzen und

- Seminare sinnvoll für Ihre Weiterbildung zu nutzen.

1.4 Wie Sie dieses Buch bestmöglich nutzen

Dieser Ratgeber zielt darauf, Ihre persönliche Präsentationstechnik nachhaltig zu verbessern. Daher ist er praxisbezogen und lernförderlich gestaltet. Die folgenden Arbeitshinweise helfen Ihnen, die Praxistipps und Inhalte rasch herauszufinden, die zu Ihrer Ausgangssituation passen:

- Aufgrund der modularen Struktur des Buches können Sie sich bei Bedarf ein einzelnes Kapitel ohne Rücksicht auf die Reihenfolge herausgreifen und durcharbeiten. Bei den Praxistipps für den Einsatz der verschiedenen Medien sind geringfügige Wiederholungen und Redundanzen bewusst in Kauf genommen, damit sich lästiges Hin- und Herblättern – etwa durch Rückverweise – in Grenzen hält.

- Das Buch können Sie als Nachschlagewerk und ständigen Ratgeber benutzen. Stichwortverzeichnis, Gliederungshilfen zu Anfang der Kapitel und Checklisten mit Querverweisen zum Text erleichtern den schnellen Zugriff auf relevante Themen.

- Sie können sich gezielt auf aktuelle Präsentationen vorbereiten.

- Denken Sie schon während des Lesens daran, interessante Tipps und Anregungen herauszuschreiben und gegebenenfalls einen Anwendungsplan zu erstellen. Wie Sie Anwendungspläne erstellen und günstige Voraussetzungen für die nachhaltige Verbesserung Ihres Präsentationsverhaltens schaffen, ist Gegenstand des Kapitels 11.

- Machen Sie sich zu Anfang Ihre Leseziele und Ihren Lernbedarf bewusst. Der folgende Fragenkatalog hilft Ihnen, Ihre aktuellen Stärken und Ihren Lernbedarf zu erkennen.

Wie schätzen Sie Ihre Präsentationstechnik ein?

- Wo sehen Sie Ihre Stärken, wo Ihren Lernbedarf?

- Inwieweit halten Sie das inhaltliche Konzept Ihrer Präsentation für kundenorientiert und überzeugend?

- Inwieweit halten Sie Ihre eingesetzten Medien, Schaubilder und Charts für professionell und imageförderlich?

- Inwieweit kennen Sie die Chancen und Risiken von Computerpräsentationen?

- Wie beurteilen Sie Ihre Fähigkeit, mit Einwänden, Kritik und schwierigen Fragen umzugehen?

- Wie beurteilen Sie die Präsentationskultur in Ihrem Team und Unternehmen insgesamt? Inwieweit können Sie vom Wettbewerb lernen?

1.5 Welche besonderen Vorteile die CD-ROM bietet

Die CD-ROM ist als multimediales Informations- und Lernwerkzeug konzipiert. Das Eingangsmenü (siehe Abb. 2) zeigt Ihnen den Inhalt der CD-ROM in der Übersicht.

Modulare Struktur und einfache Menüführung helfen Ihnen, sich rasch auf der CD-ROM zurechtzufinden. Durch Klicken auf die Bild- oder Schriftelemente finden Sie diejenigen Themen, die für die jeweilige Fragestellung relevant sind. Die Vorteile dieses digitalen Werkzeugs im Einzelnen:

Die CD-ROM beinhaltet das gesamte Buch. Zusätzlich finden Sie Links zu den Bereichen: *Firmenpräsentationen*, *Neue Medien* und *Raumdesign*, *Begleitcharts* zum Buch, *Videoclips*, *Notprogramme*, ergänzende *Software-Tools* sowie *Checklisten*, *WWW-Links* und *Glossar*.

- Die Rubrik *Firmenpräsentationen* enthält Beispielcharts der Unternehmen DaimlerChrysler, Volkswagen, Deutsche Telekom, Heidelberger Druck, e.on sowie eine Präsentation des Fraunhofer-Instituts. Sie können sich hier Anregungen für die Optimierung Ihrer Präsentationen und für die Weiterentwicklung der CD-Strategie Ihres Unternehmens holen.

- Die Dateien *Neue Medien* und *Raumdesign* zeigen Ihnen die multimedialen Optionen in Farbe sowie Einblicke in Präsentationsräume der Zukunft.

- Die *Begleitcharts* zum Buch fassen die Kerninformationen zusammen und eignen sich gut zur Wiederholung und zum besseren Einprägen.

- In dem Bereich *Videoclips* finden Sie lehrreiche und amüsante Mitschnitte aus Rhetorik und TV-Moderation sowie digitale Videos zu den Themen Multimedia, DVD und Virtuelle Realität.

- Falls Sie bei der Vorbereitung Ihrer Präsentation unter Zeitdruck stehen, können die *Notprogramme* weiterhelfen. Hierbei handelt es sich um Präsentationsvorlagen für den Notfall. Sie finden vorstrukturierte PowerPoint-Darstellungen für häufig vorkommende Präsentationsanlässe.

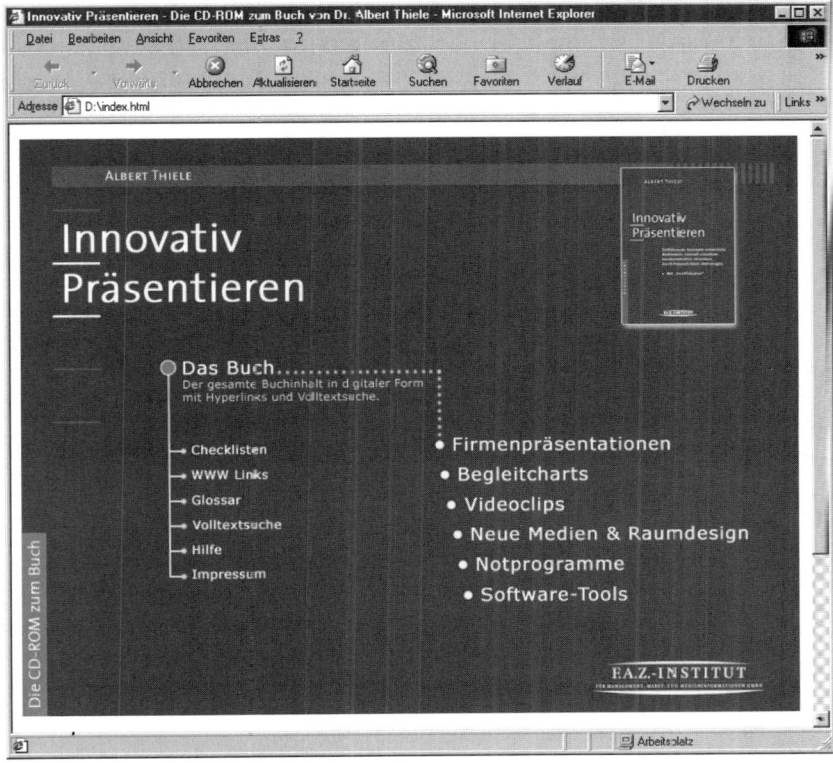

Abb. 2: Eingangsmenü der CD-ROM

- Die Rubrik *Software-Tools* hält für Sie neben einem Demonstrations-Programm zur Videobearbeitung den MindManager bereit, mit dem Sie MindMaps erstellen können.

- *Checklisten* fördern zusätzlich die rasche Anwendung der Empfehlungen. Die Themen der Checklisten: Vorbereitung Ihrer Präsentationen, Ausstattung des Präsentationsraums, überzeugend vortragen, Aufmerksamkeit fördern durch Aktivierungstechniken. Folienpräsentation und Flipchart, Kriterien für die Gestaltung von Charts, Optimierung von Computerpräsentationen,

- Der Bereich *WWW-Links* bietet Ihnen Anbieter und Informationen zu neuen und klassischen Medien, zur Präsentationssoftware, zu Cliparts, zu themenbezogenen Fachartikeln sowie zu ergänzenden Aspekten professioneller Präsentationstechnik.

- Sie können das beigefügte *Glossar* nutzen, um mit einem Mausklick verständliche Erklärungen und Definitionen zu finden. Bei der Beschreibung der neuen Medien sind technische Fachbegriffe und Abkürzungen unvermeidbar.

Technische Hinweise zur Benutzung der CD-ROM sind im Anhang zusammengestellt.

---

2 Chancen und Risiken multimedialer Präsentationen

Die Digitaltechnik eröffnet neue Möglichkeiten zur überzeugenden Präsentation interner und externer Angebote. Während man früher Overheadprojektor, Computer, Flipchart, Fernseher, Diaschau und die übrigen klassischen Hilfsmittel als eigenständige Medien einzeln oder zu mehreren nebeneinander einsetzte, werden diese Funktionen heute zunehmend miteinander kombiniert und darüber hinaus weltweit vernetzt. Wer auf längere Sicht wettbewerbsfähig bleiben will, ist gut beraten, sich mit den Möglichkeiten und Grenzen multimedialer Präsentationen zu beschäftigen und aus den heute erkennbaren Entwicklungen die richtigen Konsequenzen zu ziehen.

Zum besseren Verständnis von *Multimedia* ist hierunter der Anwendungsnutzen bei Präsentationen komprimiert dargestellt. Die Ausführungen verhelfen zu einer differenzierten Einschätzung der neuen Optionen. Sie erfahren unter

2.1 was „Multimedia" bedeutet,
2.2 welche Chancen durch multimediale Präsentationen* eröffnet werden,
2.3 welche Risiken Computerpräsentationen mit sich bringen.

---

* Im Folgenden werden die Begriffe *Computerpräsentation, Bildschirmpräsentation, elektronische Präsentation* und *multimediale Präsentation* synonym verwendet.

2.1 Was bedeutet „Multimedia"?

Der Begriff *Multimedia* wird im beruflichen Alltag wie auch im Schrifttum unterschiedlich verwendet. Im allgemeinen Sprachgebrauch bezeichnet Multimedia ein Informationsangebot, bei dem Text, Daten, Grafik, Video, Audio und sonstige Informationen mithilfe des Computers integriert werden. Die gemeinsame digitale Basis erlaubt es unter anderem, Textinformationen mit Fotos zu verknüpfen, Imagefilme einzufügen, Schaubilder schrittweise aufzubauen oder komplexe Prozesse virtuell darzustellen. Außerdem ist prinzipiell die Möglichkeit gegeben, Präsentationen auch standortunabhängig über Netze zu verbreiten und zusätzlich Personen an jedem Ort der Welt per Videokonferenz an der Veranstaltung teilnehmen zu lassen.

Exkurs

Eine differenzierte Definition, die sich gut auf Präsentationen übertragen lässt, findet sich bei dem Medienpsychologen Bernd Weidenmann (1995).

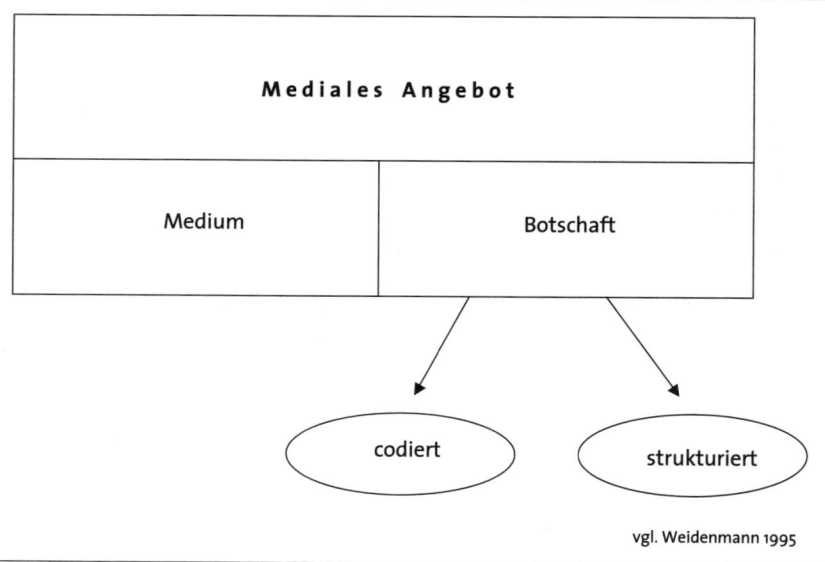

vgl. Weidenmann 1995

Abb. 3: Struktur des medialen Angebots

Wie die Abbildung zeigt, ist jeder Teilnehmer einer Präsentation mit einem *medialen Angebot* konfrontiert, das über bestimmte Lernkanäle auf ihn einwirkt. Demnach besteht ein mediales Angebot einerseits aus einem *Medium* (= Hardware) und andererseits aus einer *Botschaft*. Präsentationsmedien haben die Aufgabe, Informationen zu speichern und darzustellen. Zu diesen (materialen) Medien zählen zum Beispiel Videorecorder und Kassette in Verbindung mit einem Monitor oder die Konfiguration Notebook mit Dataprojektor.

Die eigentliche Botschaft ist der zielgerichtet codierte und strukturierte Inhalt, der vom Teilnehmer als bedeutungsvoll wahrgenommen und verarbeitet wird. Bei der *Codierung* geht es darum, die präsentierten Inhalte durch Vortrag, Text und Bild beim Zuhörer zu verankern. Jedes Medium hat spezielle Eigenschaften zur Codierung bestimmter Botschaften. Eine Overheadfolie ist etwa limitiert auf die Darstellung von Text und stehenden Bildern oder Zahlen, während ein Computer bei entsprechender Ausstattung sämtliche Codierungen darstellen kann. Bei der *Strukturierung* geht es um den didaktischen Aufbau einer Präsentation einschließlich der Frage, welche Möglichkeiten zur Beteiligung der Zuhörer gegeben sind.

Ein präsentiertes Angebot ist somit:

- *multimedial*, wenn es auf unterschiedliche Präsentationstechnologien (zum Beispiel Notebook/CD-ROM und Flipchart) verteilt ist,

- *multicodal*, wenn es verschiedene Codierungen aufweist (zum Beispiel Text mit Foto und Video),

- *multimodal*, wenn es beim Zuhörer mehrere Sinnesorgane anspricht.

Im engeren Sinne bezieht sich Multimedia nur auf die Kombination verschiedener Medien (Geräte). Der allgemeine Sprachgebrauch fasst den Begriff Multimedia jedoch weiter, indem er die multicodalen und multimodalen Aspekte einschließt. Nach dieser Begriffsbestimmung gibt es auch beim Einsatz klassischer Präsentationen und Schulungen Multimedia. Denn es werden Overheadprojektor, Flipchart, Tischvorlage, Buch und andere Hilfsmittel kombiniert und natürlich auch verschiedene Modalitäten für die Codierung (Sprache, Text, Zahlen, Bilder usw.) eingesetzt. Die neue Qualität besteht heute in der Integration verschiedener Medien auf einer einzigen Plattform, dem Computer.

Aus Gründen der Praktikabilität wird im Folgenden der Ausdruck Multimedia in der weiten Begriffsfassung verwendet.

Vier Strukturmerkmale multimedialer Anwendungen

Die besonderen Möglichkeiten zur Verbesserung von Qualität und Wirkungsgrad der Computerpräsentationen lassen sich auf die Merkmale Medienintegration, Multimediale Gestaltung, Interaktivität sowie online zurückführen:

Medienintegration: Text, Bild, Grafik, Ton, Video und Audio können auf digitaler Basis erfasst, abgerufen, bearbeitet und mit Hilfe von Dataprojektor, Monitor oder anderen Geräten dargestellt werden.

Multimediale Gestaltung: Um die multimedialen Elemente zu verarbeiten und in professionelle Darstellungen umzusetzen, stehen leistungsfähige, anwenderfreundliche Präsentationsprogramme wie PowerPoint, Corel Draw oder Micrografx zur Verfügung.

Interaktivität: Aus der Sicht des Präsentierenden bedeutet dieser Aspekt, dass er auf gespeicherte Informationen unmittelbar zugreifen kann. Es ist zum Beispiel möglich, bestimmte Charts aufzurufen, in andere Programme und Präsentationen zu verzweigen oder Internetseiten anzusprechen. Aus der Sicht der Teilnehmer stehen elektronische Medien zur Verfügung, um die Kommunikation untereinander zu fördern, gemeinsam Probleme zu analysieren und Lösungen zu erarbeiten, so etwa mithilfe der computergestützten Metaplan-Methode.

online: Durch die Verwendung vernetzter Computer ist es möglich, Qualität und Aktualität der präsentierten Inhalte zu verbessern und entfernte Personen einzubinden.

2.2 Welche Chancen eröffnen multimediale Präsentationen?

Im Folgenden wird gezeigt, inwieweit die Anwendung von Multimedia die Vorbereitung, Durchführung und Nachbereitung Ihrer Präsentationen unterstützen kann. Die dargestellten Chancen dürfen jedoch nicht darüber hinwegtäuschen, dass es sich hier nur um eine Art medialer Unterstützung handelt. Vor allem in der Phase der Durchführung gibt es eine Reihe von Anlässen, in denen klassische Medien besser geeignet sind als die computergestützten Medien. Welches Medium oder welcher Medien-Mix optimal ist, kann nur im Hinblick auf den konkreten Anlass und die Rahmenbedingungen beantwortet werden.

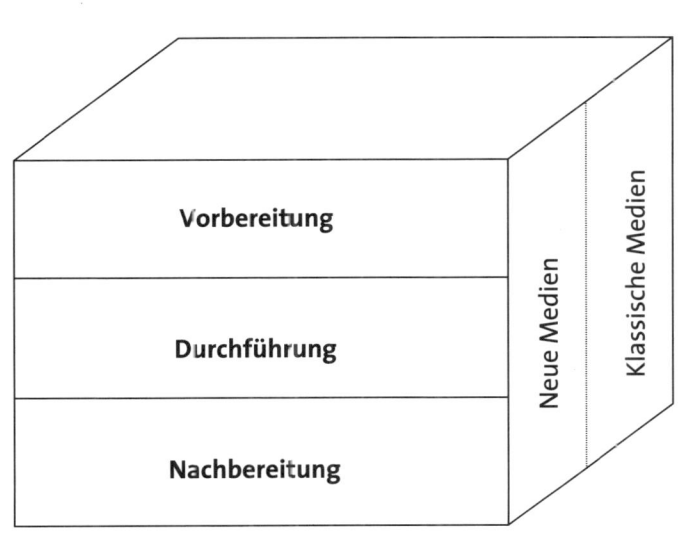

Abb. 4: Medieneinsatz in allen Präsentationsphasen

2.2.1 Unterstützung bei der Vorbereitung

Der Nutzen auf einen Blick

- WWW-basierte Recherche
- Multimedia-Angebote via Intranet
- Digitale Eingabegeräte
- Anwenderfreundliche Software
- Virtuelle Darstellungen

In der vorbereitenden Phase geht es vor allem darum, das inhaltliche Konzept der Präsentation sowie die unterstützenden Medien zu optimieren. Leitende Qualitätskriterien sind bei diesem Prozess die Aktualität der Informationen, die professionelle Gestaltung der visuellen und sonstigen Hilfsmittel und die durchgängige Kundenorientierung.

WWW-basierte Recherche

Zur Vorbereitung gehört naturgemäß die Suche nach relevanten Informationen und nach innovativen Ideen zur Visualisierung. Im Zeitalter des vernetzten Computers steht für die Recherche das gesamte Informationsangebot der unternehmensinternen Netze und Datenbanken genauso wie das Internet zur Verfügung. Bei der Vorbereitung von Kundenpräsentationen lohnt es sich, in der Homepage des betreffenden Kunden, in den WWW-Seiten seiner Mitbewerber oder in firmeninternen Datenbanken nach relevanten Hintergrundinformationen zu suchen. Hierbei kann der auf Seite 49f. beschriebene Fragenkatalog als Leitfaden dienen.

Die Internet-Recherche bietet zudem die Möglichkeit, zu dem anstehenden Präsentationsthema aktuelle Informationen, Forschungsergebnisse und Abbildungen bis hin zu Videos, Cliparts und auflockernden Stimulanzien zu finden (Vorsicht: Copyrightgesetze beachten).

Multimedia-Angebote via Intranet

Viele Unternehmen nutzen zunehmend Intra- und Extranet, um ihren weltweit agierenden Vertriebsleuten und Managern unternehmens- und angebotsrelevante Informationen bereitzustellen. Dazu gehören beispielsweise fertige Firmenpräsentationen sowie modular aufgebaute Powerpointcharts. Diese können tagesaktuell, mehrsprachig und multimedial abgerufen werden, und zwar weltweit und rund um die Uhr. Dabei ist jedoch einschränkend festzuhalten, dass es gegenwärtig bei der begrenzten Übertragungskapazität der Netze noch sehr lange dauert, speicherintensive Präsentationen oder Videoclips in guter Qualität zu überspielen (siehe hierzu auch Kapitel 4).

Digitale Eingabegeräte

Ergänzend zu diesen Online-Optionen können Sie am Computerarbeitsplatz digitale Eingabegeräte zur Einbindung von Fotos, Videoclips und sonstiger multimedialer Elemente nutzen. So ist es beispielsweise möglich:

- Zeichnungen, Bilder aus Zeitungen und Zeitschriften, Karikaturen und andere Materialien mithilfe eines Scanners einzulesen,

- Fotos und kleine Filmsequenzen mithilfe einer digitalen Foto- und Videokamera einzugeben,

- relevante Informationen, Beispielcharts und vorgefertigte Präsentationen von CD-ROM, DVD oder Diskette zu laden.

Anwenderfreundliche Software

Präsentationsprogramme wie PowerPoint erlauben es zum Beispiel:

- die zu präsentierenden Inhalte auch unter Zeitdruck rasch in eine imageförderliche und teilnehmergerechte Form zu bringen,

- bestehende Präsentationen im Hinblick auf eine veränderte Situation zu überarbeiten,

- Folien auf Knopfdruck ein einheitliches Lay-out zu geben,

- verschiedene Präsentationspfade zu definieren,

- animierte Bildschirmpräsentationen vorzuführen.

Virtuelle Darstellungen

Das Fraunhofer-Institut geht davon aus, dass die Darstellung komplexer virtueller Realität in Zukunft zunehmend möglich und für breite Anwendungen wirtschaftlich sein wird. Auch für Präsentationen am Notebook. Diese multimediale Option bietet die Chance, prozesshafte Vorgänge, Produkte und andere komplexe Inhalte als computergestützte Animation oder Simulation zu visualisieren. Dadurch kann man dem Kunden alternative Problemlösungen virtuell (künstlich) vor Augen führen, was die Suche nach einem bedarfsgerechten Optimum erleichtert.

Tipp

Falls Ihnen die Begriffe DVD und Virtuelle Realität nicht geläufig sind, finden Sie auf der CD-ROM eine verständliche Demonstration „Wie geht DVD?" sowie ein Video der Fraunhofer-Gesellschaft zum besseren Verständnis von Virtueller Realität.

2.2 Unterstützung bei der Durchführung

Der Nutzen auf einen Blick

- Imageförderung durch Multimedia
- Präsentieren „auf Knopfdruck"
- Strukturierung bei gleichzeitiger Flexibilität
- Nutzung ergänzender Peripheriegeräte

In dieser Phase geht es darum, die Inhalte der Präsentation unter Einsatz der multimedialen Hilfsmittel überzeugend und glaubwürdig zu vermitteln.

Imageförderung durch Multimedia

Multimediale Darstellungen können – sinnvoll eingesetzt – die innovative und technologische Kompetenz Ihres Teams und des gesamten Unternehmens fördern. Unterschwellige Kompetenzsignale erleichtern in vielen Situationen die Überzeugungsarbeit. Dies gilt vor allem für Unternehmen, die intelligente Produkte, Computersysteme und Dienstleistungen aus dem Hightech-Bereich anbieten. Dieser imageförderliche Effekt kommt allerdings erst dann zur Geltung, wenn die gesamte Bildschirmpräsentation sachlichen und psychologischen Gütekriterien sowie dem Corporate Design des Unternehmens entspricht.

Neben diesem imageförderlichen Aspekt gibt es weitere Nutzenargumente für den Einsatz von Multimedia.

Präsentieren „auf Knopfdruck"

Bei Bildschirmpräsentationen gelangen Sie mit einem Mausklick auf die nächste Bildschirmseite. Es entfällt also das „lästige" Handling am Tageslichtprojektor. Durch Animation der einzelnen Folie kann zudem die Blickrichtung des Auditoriums gelenkt werden. Sie können ein Textchart Zeile für Zeile aufbauen oder ein Strukturbild schrittweise entwickeln.

Ein weiterer Vorteil folgt daraus, dass alle multimedialen Elemente (Texte, Fotos, Schaubilder, Tabellen, Videosequenzen u.a.) auf einem Basismedium – dem Notebook – gespeichert sind und von dort abgerufen werden können. Im Gegensatz zu klassischen Hilfsmitteln entfällt somit der Aufwand, verschiedene Geräte wie Overheadprojektor, Video-Recorder, Fernseher koordinieren zu müssen.

Strukturierung bei gleichzeitiger Flexibilität

Da die Reihenfolge der Charts vorprogrammiert ist, bleibt der Vortragende während der Präsentation beim vorbereiteten roten Faden. Die feste Folienfolge kann jedoch Ihre Flexibilität einschränken: Vorab eingestellte Präsentationspfade und Links schaffen die Möglichkeit, auch bei Computerpräsentationen flexibel zu agieren. So ist es bei Bedarf möglich, situationsgerecht auf eine andere Folie zu springen, ein Video einzublenden, in andere Präsentationen zu verzweigen oder eine Internetseite aufzurufen.

Nutzung ergänzender Peripheriegeräte

Eine Reihe neuer elektronischer Medien stehen zur Verfügung, um Abschriebe im Computer weiterzuverarbeiten und räumlich entfernte Personen zu beteiligen. Zu den chancenträchtigen Peripheriegeräten gehören

- *Digitale Whiteboards,* auf denen Sie Informationen während der Präsentation festhalten, bei Bedarf ausdrucken und im angeschlossenen Computer weiterverarbeiten können,

- *Digitale, interaktive Präsentationsboards,* die geeignet sind, alle Möglichkeiten Ihrer Computeranwendungen zu nutzen, wenn Computer und Dataprojektor angeschlossen sind,

- *Dokumentenkameras* am Referententisch, die es ermöglichen, besonders kleine Objekte (zum Beispiel die Oberfläche eines Chips) während der Präsentation zu zeigen und einem größeren Auditorium zugänglich zu machen.

Die Rubrik Neue Medien auf der CD-ROM enthält eine PowerPoint-Präsentation mit den Peripheriegeräten in Farbe.

Überbrückung von Distanzen

Mit Hilfe von Video- oder Realtime-Computerkonferenzen können entfernte Personen an Präsentationen beteiligt werden. Drei Beispiele für diese Anwendung:

*   Bei Präsentationen im internationalen Geschäft kann es sinnvoll sein, technische Spezialisten oder andere Schlüsselpersonen während der Veranstaltung zuzuschalten, um spezielle Fragen aus dem Zuhörerkreis zu beantworten. So kann etwa der Leiter der Forschungs- und Entwicklungsabteilung im Heimatland bleiben und trotzdem den präsentierenden Vertriebsleuten in Indien, China oder den USA zur Verfügung stehen.

*   Videokamera und Mikrofon im Präsentationsraum reichen aus, um räumlich entfernte Personen an der Veranstaltung teilnehmen zu lassen.

*   Realtime-Computerkonferenzen erlauben es, simultan in „Echtzeit" zu konferieren. Dabei haben alle Teilnehmer das relevante Dokument zur gleiche Zeit auf dem Bildschirm und können – unterstützt von einer Software – zur gleichen Zeit daran arbeiten (application sharing).

2.2.3 Unterstützung bei der Nachbereitung

Vernetzte Notebooks erlauben es, Ergebnisse, Fragen, Vereinbarungen oder sonstige Kundeninformationen ohne zeitlichen Verzug einzugeben und bei Bedarf per E-Mail zu versenden. In vielen Veranstaltungen kann man über Digitalkameras präsentierte Inhalte und Arbeitsergebnisse an Pinnwand oder Flipchart sofort fotografieren. Diese können unmittelbar in Protokolle eingebunden und anderen zur Verfügung gestellt werden.

2.3   Welche Risiken bergen multimediale Präsentationen?

Die faszinierenden Möglichkeiten von Multimedia verführen oft dazu, den Computer unüberlegt einzusetzen. Negative Konsequenzen sind häufig die Folge: Der Mensch wird durch zu viel Technik in den Hintergrund gedrängt und die Zuhörer bleiben passiv. Der Frontalvortrag erschwert es, eine persönliche Beziehung zum Kunden aufzubauen. Nachteilig wirken darüber hinaus zu lange PC-Präsentationen, übertriebene Animationen und Effekthascherei, elektronische „Folienschlachten", schlechte Kontraste bei der Projektion sowie persönliche Unsicherheiten beim Einsatz neuer Medien.

Der Vortragende tritt in den Hintergrund

Bewegte Bilder, farbige Charts und Videoeinschübe können die Aufmerksamkeit der Zuhörer so stark in Anspruch nehmen, dass der zwischenmenschliche Kontakt auf der Strecke bleibt. Dies ist risikoreich, denn Auftreten und Persönlichkeit des Vortragenden sind für die Vertrauensbildung und Glaubwürdigkeit wichtiger als Computer und Multimedia. Der Technikeinsatz ist im Allgemeinen nur so lange sinnvoll, wie die emotionale Beziehung zum Kunden nicht eingeschränkt wird. Präsentationsmedien haben grundsätzlich nur unterstützenden Charakter. Wer sich mehr auf die Technik als auf den Kunden konzentriert, macht einen Kardinalfehler, der sehr teuer werden kann: Er beraubt sich der Möglichkeit, persönlichen Kontakt zu Schlüsselpersonen, informellen Führern und Entscheidern aufzubauen. Dabei werden die „weichen" Faktoren umso wichtiger, je weniger sich die präsentierten Produkte von konkurrierenden Angeboten unterscheiden.

Passivität der Zuhörer

Multimedia-Präsentationen werden frontal vorgetragen. Je länger die frontale Darbietung dauert, umso eher werden die Zuhörer in eine passive Haltung gedrängt. Im ungünstigsten Fall reagieren sie mit Abbruchgedanken oder Desinteresse. Diese Reaktion ist vor allem dann wahrscheinlich, wenn die Computerpräsentation zu lange dauert, an den Erwartungen der Adressaten vorbeigeht und kaum Gelegenheit zur Interaktion bietet.

Ablenkende Effekte

Die eigentliche Botschaft darf nicht von zu starken Effekten, die sachlich nicht gerechtfertigt sind, überlagert werden. Dazu gehören extreme Animationen (Rennwagen-, Lasereffekte u.ä.), 3-D-Diagramme, verschiedenartige Überblendeffekte, ein unruhiger Hintergrund, zu viele Stimulanzien oder zu lange Videosequenzen.

Computerpräsentation passt nicht zum Szenario

Die Medienfrage kann nicht losgelöst vom konkreten Anlass der Präsentation geklärt werden. Prüfen Sie daher immer, inwieweit eine Computerpräsentation zu den Zielen, Inhalten und den Besonderheiten Ihrer Zuhörerschaft passt. Eine Multimedia-Vorführung ist in der Regel kaum geeignet:

- wenn Sie beabsichtigen, eine persönliche Beziehung aufzubauen,

- wenn Sie im Dialog mit dem Kunden Probleme analysieren oder Lösungskonzepte weiterentwickeln wollen,

- wenn Bilder *live* zu entwickeln sind („pencil selling"),

- wenn die Präsentation nur wenige Minuten dauert. Hier dürfte der Aufwand einer elektronischen Darstellung nicht gerechtfertigt sein.

Prüfen Sie darüber hinaus, welche Medien den Zuhörern vertraut sind: Inwieweit hat Ihr Auditorium Erfahrungen mit dem Computer? Die Lücke zwischen den eingesetzten visuellen Hilfsmitteln und den Medien, die den Zuhörern geläufig sind, darf nicht zu groß sein. Bedenken Sie, dass Entscheidungsgremien der ersten Ebene (Vorstand, Geschäftsführung, Spartendirektion...) in der Regel mehr Wert auf verbale Überzeugung legen als auf multimediale Darstellungen. Für Hightech-Unternehmen aus den Dienstleistungsbereichen Informationstechnologie, Telekommunikation und Internet ist dies jedoch nur eingeschränkt gültig.

Risiko technischer Pannen

Erfahrungsgemäß steigt beim Einsatz elektronischer Medien die Zahl der Sollbruchstellen: Der Computer kann abstürzen, Dataprojektor oder Infrarotmaus können ausfallen. Es bereitet Schwierigkeiten, eine bestimmte Folie aufzurufen oder ins Internet zu verzweigen.

Lesehinweis

Weitere Kriterien zur Wahl des „richtigen" Mediums oder Medienmix werden in Abschnitt 5.2 behandelt.

---

3 Präsentationen vorbereiten

Dieses Kapitel bietet Praxishilfen für folgende Fragen

3.1 Wie definiere ich die Ziele der Präsentation?
3.2 Wie analysiere ich Situation und Zuhörer?
3.3 Was ist bei der Erarbeitung der Inhalte zu beachten?
3.4 Wie gliedere ich die Präsentation?
3.5 Wie bereite ich den Medieneinsatz vor?
3.6 Wie gestalte ich das Präsentations-Skript?
3.7 Wie erstelle ich teilnehmergerechte Tischvorlagen?

Tipp

In der Anlage finden Sie eine Checkliste, die Ihnen die zielwirksame Vorbereitung Ihrer Präsentation unter Zeitdruck erleichtert.

Wer überzeugen will, sollte sich nicht allein auf sein rhetorisches Können, die Wirkung der neuen Medien und das eigene Improvisationstalent verlassen. Die besten Präsentationen sind sorgfältig vorbereitet. Nur so ist es möglich, eine kundengerechte, zielwirksame Strategie zu finden, Wahl und Einsatz der Hilfsmittel zu optimieren und schwierige Situationen bei der Durchführung zu meistern. Ein tragfähiges Präsentationskonzept gibt Ihnen gleichzeitig mehr innere Sicherheit und mehr Überzeugungskraft bei Ihrem Auftritt. Im Kern geht es bei den vorbereitenden Überlegungen darum, alle Faktoren, die die Qualitätswahrnehmung der Zuhörer und den Wirkungsgrad Ihrer Präsentation beeinflussen, optimal einzustellen.

Um dieses Ziel zu erreichen, empfiehlt sich ein mehrstufiges Vorgehen, wie es in der Übersicht dargestellt ist:

Checkliste zur Vorbereitung

- Ziele definieren
- Situation und Zuhörer analysieren
- Inhalte erarbeiten
- Präsentation gliedern
- Medien vorbereiten
- Skript gestalten
- Tischvorlagen erstellen

Abb. 5: Checkliste zur Vorbereitung

3.1 Wie definiere ich die Ziele der Präsentation?

Nehmen wir an, Sie haben vor Verkaufsleitern Ihres Unternehmens eine Präsentation zu halten, das Thema lautet: „Notebookeinsatz im Vertrieb". Vermutlich werden Sie sich folgende Fragen stellen: Was soll ich präsentieren? Welche Erwartungen haben meine Zuhörer? Wann soll die Veranstaltung stattfinden? Welche Inhalte könnten interessant sein? Bevor Sie sich jedoch diesen Problemkreisen zuwenden, ist eine andere Frage vorrangig zu beantworten: Was will ich mithilfe der Präsentation erreichen? Worum geht es dem Vorgesetzten, der mich mit der Präsentation beauftragt hat?

Erst wenn die Ziele definiert sind, haben Sie einen Maßstab für die nachfolgenden Phasen der Vorbereitung, für die Optimierung der Durchführung und für die Erfolgskontrolle der Präsentation. Dabei sind die Ziele um so leistungsfähiger, je konkreter sie formuliert sind.

Die wichtigsten Aspekte, die bei der Zielbestimmung zu bedenken sind, lassen sich anhand der Abbildung 6 erläutern.

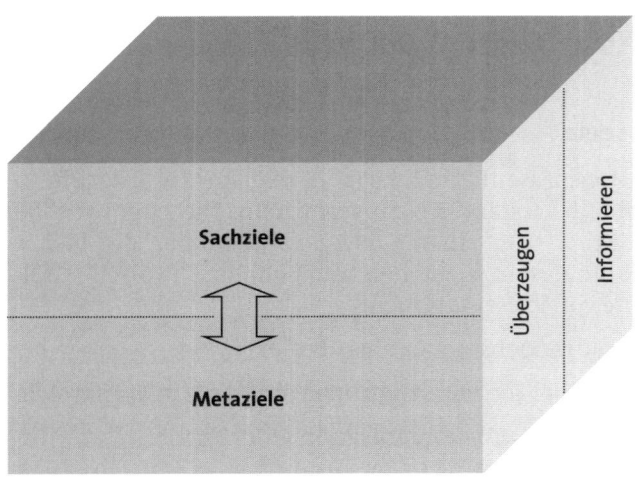

Abb. 6: *Sachziele und Metaziele*

3.1.1 Sachziele

Im Mittelpunkt einer Präsentation steht ein Sachthema, also ein Produkt, ein Konzept, eine Strategie oder ein Forschungsergebnis. Mit dem Thema ist noch nichts über das Ziel Ihrer Ausführungen gesagt. Wenn Sie etwa über *Notebookeinsatz im Vertrieb* sprechen, ist ein breites Spektrum an Zielen (Informations- und/oder Überzeugungszielen) denkbar. Sie können zum Beispiel beabsichtigen:

1 Ihre Zuhörer mit neuen Medien vertraut zu machen,

2 alternative Einsatzgebiete darzustellen,

3 Produktmerkmale zu erklären,

4 von Entwicklungen bei Mitbewerbern zu berichten,

5 von den Vorteilen des Notebookeinsatzes zu überzeugen,

6 eine positive Entscheidung der Zuhörer vorzubereiten,

7 neutrale Zuhörer auf Ihre Seite zu ziehen,

8 die Skeptiker nachdenklich zu machen.

Die Zielbeispiele 1 bis 4 lassen sich der Kategorie „Informieren", die übrigen der Rubrik „Überzeugen" zuordnen.

Informationsziele

Bei Informationspräsentationen geht es in erster Linie darum, dem Auditorium Inhalte verständlich zu vermitteln. Die Zuhörer sollen eine Idee, ein Konzept oder einen Sachzusammenhang, der bisher unbekannt war, aufnehmen, verstehen und behalten. Typische Anlässe für diese Variante von Präsentationen:

- Darstellung des Sachstandes eines Projekts,
- Informieren über die wirtschaftliche Situation in Frankreich,
- Präsentation der Aufbauorganisation einer Firma,
- Erläuterung der Wettbewerbssituation in China,
- Präsentation eines Forschungsergebnisses.

Überzeugungsziele

Während Informationspräsentationen darauf gerichtet sind, das Wissen der Zuhörer zu einem speziellen Thema zu erweitern, geht es bei einer Überzeugungspräsentation darum, die Zuhörer zum Handeln zu bewegen, sie zu etwas Bestimmtem zu veranlassen oder ihre Einstellung zu beeinflussen.

Beispiele für Überzeugungspräsentationen

- Sie präsentieren Ihre Firma im Rahmen einer Ausschreibung.
- Sie präsentieren ein neues Produkt oder eine Produktmodifikation beim Kunden.
- Sie wollen Ihre Mitarbeiter für eine Reorganisation gewinnen.
- Sie präsentieren einen Lösungsvorschlag vor einem Entscheidungsgremium.
- Sie wollen Ihr Unternehmen im Rahmen eines TV-Beitrags überzeugend darstellen.

Bei Überzeugungsversuchen kann sich Frustration einstellen, wenn die Ziele unrealistisch sind. Verfestigte negative Einstellungen können Sie nicht in einer 30-minütigen Präsentation umdrehen, auch wenn diese nach allen Regeln der Kunst vorbereitet wurde. Glücklicherweise wird es nur in Ausnahmefällen so sein, dass alle Zuhörer Ihrem Thema skeptisch oder ablehnend gegenüberstehen. Typisch ist eher eine Normalverteilung der Einstellungen. So kann mit einem Auditorium gerechnet werden, das aus vielen neutralen und wenigen euphorischen oder ablehnenden Zuhörern zusammengesetzt ist. Sie können sich hier schützen, wenn Sie einen Zielkorridor aus *Minimal- und Maximalzielen* definieren.

Ihr Minimalziel wird hierbei so festgelegt, dass Sie es mit Sicherheit erreichen, während Ihr Maximalziel den günstigsten Ausgang Ihrer Präsentation markiert. Beispiel: Sie wollen Ihre Geschäftsführung dafür gewinnen, finanzielle Mittel für ein Event bereitzustellen. Sie wissen, dass etwa die Hälfte des Gremiums skeptisch eingestellt ist. Ein Misserfolgserlebnis wäre vorprogrammiert, wenn Sie die Zielsetzung hätten, jeden Zuhörer zu überzeugen. Ein Minimalziel wäre hier:

- die Bedeutung des Events für das Unternehmen hervorzuheben,

- die besonderen Vorzüge des Konzepts klar und einprägsam darzustellen,

- den Stellenwert des Konzepts im Marketingmix zu verdeutlichen,

- den Meinungstrend in der Geschäftsführung kennen zu lernen,

- den Skeptikern X und Y klar zu machen, dass ein Event auch für ihre Bereiche einen Nutzen bringt.

Als Vortragender wirken Sie nicht nur durch die präsentierten Inhalte auf Ihre Zuhörer ein. Sie beeinflussen Ihr Auditorium „unterschwellig" durch eine Reihe nicht rationaler Faktoren. Dazu gehören Ihr äußeres Erscheinungsbild, die Art Ihres Auftretens und Ihr Kommunikationsverhalten. Es wäre fahrlässig, diesen Prozess dem Zufall zu überlassen, denn diese nichtsachlichen Wirkfaktoren prägen stark Sympathiewert, Glaubwürdigkeit und Kompetenz des Vortragenden. Daher ist es ratsam, zusätzlich spezielle Ziele für diese „weichen" Aspekte der Präsentation zu definieren, nämlich Metaziele.

3.1.2 Metaziele

Diese Ziele werden auch als „hidden agenda" bezeichnet. Die Berücksichtigung dieser übergreifenden Aspekte ist umso wichtiger, je geringer die Unterschiede Ihrer Produkte im Vergleich zum Wettbewerb sind. Hier einige Beispiele für Metaziele:

- Sich selbst als kompetent, teamfähig und sympathisch darstellen.
- Den nächsten Laufbahnschritt vorbereiten.
- Mit allen Teilnehmern – auch den Skeptikern – wertschätzend umgehen.
- Den eigenen Bereich überzeugend repräsentieren.
- Eine positive Beziehung zu Schlüsselpersonen entwickeln.
- Die allgemeinen Erwartungen des Kunden erfüllen (siehe hierzu Abschnitt 3.2).
- Den eigenen Bereich als innovativ, flexibel, verlässlich und kundenorientiert darstellen.

3.2 Wie analysiere ich Situation und Zielgruppe?

Die Situations- und Zuhöreranalyse schaffen die Voraussetzungen für eine kundenorientierte, erfolgversprechende Präsentationsstrategie. Vorinformationen über die „Welt" des Kunden bieten Ihnen – neben den Zielen der Präsentation – unverzichtbare Kriterien, um Inhalte auszuwählen, das Vortragsniveau festzulegen, die Nutzenargumentation zu entwickeln und die passenden Medien zu finden. Die entscheidende Frage lautet stets: Was ist aus der Sicht des Kunden interessant und wichtig? Was sind seine brennenden Probleme, wie sehen seine Erwartungen und Bedürfnisse aus? Für welche Probleme erwartet der Kunde Lösungen?

In diesem vorbereitenden Schritt sind zwei Fragen zu beantworten:

- Welche Kundeninformationen sind relevant?
- Wie gewinne ich die Kundeninformationen?

3.2.1 Welche Kundeninformationen sind relevant?

Zur Situations- und Zuhöreranalyse können Sie den folgenden Fragenkatalog benutzen. Zu Grunde liegt dabei das Szenario „Präsentieren vor externen Kunden". Allerdings lassen sich die Fragen mit kleinen Einschränkungen auch auf die übrigen Präsentationsanlässe übertragen.

Vorfragen zur Kundenanalyse

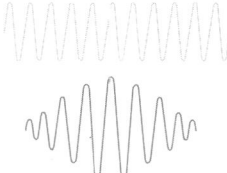

- In welcher Situation werde ich präsentieren?
- Was erwarten die Zuhörer?
- Welche Vorkenntnisse und Einstellungen haben die Zuhörer zum Thema?
- Wie sehen mich die Zuhörer?

Die richtige Wellenlänge finden!

Abb. 7: Vorfragen zur Kundenanalyse

In welcher Situation werde ich präsentieren?

- Wer nimmt teil (Name, Hierarchie, Ressort, Kompetenz, Alter...)?

- Wie viele Personen nehmen teil?

- Inwieweit ist der Rahmen für die Präsentation dadurch vorgegeben? (Präsentieren am Tisch, vor einer Gruppe, vor einer Großgruppe?)

- Was erleben meine Zuhörer vor und nach meiner Präsentation?

- Auf welche räumlichen Gegebenheiten muss ich mich einstellen?

- Wie verlässlich ist die vereinbarte Zeit?

- Welche Vorgaben gibt es für den Ablauf der Präsentation?

Welche Erwartungen und Ziele haben die Zuhörer?

- Welche Ziele und Interessen verfolgt der Kunde?
- In welcher Situation befindet er sich?
- Welche Probleme und Schwierigkeiten sind bekannt?
- Wo liegt der Bedarf beim Kunden?
- Was sind seine Entscheidungskriterien?
- Welchen Nutzen erwartet mein Auditorium?
- Welche technischen Produktmerkmale sind dem Kunden wichtig?
- Wo sind wir besser, wo schlechter als die Mitbewerber?

Welche Vorkenntnisse und Einstellungen haben die Zuhörer?

- Welche Vorkenntnisse kann ich bei den Zuhörern voraussetzen?
- Welche Fachbegriffe/schwierigen Zusammenhänge muss ich erklären?
- Wie stehen die Zuhörer zu unserem Unternehmen?
- Wie stehen die Zuhörer zum Angebot?
- Wie stehen die Zuhörer zum Wettbewerb?
- Welche Präsentationsmedien setzen die Zuhörer (vermutlich) selbst ein?
- Mit welchen Einwänden und mit welcher Kritik muss ich rechnen?
- Welche Interessenkonflikte gibt es (vermutlich) bei den Teilnehmern (zum Beispiel zwischen Abteilungen oder Hierarchie-Ebenen)?

Wie stehen die Zuhörer zu mir?

- Wie werden mich die Zuhörer wahrnehmen (Fachmann, Berater...)?
- Welche Gemeinsamkeiten habe ich mit den Zuhörern?
- Welche beruflichen/persönlichen Kontakte kann ich nutzen?
- Wem muss ich besondere Aufmerksamkeit schenken?

Darüber hinaus lohnt es sich, ergänzende Informationen über den persönlichen Bereich und die Persönlichkeitsstruktur Ihrer wichtigen Zuhörer in Erfahrung zu bringen. Dazu gehören persönliche Interessen, sportliche Ambitionen, Familie, Urlaubsgestaltung bis hin zu Charaktereigenschaften und Verhandlungsstil.

Hierdurch haben Sie Anknüpfungspunkte für informelle Gespräche im Umfeld der Veranstaltung. Zudem können Sie sich durch diese Vorinformationen besser auf kritische Fragen und Einwände in der Diskussion einstellen.

3.2.2 Wie gewinne ich Kundeninformationen?

Um das eigene Vorwissen über den betreffenden Kunden zu erweitern, haben sich folgende Wege als praktikabel herausgestellt

- *Telefonische Befragungen:* Lassen Sie keinen Versuch ungenutzt, um die besonderen Wünsche und Erwartungen sowie die Zahl und die fachliche Spezialisierung der Teilnehmer in Erfahrung zu bringen. Wenn Sie beim Kunden präsentieren, ist es ratsam, den Einladenden und/oder die späteren Präsentationsteilnehmer zu befragen. Oft helfen auch die verfügbaren informellen Kontakte zur besseren Einschätzung der Zuhörer. Als eleganter Aufhänger für die telefonische Recherche eignet sich oft der Hinweis auf die kundenorientierte Vorbereitung. Beispiel: „Herr Dr. Schneider, gern bestätige ich Ihnen den Präsentationstermin in Ihrem Hause am Donnerstag um 14.00 Uhr. Erlauben Sie mir dazu einige Fragen, damit ich das Präsentationkonzept noch mehr an Ihren Erwartungen und Wünschen ausrichten kann...“

- *Persönliche Befragungen:* Als Gesprächspartner kommen Kollegen oder andere Personen in Frage, die bereits Kontakt zu dem Kundenkreis oder zu dem betreffenden Unternehmen hatten. Dazu gehören auch Chefassistentinnen, Leiter und Mitwirkende abgeschlossener Projekte, technischer Kundendienst.

- *Online-Recherche:* Diese Möglichkeit wurde in Abschnitt 2.2.1 bereits behandelt. Prüfen Sie bei schwierigen Suchvorgängen, inwieweit Recherchaufträge an Informations-Broker sinnvoll sind, um zuverlässigere, genauere und aktuellere Informationen zu gewinnen.

- *Ergänzende Wege:* Hierzu gehört die Analyse von relevanten Presseartikeln, Markt- und Wettbewerbsanalysen sowie Unternehmensporträts auf CD-ROM.

3.2.3 Was tun, wenn keine Kundeninformationen zu gewinnen sind?

Manchmal ist es schwierig oder gar unmöglich, Kundeninformationen aus erster Hand zu bekommen. Für diese Situation gibt es im Sinne einer „zweitbesten Lösung" eine Reihe von Praxishilfen: Zunächst haben Sie in der Regel unmittelbar vor der Präsentation die Chance, mit ankommenden Teilnehmern Gespräche zu führen und dabei relevante Informationen zu erhalten, die zumindest Vorkenntnisse und spezielle Erwartungen betreffen. Beim „Präsentieren unter Ungewissheit" ist es zudem ratsam, den monologischen Anteil des Vortrags zu begrenzen, und früh in den Dialog zu geben (siehe auch Abschnitt 9.1). Es ist besser, Fragen der Kunden zu sammeln und diese zu beantworten als eine längere Präsentation zu halten, die neben den Bedürfnissen des Auditoriums liegt und die dadurch zur „inneren Kündigung" der Zuhörer führen kann. Schließlich sollten Sie – unabhängig vom Ergebnis der Kundenanalyse – die *allgemeinen Erwartungen* des Kunden in jedem Falle erfüllen. Unter diesem Blickwinkel möchte Ihr Kunde:

- Anerkennung und Wertschätzung erfahren,

- sich bei Ihnen in guten Händen fühlen,

- die dargebotenen Informationen verstehen,

- eine dialogische Präsentation, die ausreichend Spielraum für Fragen, Einwände und sonstige Beiträge lässt,

- Erfolgserlebnisse,

- dass Sie die vereinbarten zeitlichen und sonstigen Rahmenbedingungen berücksichtigen,

- dass Sie kompetent, seriös, glaubwürdig und partnerschaftlich auftreten,

- dass Sie selbst hinter Ihrem Produkt und Ihrem Unternehmen stehen.

Bei diesen Aspekten geht es vorrangig um die Frage, wie Ihr Kunde Ihr Verhalten wahrnimmt, wie Sie die Beziehung zu ihm gestalten und in welchem Maße Sie seine emotionalen Bedürfnisse, vor allem sein Selbstwertgefühl berücksichtigen.

3.3 Was ist bei der Erarbeitung der Inhalte zu beachten?

Diese Phase der Vorbereitung hat zum Ziel, themenbezogene Ideen und Informationen zu sammeln, die relevanten Inhalte auszuwählen und zu gewichten.

Nutzen Sie die bisherigen Vorüberlegungen als Orientierungshilfe, um den kreativen Prozess der Stoffsammlung früh in erfolgversprechende Bahnen zu lenken. Demnach sind Inhalte dann „relevant", wenn sie zur Erwartungshaltung der Zuhörer, zu Ihren Zielen und zum Thema Ihrer Präsentation passen.

Beginnen Sie zunächst damit, das Thema Ihrer Präsentation zu präzisieren: Inwieweit passt die gewählte Formulierung zur „Welt" der Zuhörer? Was löst der gewählte Titel (vermutlich) beim Zuhörer aus? Ist er verständlich und motivierend? Was gehört zum Thema, was nicht? Inwieweit ist das Thema aufgrund der verfügbaren Präsentationszeit zu begrenzen?

3.3.1 Inhalte sammeln

Bei den meisten Präsentationen bereitet es aufgrund der eigenen Erfahrungen und der fachlichen Kompetenz kaum Probleme, relevante Informationen zum Thema zu finden. Schwieriger ist es, nichts Wesentliches zu übersehen und die Argumente so anzureichern, dass sie auf den Kunden überzeugend wirken. Die folgenden Empfehlungen helfen Ihnen, die verschiedenen Aspekte des Themas bewusst zu machen und kundengerechte Nutzenargumente sowie einprägsame Beispiele und Bilder zusammenzutragen.

3.3.1.1 Spektrumanalyse mithilfe von ETHOS

Um keine wichtigen Gesichtspunkte zu übersehen, hat es sich bewährt, das Thema Ihrer Präsentation nach Sachbereichen (Aspekten) aufzuschlüsseln, also nach wirtschaftlichen, technischen, menschlichen, organisatorischen und sozialen Aspekten. Übersetzt man die fünf Begriffe ins Englische, so erhält man die im Kasten dargestellte Merkstütze ETHOS. Diese Arbeitshilfe erleichtert es Ihnen:

- das Thema der Präsentation zu präzisieren,
- die wesentlichen Facetten des Themas zu berücksichtigen,
- die relevanten Informationen zu sammeln und zu gliedern.

Aspekte \ Inhalte	USP's	Spezielle Argumente	Beispiele/ Referenzen	Medien (s. Abschn. 5)
E conomical = wirtschaftlich				
T echnical = technische				
H uman = menschliche Betroffene/Beteiligte				
O rganizational = organisatorisch				
S ocial = sozial Umfeld/Umwelt				

Abb. 8: Planungmatrix ETHOS

Economical
steht für die Sicht des Kaufmanns. Hier geht es um Bewertungsmaßstäbe
wie Preis, Umsatz, Kosten, Gewinn, Deckungsbeitrag, Wirtschaftlichkeit
bis hin zu Themen wie Marktchancen, Unternehmensstrategie, Marketing oder Portfolio-Analyse.

Technical
repräsentiert die Perspektive des Ingenieurs und Technikers. Schaut
man durch die Brille dieser Personengruppe, so stehen ingenieurwis-
senschaftliche Beurteilungskriterien im Vordergrund. Dazu gehören
technische Leistungsmerkmale eines Produkts, die technische Mach-
barkeit, aber auch Kategorien wie „Stand der Technik" und „best avai-
lable technology".

Human
symbolisiert den Aspekt Mensch und umfasst alle Personengruppen, die
mit dem präsentierten Thema zu tun haben. Dies können die Mitarbeiter des eigenen Unternehmens genauso sein wie Personengruppen beim
Kunden oder in der Öffentlichkeit.

Organizational
kennzeichnet die organisatorischen Aspekte der Thematik. Konkret geht
es hierbei um Fragen der Aufbau- und Ablauforganisation und um Fragen der operativen Umsetzung.

Social
steht für sämtliche Aspekte im Umfeld. Hierzu gehören die politischen,
sozialen, juristischen bis hin zu den ökologischen Aspekten des Themas
oder des präsentierten Produkts.

3.3.1.2 Kundengerechte Argumente finden

In Kundenpräsentationen benötigen Sie überzeugende Argumente und
Beispiele, die für Ihr Unternehmen und für Ihr Leistungsangebot sprechen. Bei der Zusammenstellung Ihrer Argumentation können Sie sich
ebenfalls an der dargestellten Planungsmatrix ETHOS orientieren. In der
Kopfzeile finden Sie im Einzelnen die Rubriken USP´s, spezielle Argumente, Beispiele/Referenzen, Medien. Für jede Rubrik sind jeweils alle
Aspekte zu berücksichtigen, also die wirtschaftlichen, technischen,
menschlichen, organisatorischen und umfeldbezogenen. Bei Bedarf

lässt sich die Anzahl der Spalten problemlos vergrößern oder verringern.

- *USP (Unique Selling Proposition)*

Das sind Alleinstellungsmerkmale Ihres Unternehmens. Was können Sie besser als Ihr Wettbewerb? Bei welchen Produktmerkmalen oder Kernkompetenzen sind Sie überlegen/einzigartig? Bei den USP´s geht es also darum, Argumente zu finden, die Ihr Unternehmen aufwerten. Prüfen Sie auch, inwieweit Sie Zusatzleistungen ansprechen können, also zum Beispiel Servicequalität, Hotline, Schulungsangebote, räumliche Nähe oder Vertriebsnetz.

Den Gedanken des USP können Sie auch auf interne Präsentationsanlässe übertragen. Hier lautet die Frage: In welcher Hinsicht bietet Ihr Vorschlag im Vergleich zu konkurrierenden Ansätzen einen unverwechselbaren Nutzen?

- *Spezielle Argumente und Beweismittel*

Ausgehend vom Bedarf und den konkreten Wünschen des Kunden werden in dieser Spalte spezielle Nutzenargumente zusammengestellt. Hierbei können Sie sich an dem bekannten Dreischritt aus der Verkaufspsychologie orientieren:

1. Merkmale/Eigenschaften eines Produkts oder Leistungsangebots

2. Spezielle Vorteile aus diesen Merkmalen/Eigenschaften im Vergleich zu Konkurrenzlösungen

3. Spezieller (unverwechselbarer) Nutzen dieser Lösung für den betreffenden Kunden. Dieser Schritt beinhaltet die eigentliche Nutzenargumentation.

- *Beispiele und Referenzobjekte*

Beispiele und Referenzobjekte machen abstrakte Inhalte anschaulich. Durch ein erfolgreiches Referenzobjekt konkretisieren Sie eine abstrakte Kernkompetenz oder eine bestimmte Problemlösung. Griffige Beispiele zur Illustration sind auch deshalb wichtig, weil man sie besser im Gedächtnis behalten kann als abstrakte Worte. Die Psychologie spricht in diesem Zusammenhang von der *Ankerfunktion* anschaulicher Beispiele. Entnehmen Sie die Bilder und Anwendungsbeispiele möglichst aus der Erlebnis- und Erfahrungswelt Ihrer Zuhörer.

* *Medien*

Sie sparen bei der weiteren Vorbereitung Zeit, wenn Sie bereits an dieser Stelle überlegen, welche Kernaussagen später visualisiert werden sollen. Halten Sie daher kreative Ideen und Skizzen zur Veranschaulichung bestimmter Kernkompetenzen, Nutzenargumente oder Produktmerkmale fest. In Abschnitt 3.5 kommen wir im Einzelnen auf diese Frage zurück.

3.3.1.3 Ergänzende Informationsquellen nutzen

Prüfen Sie, inwieweit Sie alle Möglichkeiten genutzt haben, Argumente und Beispiele zu finden, die tragfähig sind und aus der Sicht Ihrer Zuhörer vermutlich eine hohe Akzeptanz haben werden. In Frage kommen vor allem die folgenden Bereiche:

* *Unternehmerische Praxis*
  – Referenzobjekte, Referenzkunden
  – Erfahrungen und Kernkompetenzen
  – interne Forschungsergebnisse
  – kaufmännische/technische/ökologische Produktmerkmale

* *Wissenschaft*
  – Fakten, Untersuchungen, Statistiken
  – Aussagen von Experten mit hoher Reputation
    (zum Beispiel Max-Planck-Gesellschaft, Fraunhofer-Gesellschaft)
  – neue Erkenntnisse aus Fachtagungen und Kongressen

* *Presse, Publikationen, TV-Sendungen*
  – Fachzeitschriften, Zeitungen
  – Fachliteratur und andere Publikationen
  – Fernsehbeiträge

* *Gesellschaftlicher Bereich*
  – Normen aus Recht, Ethik und Moral
  – Wertewandel und Veränderungen von Bedürfnissen
  – Demografische Veränderungen
  – sonstige Zukunftstrends

3.3.1.4 Techniken zum methodischen Vorgehen

Prüfen Sie, inwieweit MindMapping oder andere Visualisierungstechniken geeignet sind, die Sammlung, Gewichtung und Strukturierung der Inhalte zu fördern.

- Eine MindMap ist eine „gedankliche Landkarte", die es erlaubt, neue Ideen an den relevanten Stellen unterzubringen, ohne die Übersichtlichkeit zu stören (Details finden Sie in Abschnitt 4.4.3.2). Eine leistungsfähige Mustersoftware zur Erstellung von MindMaps finden sich auf der CD-ROM unter MindManager oder im Internet unter www.mindman.com.

- Das Brainstorming kann dazu beitragen, in methodischer Form (allein oder im Team) den freien Fluss der Gedanken und Assoziationen zu stimulieren.

- Die Kärtchenmethode erleichtert Ihnen die spätere Verdichtung und Gliederung der gesammelten Ideen. Hierbei gehen Sie wie folgt vor: 1. Schreiben Sie verwertbare Informationen (Thesen, Argumente, Zitate, Beispiele usw.) auf Karten der Größe DIN 6 (Postkartengröße). 2. Markieren Sie auf jeder Karte ein Stichwort. 3. Kennzeichnen Sie die Karten zusätzlich mit den Buchstaben E für Einleitung, H für Hauptteil und S für Schluss. Die Kärtchen können Sie später nach Kern-, Rand-, Hintergrundinformation gewichten und den Gliederungspunkten Ihrer Präsentation zuordnen.

Wenn Sie sich in neue Themen einarbeiten oder schwierige Fragen zu klären haben, ist es sinnvoll, über Internet zu recherchieren und Gespräche auch mit externen Fachleuten zu führen, um „Spitzenwissen" aufzuspüren, komplizierte Sachzusammenhänge besser zu verstehen und den Blick für Wesentliches zu schärfen. Unverzichtbar ist der Dialog mit anderen vor allem dann, wenn es um Fragen geht, die jenseits der eigenen fachlichen Spezialisierung liegen. Um hier zu einem wohl begründeten Urteil zu kommen, sind wir – im Sinne einer zweitbesten Lösung – darauf angewiesen, die Meinung vertrauenswürdiger Gewährsleute (aus Wissenschaft, Wirtschaft, Technik, Politik und den übrigen gesellschaftlichen Gruppen) einzuholen und zu übernehmen.

„In tausend Dingen des Alltags verlassen wir uns ständig auf die Meinung anderer; auch der Höchstgestellte und Letztentscheidende in den großen Fragen des öffentlichen Lebens und der Geschichte kann gar nicht anders verfahren, kann nur sorgsamer sein in der Auswahl der Gewährsleute, denen er sein Vertrauen schenkt."

Oswald von Nell-Breuning

3.3.2 Inhalte gewichten

Wenn Sie die relevanten Inhalte gesammelt haben, ist zu überlegen, welche Informationen die größte Bedeutung haben. Darüber hinaus ist es in der Regel notwendig, Menge und Niveau der Inhalte auf das Maß zu reduzieren, das die Zuhörer angesichts begrenzter Aufnahmekapazität und Präsentationszeit verarbeiten können. Mindestens sollten Sie diejenigen Inhalte aussondern, die Ihren Kundenkreis (wahrscheinlich) über- und unterfordern. Streichen Sie zudem alle Inhalte, die keinen Beitrag zur Erreichung Ihrer Präsentationsziele leisten.

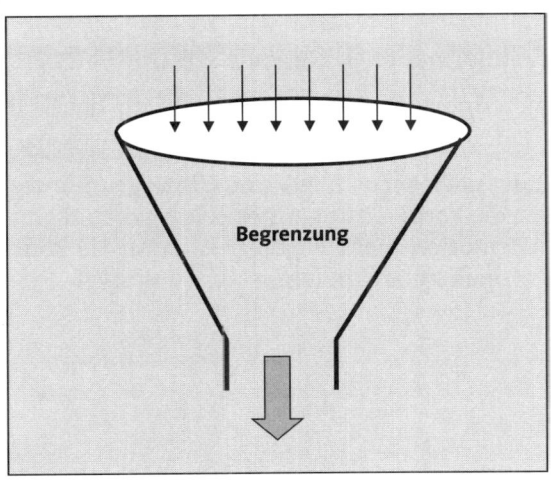

Abb. 9: Informationen begrenzen

Eine A,B,C-Analyse erleichtert es, die richtigen Prioritäten zu setzen. Notieren Sie auf Ihren Kärtchen oder an den Ästen Ihrer MindMap die Buchstaben A, B oder C.

A = **Kern**informationen: Diese Inhalte haben die höchste Priorität und *müssen* dargestellt werden. Zwei Kontrollfragen helfen Ihnen, die Kerninformationen herauszufinden.

1. Was würde ich präsentieren, wenn meine Präsentationszeit drastisch – sagen wir auf drei Minuten – gekürzt würde?

2. Welche drei bis fünf Argumente will ich im Kopf der Zuhörer dauerhaft verankern?

B = **Rand**informationen: Diese Inhalte *sollten* gebracht werden. Sie dienen dazu, die Kerninformationen anschaulich, verständlich und überzeugend darzustellen. Möglichkeiten hierzu sind praktische Beispiele, Anekdoten, Vergleiche oder Wiederholungen.

C = **Hintergrund**informationen: Diese Inhalte *können* dargestellt werden („nice to know it"). Beispiele für diese Kategorie:

• Detaillierte Informationen zur Firmengeschichte.

• Technische Detailinformationen, die kaufmännisch orientierte Zuhörer überfordern würden.

• Eingehende Informationen zur Vorgeschichte eines Projekts.

• Stimulanzien und auflockernde Elemente, die der Dramaturgie dienen. Dazu gehören Sinnsprüche, Zitate und Cartoons.

Die Unterteilung nach Kern-, Rand- und Hintergrundinformationen erleichtert Ihnen die Vorbereitung unter Zeitdruck und gibt Ihnen in der laufenden Präsentation mehr Flexibilität, denn Sie können rasch die Muss-Informationen herausfinden.

3.4 Wie gliedere ich die Präsentation?

Sie haben die relevanten Inhalte (Fakten, Zahlen, Argumente, Beispiele usw.) zusammengetragen und aufbereitet. Nun geht es darum, den Aufbau Ihrer Präsentation zu entwickeln. Wie beginnen Sie, wie gliedern Sie den Hauptteil und wie gestalten Sie den Schluss Ihrer Präsentation?

In diesem Abschnitt werden zunächst allgemeine Praxistipps für Einleitung, Hauptteil und Schluss vorgestellt. Im Anschluss daran lernen Sie spezielle Standardbaupläne für Überzeugungs- und Informationspräsentationen kennen (siehe Übersicht).

Die Strukturpläne dieses Kapitels sind Angebote, die im Hinblick auf Ihr konkretes Szenario und Ziel zu modifizieren sind. Wenn Sie bei der Vorbereitung in Zeitdruck sind, steht Ihnen ein Notprogramm auf der CD-ROM zur Verfügung: Dieser Chartbaukasten enthält präsentable Inhaltsvorlagen zu den Präsentationen, die unter Punkt 3.4.2 behandelt werden.

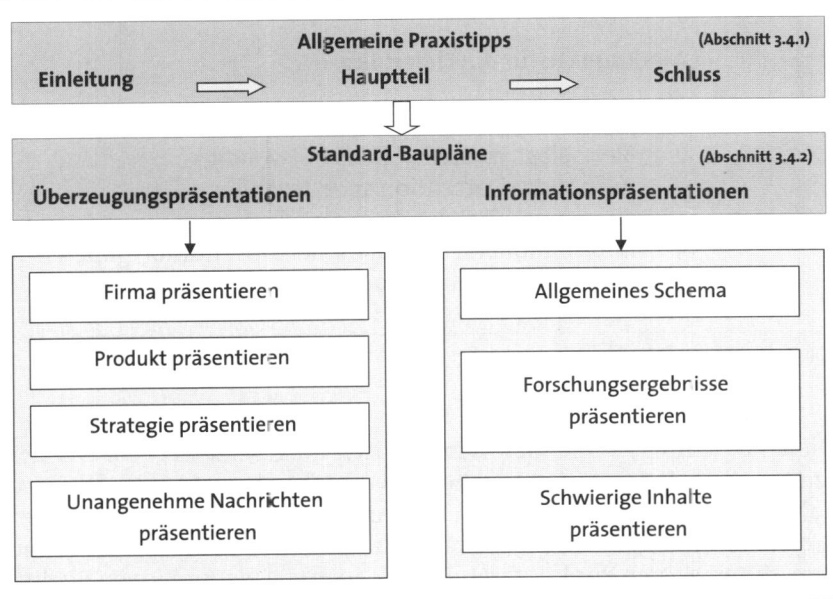

Abb. 10: Strukturierungshilfen in der Übersicht

3.4.1 Allgemeine Praxistipps für den Aufbau

3.4.1.1 Einleitungsteil strukturieren

Der einleitende Teil ist darauf gerichtet, Aufmerksamkeit zu wecken, einen guten Kontakt zu den Zuhörern herzustellen, in das Thema einzuführen und klare Orientierungen zum Ablauf der Veranstaltung zu geben. Vermeiden Sie es, zu Anfang bereits Kerninformationen zu vermitteln. Erfahrungsgemäß neigen die Zuhörer in der Einstiegsphase dazu, sich zunächst ein allgemeines Bild zu machen. Dies drückt sich in inneren Dialogen aus wie: Wer tritt da auf? Wirkt der Präsentierende freundlich oder verbissen? Inwieweit lassen äußeres Erscheinungsbild, Auftreten und die ersten Sätze auf Kompetenz schließen? Scheint das Thema interessant zu sein? Daher ist es ratsam, zu Beginn ausreichend Redundanz einzubauen.

Die Frage „Wie beginne ich die Präsentation?" lässt sich in vielen Fällen wie folgt beantworten:

Merkpunkte für die Einleitung

1. Zuhörer begrüßen
2. Sich selbst vorstellen (falls notwendig)
3. Aufhänger („attention spot") wählen
4. Thema und Ziel der Präsentation nennen
5. Informationen zum Ablauf der Präsentation geben (Gliederung, Ablauf, Dauer...)

Abb. 11: Merkpunkte für die Einleitung

Diese Phasenfolge sollte nicht schematisch umgesetzt werden. Wie der Einstieg Ihrer Präsentation letztlich aussieht, hängt von den besonderen Rahmenbedingungen, vor allem von Anlass und Ziel, Ihrem Zuhörerkreis und Ihren persönlichen Präferenzen ab. In jedem Falle ist es ratsam, die einzelnen Punkte vorab zu durchdenken, damit Sie von Beginn an motivierend, partnerschaftlich und kompetent wirken.

Zu 2. Sich selbst vorstellen

In vielen Situationen – etwa bei einer Kundenpräsentation – kommen Sie um die persönliche Vorstellung nicht herum. Auch wegen des prägenden ersten Eindrucks sollten Sie diese Gelegenheit nutzen, indirekt auf Ihre fachliche Kompetenz hinzuweisen. Ein probates Mittel: Sie sagen Ihrem Auditorium in knappen Worten, inwieweit Sie mit dem Thema befasst sind und welches Ihr Verantwortungsbereich ist. Achten Sie bei der Vorbereitung auf das Prinzip der selektiven Wahrheit: „Sag immer die Wahrheit, aber die Wahrheit musst Du nicht immer sagen". Das bedeutet: Wenn jemandem erst seit kurzem die Projektverantwortung übertragen wurde, wäre es psychologisch ungeschickt, dies bei der persönlichen Vorstellung anzusprechen. Ein wenig Selbstpräsentation ist auch hier nicht von Nachteil!

Zu 3. Aufhänger („attention spot") wählen

Zwei Alternativen stehen für den Einstieg zur Verfügung: Sie können einen Aufhänger benutzen, um Aufmerksamkeit zu wecken oder unmittelbar ins Thema einsteigen. Wenn Sie einen Aufhänger benutzen, ist es günstig, diesen an den Anfang Ihrer Präsentation zu setzen. Entweder vor oder nach der Begrüßung. Die Variante Aufhänger vor der Begrüßung hat sich in vielen Situationen durchgesetzt, etwa bei der Anmoderation politischer oder wissenschaftlicher Fernsehmagazine. Die Aufhänger sind in der Praxis so vielfältig wie die menschliche Kreativität. Für welche der folgenden Möglichkeiten Sie sich auch entscheiden: Sie sollten sich von dem A-A-A-Prinzip (Mach es anders als andere!) leiten lassen.

Erfolg versprechende Ideen für einen zündenden Beginn:

- Einige Worte zur *Bedeutung des Themas*: „Bei meinem letzten Besuch auf der CEBIT war eine Tendenz nicht zu übersehen: DVD ist das Speichermedium der Zukunft..."

- Eine *provozierende These*: „Ein SuperGAU an den Börsen kann die Weltwirtschaft aus den Angeln heben..."

- Ein *Nutzenversprechen*: „Sie erfahren in den nächsten 30 Minuten, wie Sie Ihre Begeisterungsfähigkeit fördern und Ihr Lampenfieber abbauen können..."

- Eine *Anekdote, ein persönliches Erlebnis:* „Ich fuhr oft im Sommer nach Maine zum Fischen. Ich selbst esse für mein Leben gern Erdbeeren mit Sahne, aber ich habe herausgefunden, dass die Fische aus irgendeinem mir unbekannten Grund Würmern den Vorzug geben. Wenn ich nun also fischen ging, dachte ich nicht daran, was mir schmeckt, sondern daran, was die Fische mochten, und steckte nicht Erdbeeren mit Sahne an den Angelhaken, sondern köderte sie mit einem Wurm oder einer Heuschrecke... Das heißt im Klartext: Der Köder muss dem Fisch schmecken..."

- Eine *(verblüffende) Frage:* „Können Sie sich eine Technologie vorstellen, mit der das gesamte Weltwissen auf der Fläche eines Fingernagels gespeichert werden kann? Es gibt sie. Speichern im Nano-Bereich lautet das faszinierende Thema:..."

- Ein *Cartoon, ein Zitat, ein Sinnspruch:* „Edison sagte einmal: 98 Prozent meines Erfolgs war Transpiration, 2 Prozent Inspiration. So in etwa, meine Damen und Herren, können Sie sich die kreativen Prozesse in meiner Abteilung vorstellen..."

- *Situativer Bezug:* „Auf dem Weg hierher hatte ich Gelegenheit mit einem Auszubildenden zu sprechen...", „Hier in der Nähe des Kölner Doms fällt es mir leicht, eine Fachtagung zum Thema 'Architektur des 21. Jahrhunderts' zu eröffnen..."

- Ein *mitgebrachter Gegenstand:* „Für Sie habe ich etwas mitgebracht. Es handelt sich um einen riesigen Winzling. Jedenfalls was die Speicherkapazität angeht. Auf so einer DVD-Scheibe können Sie mehr als 15 Spielfilme in brillanter Qualität speichern..."

- Eine *Neuigkeit im Bild:* Als Einstieg in einen Astronomie-Vortrag blendet der Präsentator zu Anfang ein Bild ein: „Dieses Foto, meine Damen und Herren, hat vorher noch kein Mensch gesehen. Es ist taufrisch. Das Hubble-Teleskop hat gestern die Geburt dieser Supernova im Sternzeichen der Jungfrau eingefangen..."

Wenn Sie vor Entscheidungsgremien präsentieren, ist es ratsam, einen sachbezogenen Einstieg zu wählen. Steigen Sie unmittelbar ins Thema ein und betonen Sie dessen Bedeutung für die Zukunft. Anders ist die Erwartungshaltung in der Regel bei Fachtagungen, Kongressen oder Vertriebstagungen, wo Sachinformation und Unterhaltung gefragt sind (Infotainment). Professionelle Redner kennen ihre Wow-Effekte, um ein Auditorium zu fesseln.

Zu 4. Thema und Ziel der Präsentation nennen

Während ein „attention spot" die Zuhörer emotional anspricht, ist der zweite Teil der Einleitung rational geprägt. Das Publikum möchte Informationen zu der Frage, um was es geht und was bei der Veranstaltung herauskommen soll. Präzisieren Sie daher das Thema in verständlicher Weise und machen Sie deutlich, welches Ziel Sie mit Ihrer Präsentation erreichen wollen.

Beispiel: Sie präsentieren das Thema „Der Vorgesetzte als Coach". In diesem Fall könnten Definition und Zielsetzung etwa so lauten: „Im Mittelpunkt meiner Präsentation stehen zwei Fragen: 1. Was ist unter Coaching zu verstehen? 2. Welche Chancen bietet Coaching, um Mitarbeiter zu motivieren und zu fördern?

Die Zielsetzung meines Vortrags besteht darin, Problembewusstsein für dieses wichtige Thema zu schaffen und Anregungen für den Führungsalltag zu vermitteln".

Zu 5. Informationen zum Ablauf der Präsentation geben

Zur Einleitung gehört schließlich eine gut lesbare Gliederung auf Flipchart, Pinnwand oder einem anderen Dauermedium. So hat jeder Teilnehmer die Gesamtstruktur während der Präsentation vor Augen. Bei Bildschirmpräsentationen können Sie alternativ die Gliederung mehrfach einblenden oder mit der Navigationsleiste arbeiten (siehe hierzu Kapitel 5).

Das Ende der Einleitung ist der beste Zeitpunkt, um Orientierungen zum Ablauf und Regelwerk der Präsentation zu geben. So können Sie Verständnisfragen während des Vortrags zulassen und für weiterführende Fragen und Einwände die Aussprache anbieten. Dieses Vorgehen hat den Vorteil, frühen und häufig zeitraubenden Diskussionen entgegenzuwirken. Vergessen Sie dabei nicht, auf die Dauer der Präsentation hinzuweisen.

Praxistipp

Den einleitenden Teil Ihrer Präsentation sollten Sie zuletzt erarbeiten. Dies empfiehlt sich aus zwei Gründen: Sie können die Erkenntnisse nutzen, die Sie bei der Entwicklung des Hauptteils gewonnen haben. Darüber hinaus können Sie bis kurz vor Ihrem Vortrag aktuelle Informationen zur Situation und zum Ort einfügen.

3.4.1.2 Hauptteil strukturieren

Ein wichtiges Qualitätskriterium für eine Präsentation ist eine klare und nachvollziehbare Gliederung der Inhalte, die es dem Zuhörer ermöglicht, die präsentierten Inhalte leicht aufzunehmen und zu verstehen. Er muss den „roten Faden" erkennen können. Achten Sie daher bei der Erarbeitung Ihrer Gliederung darauf, dass:

- die einzelnen Abschnitte logisch gegliedert sind,
- die Gliederung verständlich und zielwirksam ist (Informationspräsentationen haben einen anderen Aufbau als Überzeugungspräsentationen),
- die Kernbotschaft erkennbar ist,
- die Anzahl der Gliederungspunkte übersichtlich bleibt (Faustregel: drei, maximal fünf deutlich unterscheidbare Unterpunkte).

Allgemein gültige Empfehlungen für den Aufbau des Hauptteils existieren nicht. Dafür sind die Themen, Zielsetzungen und Situationen zu unterschiedlich. Trotzdem gibt es einige bewährte Arbeitshilfen, die Ihnen eine zielwirksame Gliederung erleichtern:

- Psychologisch-pädagogische Orientierungen,
- Strukturierung mithilfe von Fünfsätzen.

Hinzu kommen Standard-Baupläne für spezielle Präsentationsanlässe, die in Abschnitt 3.4.2 behandelt werden.

Psychologisch-pädagogische Orientierungen

Die Inhalte Ihrer Präsentation sind so anzuordnen, dass Ihr Zuhörer sie aufnehmen, verarbeiten und behalten kann. Geht man von der einfachsten formalen Struktur einer Präsentation aus (siehe Schema), so ist es sinnvoll, die folgenden Empfehlungen sowohl für die Anordnung der Abschnitte (Hauptgliederungspunkte) als auch für die Reihenfolge der Informationen innerhalb eines einzelnen Anschnitts zu beachten:

* Das Bekannte vor dem Neuen

* Das Einfache vor dem Schweren

* Das Konkrete vor dem Abstrakten

* Das Allgemeine vor dem Besonderen

* Das Problem vor der Lösung

* Bei drei Argumenten: Erst das zweitbeste, dann das schwächere, zum Schluss das stärkste.

Strukturierung mithilfe von Fünfsätzen

Weitere Anregungen vermitteln Ihnen die folgenden „Fünfsätze" (zur Fünfsatztechnik siehe z.B. Geißner 1981). Dabei handelt es sich um ge-

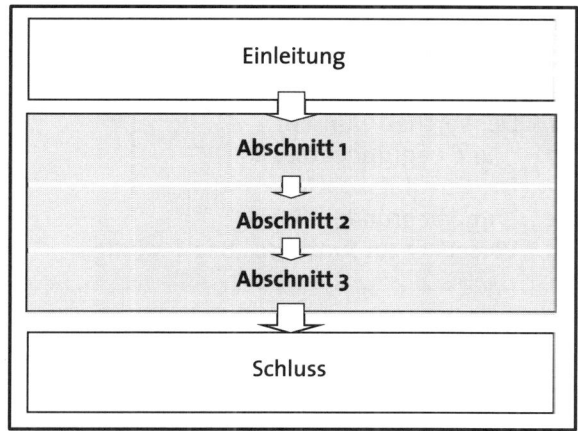

Abb. 12: Einfachste formale Struktur einer Präsentation

dankliche Baupläne, die es erlauben, in fünf Denkschritten kurz, logisch gegliedert und zielwirksam zu argumentieren. Prüfen Sie, inwieweit diese Strukturpläne geeignet sind, einzelne Abschnitte oder den gesamten Hauptteil Ihrer Präsentation überzeugend zu gliedern.

Dialektischer Fünfsatz

1. Thema/ Problem nennen
2. Argumente (pro)
3. Argumente (contra)
4. Schlußfolgerung/ Synthese...
5. Zielorientierte Kernbotschaft...

Linearer Fünfsatz

1. Der allgemeine Hintergrund...
2. Die spezielle Problematik...
3. Unsere Vorgehensweise...
4. ... führt zu folgenden Daten...
5. Unsere Interpretation/ Konsequenzen...

Paralleler Fünfsatz

1. Der Vertrieb wünscht...
2. ... und begründet dies so...
3. Die Qualitätskontrolle fordert...
4. ... und begründet dies so...
5. Vorschlag zur Synthese...Begründung...

Formel zur Ausklammerung der Gegenposition

1. Gegenposition kennzeichnen...
2. Argumente der Gegenseite...
3. Defizite/ Unzulänglichkeiten der...
4. Eigene Position nennen/ begründen...
5. Zielorientierte Kernbotschaft...

Abb. 13: Beispiele für Fünfsatzstrukturen

3.4.1.3 Schlussteil strukturieren

Ein guter letzter Eindruck ist genauso wichtig wie ein guter erster Eindruck. Die Erfahrung zeigt, dass der Schlussteil einer Präsentation besonders stark beim Zuhörer nachwirkt und vermutlich am besten behalten wird. Es empfiehlt sich daher, die Kernbotschaft in Form eines griffigen, einprägsamen Fazits zusammenzufassen. Dies kann zum Beispiel ein Textchart sein, auf dem Sie die wesentlichen Produktmerkmale und Nutzenargumente zusammenfassen. Es gibt weitere dramaturgische Möglichkeiten zur Aufwertung des Schlussteils Ihrer Präsentation. Sie können einen Spannungsbogen aufbauen, indem Sie:

- den Einstiegsgedanken wieder aufgreifen,

- mit einem Zitat schließen, das als Gegenstück zu einem Zitat in der Einleitung gedacht ist,

- ein Cartoon (eine Karikatur) zeigen, das als Gegenstück zu einem Cartoon (eine Karikatur) in der Einleitung fungiert oder

- die provozierende Einstiegsfrage beantworten.

Merkpunkte für den Schlussteil

- Knappe Zusammenfassung der Kernaussagen
- Gegebenenfalls auflockernde Elemente
- Ein Appell oder Ausblick
- Überleitung in die Diskussion

Abb. 14: Merkpunkte für den Schlussteil

Beachten Sie die folgende Faustregel zur Aufteilung der Präsentationszeit:

- etwa 15 Prozent für den Einleitungsteil,

- etwa 75 Prozent für den Hauptteil und

- etwa 10 Prozent für den Schlussteil.

3.4.2 Standardbaupläne für Präsentationen

Dieser Abschnitt behandelt spezielle Gliederungsvorschläge für Überzeugungs- und Informationspräsentationen. Dabei wurden interne und externe Präsentationsanlässe ausgewählt, die in der Praxis die größte Bedeutung haben.

Überzeugungspräsentationen

Externe Anlässe

- Die Firma präsentieren

- Problemlösungen und Produkte präsentieren

Interne Anlässe

- Eine Strategie präsentieren

- Unangenehme Nachrichten präsentieren

Informationspräsentationen

- Allgemeines Schema

- Forschungsergebnisse präsentieren

- Schwierige Inhalte präsentieren

In der Praxis überschneiden sich die beiden Präsentationsarten mehr oder weniger. Wer überzeugen will, wird vor der Nutzenargumentation auch über seine Idee oder sein Produkt informieren. Wer neue Forschungsergebnisse vermittelt, wird implizit bestrebt sein, seine wissenschaftliche Einrichtung oder seine Forschungs- und Entwicklungsabteilung imageförderlich darzustellen.

3.4.2.1 Standardbaupläne für Überzeugungspräsentationen

Die Firma präsentieren

Im Kundenkontakt ist es von Zeit zu Zeit notwendig, das eigene Unternehmen oder den eigenen Unternehmensbereich überzeugend und situativ angemessen vorzustellen. Dabei kann der Kontext unterschiedlich sein:

Firmenpräsentation im Wettbewerb mit anderen Unternehmen: Hier geht es darum, die besonderen Fähigkeiten und Kernkompetenzen der Firma überzeugend darzustellen und beim Kunden nachhaltiges Interesse für eine Zusammenarbeit zu wecken. Ausgeklammert bleiben sowohl die Analyse konkreter Probleme als auch die Darstellung bestimmter Lösungswege. Typische Praxissituation für derartige „Capability Presentations": Nach einer Ausschreibung für ein Großprojekt sind drei Unternehmen in der engeren Wahl und präsentieren nacheinander vor einem Entscheidungsgremium. Die Strategie ist darauf gerichtet, sich gegen die Mitbewerber durchzusetzen.

Firmendarstellung als Teil einer Produktpräsentation: Die Ausführungen zum Unternehmen (Referenzen, Kernkompetenzen, Patente, Positionierung am Markt...) bilden den Hintergrund, vor dem die produktbezogene Präsentation abläuft. So wird der präsentierende Geschäftsführer eines kleinen Unternehmens seine Ausführungen dadurch aufwerten können, dass er in der Anfangsphase zwei erfolgreiche Referenzprojekte erläutert, die für renommierte Unternehmen durchgeführt wurden.

Firmenpräsentation integriert in Verkaufsgespräche: In dialogischen Ge-sprächssituationen ist es ratsam, die Kerninformationen zur Firma interaktiv mit dem Kunden darzustellen. Aus dem möglichen Themenraster werden hierbei nur die Module behandelt (gegebenenfalls über das Notebook gezeigt), die zur Erwartungshaltung des Gegenübers passen (siehe hierzu auch Abschnitt 5.4.2).

Firmenpräsentation
(Mögliches Aufbauschema)

1. Wer sind wir?
2. Leistungsangebot/ Produkte
3. Einsatzgebiete/ Anwendungsfelder
4. Optional: Die nächsten Schritte bei einer Zusammenarbeit
5. Fazit

Abb. 15: Aufbauschema einer Firmenpräsentation

Erläuterung:

1. *Wer sind wir?*

Als Unterpunkte kommen in Frage: Firmenname, Positionierung am Markt, am Markt seit..., besondere Erfahrungen und Kernkompetenzen, markante Erfolge.

2. *Leistungsangebot/Produkte*

Überblick der Produktpalette mit den besonderen Vorzügen (USP´s). Dazu gehören auch mögliche Stütz- und Zusatzleistungen Ihres Unternehmens. Zum Beispiel im Bereich der Vertriebsorganisation, des Service oder im Bereich des Umweltschutzes.

3. *Einsatzgebiete/Anwendungsfelder*

Kernkompetenzen können Sie am besten durch Referenzprojekte belegen. Denn bei erfolgreichen Projekten sind die besonderen Fähigkeiten in der Praxis unter Beweis gestellt worden. Bedenken Sie bei der Auswahl der Referenzobjekte wie auch bei der Darstellung der

Produkte und der besonderen Stärken Ihres Unternehmens, was aus der Sicht des Kunden und seiner Branche besonders interessant sein könnte.

4. *Die nächsten Schritte bei einer Zusammenarbeit*

   Hierbei geht es darum, dem Kunden zu zeigen, wie die nächsten operativen Schritte im Falle einer Zusammenarbeit aussehen.

5. *Fazit*

   In der Zusammenfassung bietet sich die Chance, die besonderen Vorteile und Kompetenzen des eigenen Unternehmens zu verstärken.

Praxistipp

Stellen Sie Gegenwart und Zukunft in den Mittelpunkt Ihrer Präsentation. Belasten Sie Ihren Kunden nicht mit vergangenheitsorientierten Informationen (lange Listen zur Firmengeschichte, Zahlenfriedhöfe oder nervtötende Organigramme). Konzentrieren Sie sich beim Rückblick auf wenige markante Meilensteine. Die Details fügen Sie in die Tischvorlage ein.

Ergänzende Anregungen zur Strukturierung sowie zur inhaltlichen und visuellen Gestaltung von Firmenpräsentationen finden Sie auf der CD-ROM unter der Rubrik Firmenpräsentationen. Lassen Sie sich inspirieren von den PowerPoint-Darstellungen der Firmen:

- DaimlerChrysler

- Volkswagen

- Deutsche Telekom

- Heidelberger Druck

- e.on

Diese Unternehmensporträts sind als modulare Angebote an die Führungskräfte gedacht und können flexibel eingesetzt werden. Bekonkreten Präsentationsanlässen sind jeweils diejenigen Charts aus den vorstrukturierten Firmendarstellungen auszuwählen, die der Erwartungshaltung des Auditoriums entsprechen und einen Beitrag zur Zielerreichung leisten (Weitere Hinweise und Erläuterungen zur Gestaltung einzelner Folien und ganzer Bildschirmpräsentationen finden Sie im Kapitel 4).

Im Folgenden lernen Sie wichtige Strukturierungshilfen kennen, die für die Präsentation von Ideen, Produkten, Strategien, Arbeitsergebnissen oder ähnliche Anlässe in Frage kommen. Die größte Bedeutung hat dabei die so genannte *Problemlösungsformel*. Der formale Aufbau dieser Formel lässt sich sehr gut auf interne wie auf externe Anlässe übertragen.

Problemlösungen und Produkte präsentieren

Die *Problemlösungsformel* (siehe Abb. 16) ist eine Variante der oben erläuterten Fünfsätze. Dieser Bauplan lässt sich auf die Begriffe *Diagnose* und *Therapie* zurückführen, wie sie Hippokrates für die Medizin geprägt hat.

Die Problemlösungsformel

1. Situation und Problem analysieren
2. Negative Konsequenzen aufzeigen (bei „Untätigkeit")
3. Ziel definieren (Worauf es ankommt...)
4. Lösungsvorschlag
5. Operative Schritte

Abb. 16: Die Problemlösungsformel

Erläuterung:

1. *Situation und Problem analysieren*

   Die meisten Präsentationen beginnen mit der Darstellung eines Defizits, eines Bedarfs, einer unbefriedigenden Situation, einer Soll-Ist-Abweichung – kurz mit einem Problem. Dieses wird zusammen mit der Ausgangssituation analysiert.

2. *Negative Konsequenzen aufzeigen*

Ausgehend vom dargestellten Problem wird aufgezeigt, was passiert, wenn man untätig bleibt. Beispiel: Die Vertriebsmannschaft Ihres Unternehmens ist unzureichend mit neuen Medien ausgerüstet. Falls keine Aktionen ergriffen werden, könnten dies die negativen Folgen sein: sinkendes Image beim Kunden, zurückgehende Motivation der Vertriebsleute sowie auf lange Sicht Wettbewerbsnachteile, da die Schere zu den Mitbewerbern, die die Chancen der neuen Medien nutzen, immer größer wird.

3. *Ziel definieren*

Das Ziel lässt sich definieren als Verringerung oder Beseitigung des Ausgangsproblems. Je nach Szenario kann es notwendig sein, die Zieldimensionen weiter zu konkretisieren, und zwar hinsichtlich Inhalt, Ausmaß und Zeitbezug.
Zielinhalt heißt: Was wird angestrebt?
Zielausmaß heißt: Welcher Grad der Zielerreichung wird angestrebt?
Zeitbezug heißt: In welchem Zeitraum soll das Ziel/Teilziel erreicht werden?

4. *Lösungsvorschlag*

Hierbei geht es um die Darstellung des Lösungsvorschlags einschließlich der Nutzen-Argumentation und der Erklärung relevanter Details.

5. *Operative Schritte*

Diese Phase hat konkrete Schritte zur Umsetzung des Lösungsvorschlags zum Gegenstand. Wer tut was bis wann und wie? ist hier die leitende Frage.

Die Problemlösungsformel lässt sich ohne weiteres auf Produktpräsentationen übertragen. Die Abbildungen zeigen Beispiele für die Szenarien: Präsentation *alternativer* Lösungen sowie Präsentation einer Lösung.

Produktpräsentation
(Szenario: alternative Lösungen)

1. Situation und Problem analysieren
2. Ziel definieren
3. Lösungen darstellen
4. Vorteile und Nachteile diskutieren
5. Empfehlungen für die beste Lösung
6. Operative Schritte

Produktpräsentation
(Szenario: eine Lösung)

1. Situation und Problem analysieren
2. Ziel definieren
3. Lösungsvorschlag darlegen
4. Nutzen aufzeigen
5. Operative Schritte

Abb. 17: Aufbaupläne für Produktpräsentationen

Falls verschiedene Lösungsvorschläge präsentiert werden, ist es ratsam, die Diskussion der Vor- und Nachteile kriterienorientiert durchzuführen. Diese Bewertungskriterien sind zu Beginn der vierten Phase zu nennen.

Strategien und unangenehme Nachrichten präsentieren

Eine ähnliche Struktur haben die folgenden Aufbaupläne, die sich insbesondere dann eignen, wenn Sie für eine Strategie überzeugen wollen oder wenn Sie eine unangenehme Nachricht zu übermitteln haben.

Empfehlung einer Strategie

1. Bedeutung des Themas; Ziel definieren
2. Ausgangssituation (Kernprobleme...)
3. Alternative Strategien im Überblick
4. Diskussion der Vor- und Nachteile
5. Empfehlung für die beste Variante
6. Mögliche Probleme bei der Umsetzung
7. Die nächsten Schritte

Unangenehme Nachrichten präsentieren

1. Hintergrund
2. Darstellung der unangenehmen Nachricht
   (kurz und auf den Punkt)
3. Alternative Lösungswege (Optionen)
4. Vorteile und Nachteile der Optionen
5. Die nächsten Schritte darlegen
   (gegebenenfalls im Dialog mit dem Auditorium)

Abb. 18: Aufbaupläne für zwei interne Anlässe

3.4.2.2 Standardbaupläne für Informationspräsentationen

Allgemeines Schema

Durch den hohen Abstraktionsgrad der formalen Struktur ist die dargestellte Gliederungshilfe praktisch auf jede informationsorientierte Präsentation anwendbar.

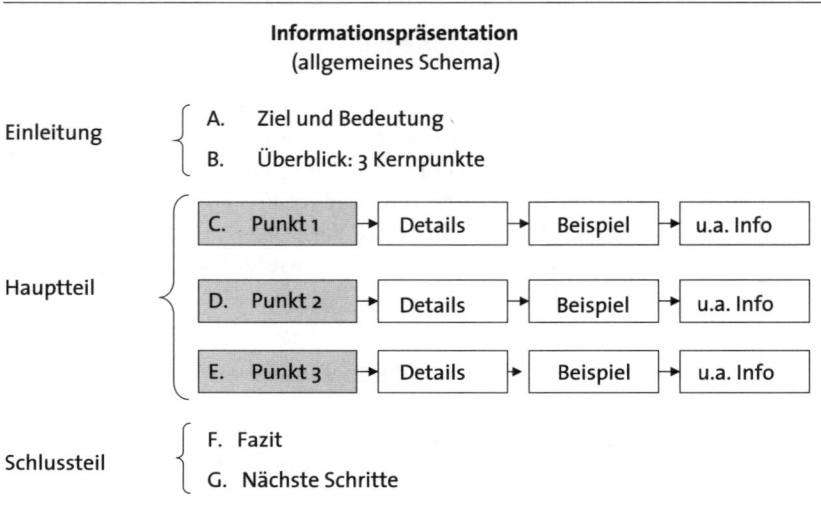

Informationspräsentation
(allgemeines Schema)

Einleitung
- A. Ziel und Bedeutung
- B. Überblick: 3 Kernpunkte

Hauptteil
- C. Punkt 1 → Details → Beispiel → u.a. Info
- D. Punkt 2 → Details → Beispiel → u.a. Info
- E. Punkt 3 → Details → Beispiel → u.a. Info

Schlussteil
- F. Fazit
- G. Nächste Schritte

Abb. 19: Allgemeines Schema für Informationspräsentationen

Erläuterung anhand eines Beispiels:

Sie haben an einem Kongress zum Thema *Neue Lernwege am Arbeitsplatz* teilgenommen. Auf Wunsch Ihres Chefs sollen Sie vor Ihren Kollegen eine 10-minütige Präsentation zu den Kernpunkten der Tagung halten. Für die Vorbereitung haben Sie mehrere Stunden Zeit.

Das abgebildete generelle Schema kann Ihnen helfen, Ihre Informationspräsentation auch bei knapper Zeit in eine geordnete Struktur zu bringen und beim Vortrag flexibel zu agieren.

- Einleitung

A. *Eröffnung*: Sie nennen das *Ziel* der Präsentation und sagen etwas zur *Bedeutung* des Themas, damit jeder weiß, wovon Sie in den nächsten 10 Minuten reden werden: „In der letzten Woche habe ich an einem Kongress zum Thema *Neue Lernwege am Arbeitsplatz* teilgenommen. Veranstalter war die Fraunhofer-Gesellschaft. Unter den Fachleuten bestand Konsens darüber, dass dieses Thema immer wichtiger wird, um am Markt zu überleben. Ich werde Ihnen darstellen, welche Ideen und Konzepte dieses Kongresses für unser Team in Frage kommen.'

B. *Kernpunkte:* Nennen Sie hier die wichtigsten Themenbereiche, über die Sie sprechen wollen. Diese Struktur ist wichtig, damit Ihre Kollegen die Details einordnen können: „In drei Bereichen zeichnen sich große Chancen ab, um das Lernen effizienter und individueller zu gestalten: 1. Interaktives Lernen mit CD-ROM 2. Das Lernen über das Internet oder Intranet (www-based-learning) 3. Verknüpfung von Seminarlernen und Online-Lernen.

- Hauptteil

C. *Punkt 1 mit Details:* Wie die Abbildung zeigt, stellen Sie zu jedem der drei Punkte die wichtigen Details dar. Beispiel: „Beginnen wir mit dem interaktiven Lernen über CD-ROM. Der Grundgedanke besteht darin, dass jeder Mitarbeiter sich mithilfe seines PCs oder Notebooks eigenständig die betreffenden Lerninhalte aneignen kann. Die Vorteile: Jeder kann Zeitpunkt, Dauer und Lerntempo selbst bestimmen Man kann eine große Zahl von Mitarbeitern erreichen".

Beispiel: Dieser Schritt dient der Veranschaulichung der dargestellten Details. Ein gutes Beispiel fördert die Aufmerksamkeit und hilft, die Kernbotschaft beim Adressaten zu verankern. „Wir könnten diesen Gedanken aufnehmen und etwa ein Argumentationstraining für unsere Vertriebsmannschaft entwickeln lassen. Die Bayer AG hat diese Idee bereits umgesetzt und sehr gute Erfahrungen damit gemacht. Jeder Bayer-Mitarbeiter, der zum Kunden rausfährt, findet auf der CD-ROM Inhalte zu den Fragen: Auf welche Kernkompetenzen und Referenzobjekte kann ich mich in der Argumentation stützen? Wie reagiere ich, wenn schwierige Einwände kommen? Welche Vorgehensweise ist empfehlenswert, um meine Ziele zu erreichen? usw. In vorgeschalteten Verhaltenstrainings sind die Mitarbeiter auf die Arbeit mit diesem digitalen Werkzeug vorbereitet worden.

Die nächsten Gliederungspunkte

D. Das Lernen über das Internet und Intranet sowie
E. Verknüpfung von Seminarlernen und Online-Lernen werden analog abgehandelt.

- Schlussteil

F. *Fazit:* Die Kernpunkte sind zu rekapitulieren. „Bei den neuen Lernwegen am Arbeitsplatz liegen meiner Einschätzung nach die größten Chancen in drei Feldern: Interaktives Lernen mit CD-ROM, wwwbased learning und Verknüpfung von Seminarlernen und onlinelearning".

G. *Nächste Schritte:* Wie die letzte Phase aussieht, hängt vom jeweiligen Szenario ab. Die Informationspräsentation endet in der Regel mit der Klärung von Verständnisfragen und einer weiterführenden Diskussion.

Forschungsergebnisse präsentieren

Zu der Kategorie informationsorientierter Präsentationen gehört der wissenschaftliche Vortrag. Feuerbacher (1998) bietet ein griffiges Grundraster, das sich sowohl für Kurzvorträge als auch für längere Präsentationen eignet.

Forschungsergebnisse präsentieren

Einleitung:	Hintergrund, Relevanz des Themas, Ziel und Agenda
Grundlagen:	Problemstellung, Ist-Zustand, offene und neue Punkte
Werkzeuge:	Theorie, Methoden, „unser Weg"
Resultate:	Kurzeinführung, Resultate, Diskussion; Zwischenresümee
Fazit:	Ergebnisse, neue Erkenntnisse, Konsequenzen und Ausblick

---

Abb. 20: Aufbauplan „Forschungsergebnisse präsentieren"

Erläuterung:

Einleitung

Bei der Darstellung des Hintergrundes geht es um die Frage: Warum ist das Problem aufgegriffen worden, was ist seine Relevanz für Theorie und Praxis? Zur Einleitung gehören schließlich Ziel des Vortrags sowie eine Inhaltsübersicht.

Zum Hauptteil der wissenschaftlichen Präsentation gehören die Punkte: Grundlagen, Werkzeuge und Resultate.

Grundlagen

Allgemeine Präsentation der Problemstellung, historische Entwicklung, Ist-Zustand, bisherige Ergebnisse, Diskrepanzen und offene Punkte.

Werkzeuge

Theoretischer Hintergrund (Modelle, Grenzen der Näherungen); angewandte Methoden, deren Vor- und Nachteile; „unser Weg": Begründung (Theorie oder Experiment); Vorteile, Grenzen der Anwendbarkeit.

Resultate

Kurzeinführung in die spezielle Thematik, Resultate, Diskussion, Zwischenresümee.

Fazit

Ergebnisse, neue Erkenntnisse (Was haben wir gelernt?) Konsequenzen und Ausblick.

Schwierige Inhalte präsentieren

Verständlichkeit ist eine notwendige Voraussetzung erfolgreicher Präsentationen. Diesem Gesichtspunkt ist besonders dann Rechnung zu tragen, wenn die Zuhörer eine andere fachliche Spezialisierung, Ausbildung oder kulturelle Prägung haben als der Präsentator. Oft wird im Auditorium zu viel vorausgesetzt. Es werden sofort Details dargestellt, ohne Hintergrund und Kontext verdeutlicht zu haben. Daher lohnt es sich für jeden, der präsentiert, Gespräche führt oder an Besprechungen teilnimmt, der Frage nachzugehen, wie Fachbegriffe, schwierige Sachverhalte oder Technologien, die für den Zuhörer neu sind, verständlich erklärt werden können.

Das folgende Ablaufschema (vgl. Weidenmann 1998) zeigt, wie man dabei „hirngerecht" vorgeht.

Fünf Schritte zur Verständlichkeit

1. Szenario darstellen
2. Überblick, Struktur bereitstellen
3. Details erklären
4. Überprüfen des Lernerfolgs
5. Fazit und Praxisnutzen

Abb. 21: Fünf Schritte zur Verständlichkeit

Erläuterung:

Die fünf Hauptpunkte zeigen, wie Sie als Präsentator vorgehen können, um neue und komplexe Inhalte zuhörergerecht darzustellen. Mit jedem Punkt korrespondieren Fragen, die sich die Zuhörer jeweils stellen: Worum geht es? Worauf kommt es an? usw.

1. *Szenario:* Es fällt leichter, Neues einzuordnen, wenn wir einen Bezug zur eigenen Vorerfahrung herstellen können und wenn der Praxisnutzen erkennbar ist. Günstig ist daher als Einstieg ein Szenario („kognitiver Rahmen"), das den Zuhörern (vermutlich) bekannt ist. Dies kann ein Beispiel, eine konkrete Situation oder ein Nutzenversprechen sein: „Stellen Sie sich vor..." oder „Sie alle kennen doch..." oder „Das Online-Lernen bietet große Chancen für Ihre Karriere..." oder „Vor ein paar Wochen habe ich zum ersten Mal...". Die psychologische Funktion dieses Einstiegs: Relevantes Vorwissen wird beim Zuhörer aktiviert, was die Aufnahme, Verarbeitung und spätere Speicherung des Neuen erleichtert.

2. Überblick und Struktur bereitstellen: Dadurch erhält der Zuhörer ein Raster, um die späteren Details einordnen zu können. Beispiel: „Zunächst erfahren Sie Schwachstellen der alten Software. Daran anknüpfend werden die Leistungsmerkmale des neuen Programms erläutert", „Auf dem Flipchart sehen Sie vier Punkte, die von Bedeutung sind". Günstig ist es, wenn sich das gewählte Einstiegsszenario

(Schritt 1) mit dem Punkt „Überblick und Struktur" gut verknüpfen lässt.

3. *Details erklären:* Wichtig ist es, dass die entscheidenden Punkte verstanden werden. Aus psychologischen Gründen ist es förderlich, wenn Sie die Sprachebene der Zuhörer treffen, Fachbegriffe auf ein Mindestmaß beschränken, interessant und abwechslungsreich erklären und verschiedene Sinneskanäle ansprechen. Nutzen Sie hierbei die Möglichkeiten zur Visualisierung der Kernbotschaft.

4. *Überprüfen des Lernerfolgs:* Die entscheidende Frage lautet: „Haben die Zuhörer wirklich das Wesentliche verstanden, und zwar so, dass sie es Dritten weitergeben könnten?" Es ist sinnvoll, zu Verständnisfragen anzuregen und Erfahrungen der Zuhörer zum Thema einzubeziehen. Falls notwendig, wird man ergänzende und vertiefende Ausführungen machen. Achten Sie während Ihrer Erklärungen auf die Reaktionen im Auditorium. Suchen Sie den Dialog, wenn körpersprachliche Signale der Zuhörer auf Verständnisprobleme oder Abbruchgedanken schließen lassen.

5. *Fazit und Praxisnutzen:* Fassen Sie in diesem letzten Schritt noch einmal die Quintessenz des Gesagten zusammen und unterstreichen Sie die Bedeutung des dargestellten Themas für die Praxis.

3.5 Wie bereite ich den Medieneinsatz vor?

Nachdem Sie das inhaltliche Konzept erarbeitet haben, geht es jetzt darum, den Medieneinsatz vorzubereiten. Die Optimierungsaufgabe besteht darin, für Situation, Zielsetzung und Zuhörerkreis die geeigneten Medien zu finden. Da es eine Vielzahl klassischer und moderner Medien gibt, benötigt man Auswahlkriterien. Diese lassen sich weitgehend aus den bisherigen Phasen der Vorbereitung ableiten. Demnach ist zu prüfen, welche Medien sich bestmöglich eignen für:

- Anlass und Rahmen der Präsentation,

- die angestrebten Sach- und Metaziele,

- die Zielgruppe,

- die Inhalte der Präsentation,

- die Dramaturgie und Interaktion während der Präsentation,

- Ihre persönlichen Präferenzen.

Diese Auswahlkriterien werden im Einzelnen in Kapitel 5 behandelt.

Die Überlegungen dieses Abschnitts gehen davon aus, dass Sie sich für die *Bildschirmpräsentation* entschieden haben. Diese elektronische Präsentationsform ist unter anderem dadurch gekennzeichnet, dass eine Folienreihe auf einem Monitor oder via Dataprojektor an einer Projektionswand dargestellt wird. Dabei kann mit Übergangseffekten zwischen den einzelnen Folien, mit Animationen für Texte und Objekte sowie mit den übrigen multimedialen Optionen gearbeitet werden.

3.5.1 Was soll ich visualisieren?

Bevor Sie die Charts gestalten und den Ablauf optimieren, ist zu überlegen, was Sie visualisieren wollen. Mindestens sollten Sie an den Stellen visualisieren, wo neue, wichtige und schwierige Sachzusammenhänge vorgestellt werden und wo eine Visualisierung aus dramaturgischen oder psychologischen Gründen geboten erscheint. Die erarbeiteten Kerninformationen geben Ihnen zusammen mit der Gliederung
Ihrer Präsentation ein praktikables Raster, mit dem Sie die Bildschirminhalte festlegen können.

Mögliche Charts im einleitenden Teil

- Titelfolie: Sie beinhaltet Thema, Name des Referenten, Ort und Datum. Je nach Szenario können diese Elemente ergänzt werden durch
Name des Kunden, Firma und „Herzlich willkommen!"

- Chart mit einem „Aufhänger": Für die Visualisierung bieten sich zum
Beispiel Cartoons, Sinnsprüche oder Zitate an, die einen themati-
schen Bezug haben (siehe im Einzelnen Abschnitt 3.4.1).

- Agenda: Sie sollte vor jedem Gliederungspunkt erneut eingeblendet
werden. Besser geeignet ist hierfür jedoch ein Flipchart oder ein anderes Dauermedium.

Mögliche Charts im Hauptteil

Lassen Sie sich auch hier bei der Gestaltung der Bildschirminhalte von
dem gesamten Spektrum multimedialer Möglichkeiten inspirieren. Je
nach Thema, Ziel und Strukturplan des Hauptteils kommen recht unterschiedliche Inhalte für die Visualisierung in Frage. Bei Kundenpräsentationen verdienen die folgenden Punkte besondere Aufmerksamkeit:

- Kernkompetenzen und Referenzobjekte,

- Produktpalette im Überblick,

- Positionierung des Unternehmens am Markt,

- Leitbild, Ziele und Strategie des Unternehmens,

- Der besondere Nutzen und Zusatznutzen für den Kunden,

- Wesentliche technische und sonstige Produktmerkmale,

- Reale und geplante Prozessabläufe,

- Operative Schritte im Falle einer Zusammenarbeit,

- Forschungsergebnisse,

- Zahlen, Statistiken, Trends,

- Zahlenwerke, die während der Präsentation zu verändern sind,

- Videoclips zum Beispiel zur Firma, zu Referenzobjekten oder zu neuen Technologien.

Mögliche Charts im Schlussteil

- Fazit (Textchart mit den 4 bis 5 Highlights/Kernaussagen),

- Ausblick/Appell,

- Als Einstieg in die Diskussion:
  Textchart: „Welche Fragen sind entstanden?" oder
  Chart mit Firmenlogo im Zentrum der Folie.

Achten Sie bei der Auswahl und Entwicklung der Charts insbesondere auf drei Aspekte: Sind die Bilder wirklich geeignet, Ihre Kernbotschaft zu visualisieren? Passen die Bilder zur Erwartungshaltung und zu den Vorkenntnissen des Zuhörerkreises? Inwieweit sind die Bilder in der begrenzten Präsentationszeit zu vermitteln?

Zur schrittweisen Optimierung des visuellen Drehbuchs können Sie das MindMapping, die Kärtchenmethode oder ein Storyboard nutzen.

Das Storyboard ist ein nützliches Planungsinstrument, das alle Phasen bei der Vorbereitung Ihrer Computerpräsentation unterstützen kann. Dies schließt auch die Überlegungen zur Optimierung des Ablaufs der Bildschirmpräsentation ein (Abschnitt 3.5.3). Eine einfache Variante des Storyboards ist gegeben, wenn Sie Ihre Ideen zur Visualisierung auf Zettelchen oder Kärtchen schreiben und diese, wie in Abbildung 22 gezeigt, auf ein Flipchart kleben oder an eine Pinnwand heften. So haben Sie die gesamte Konzeption vor Augen. Dieses Grobkonzept wird dann während der Folienerstellung am Computer schrittweise verfeinert und optimiert. Hierbei ist es zweckmäßig, die jeweils fertigen Charts in verkleinertem Format auszudrucken und in das Storyboard einzufügen.

Achten Sie vor allem darauf, dass:

- die wesentlichen Elemente in Einleitung, Hauptteil und Schluss enthalten sind,

- die Übergänge sowohl zwischen den Hauptpunkten als auch zwischen den einzelnen Folien logisch und überzeugend wirken,

- die Folien abwechslungsreich gestaltet sind und

- Sie mit der vorgegebenen Zeit zurechtkommen.

Ein Storyboard bietet außerdem Vorteile, wenn Sie eine Präsentation im Team erarbeiten. Sie können dann die gesamte Konzeption, den inneren Aufbau und wichtige Details der Darstellung konkret und anschaulich diskutieren und weiterentwickeln.

3.5.2 Wie erstelle ich Folien am Computer?

Sie haben die Inhalte für die Charts einschließlich der multimedialen Elemente zusammengestellt und gehen nun an die detaillierte Gestaltung der Folien. Nutzen Sie hierbei die Vorzüge leistungsfähiger und anwenderfreundlicher Präsentations-Software. Am weitesten verbreitet ist *PowerPoint*. Dieses Programm erlaubt es sowohl Einsteigern als auch Experten, professionelle Präsentationen zu erstellen und vorzuführen. Daher haben wir PowerPoint ausgewählt, um Ihnen Beispiele für Folien und Musterpräsentationen zu zeigen.

Dieses Präsentationsgrafik-Programm erlaubt es, mit wenig Aufwand Folien zu erstellen, zu aktualisieren und in eine einheitliche, präsentable Form zu bringen. Hilfreich sind vor allem die folgenden Funktionen:

- 24 Folienlay-outs als Angebot für „Neue Folien",

- Einheitliches Design auf Knopfdruck,

- Erstellte Folien auf einen Blick,

- Gedankliche Baupläne durch Auto-Inhalt-Assistent.

Überzeugend vortragen Name des Vortragenden Ort und Zeit	**Begabungen können sich erst zeigen, wenn man sie auf die Probe gestellt hat.** J. W. von Goethe
Gliederung • Grundbegriffe • Überzeugungswirkung • Positives Selbstbild • Selbstvertrauen fördern	**Rhetorik** Definition: Redekunst **Ziele:** • _____ • _____ • _____
Praxisbeispiel Helmut Schmidt **20 Sekunden Videoclip** Abschiedsrede	**Überzeugungswirkung fördern ...** • Positiv einstimmen • Guter Erst-/Letzteindruck • Seriöses Erscheinungsbild • Offen und engagiert wirken (Gestik!)

Abb. 22: Beispiel eines Storyboards

24 Folienlay-outs als Angebot für „Neue Folien"

Wenn Sie das Dialogfeld „Neue Folie" aufrufen, bietet Ihnen PowerPoint 24 Varianten für Folienlay-outs an. Mithilfe dieses Menüs ist es im Prinzip möglich, die meisten Bildideen zu realisieren. So können Sie Textinformationen mit allen erdenklichen visuellen Elementen kombinieren, wie etwa Cliparts, Schaubilder, Organigramme, eingescannte Fotos, Zeichnungen, Strukturbilder oder Videoeinschübe.

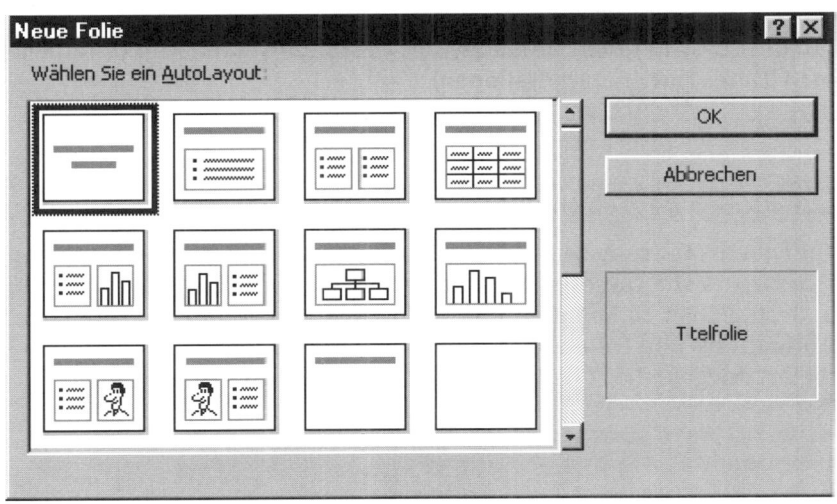

Abb. 23: 24 vorstrukturierte Folienlay-outs

Einheitliches Design auf Knopfdruck

PowerPoint bietet fertige Präsentationsvorlagen („Designs") an, um allen Folien ein einheitliches Erscheinungsbild zu geben. Beispielsweise hinsichtlich der Schriftarten, Schriftgrößen und Farben. Mithilfe von Masterfolien können Sie relativ leicht Corporate Identity (CI)-Kriterien Ihres Unternehmens berücksichtigen. Auf dem Master können Sie die Elemente definieren, die auf jeder Folie erscheinen sollen, beispielsweise Platzierung und Größe des Logos, Hintergrunddesign und Farben, Schriftarten und Schriftgrößen. Für Folien gibt es einen Folien-Master, für Titel einen speziellen Titel-Master und für Notizen einen Notizen-Master. Eine Masterfolie sorgt nicht nur dafür, einen einheitlichen CI-Rahmen für jede Präsentation zu schaffen; diese firmengerechte Folie kann auch unternehmensweit vorgegeben werden, sodass alle Personen, die extern präsentieren, zu einem unverwechselbaren Erscheinungsbild des gesamten Unternehmens beitragen. Die Masterfolie kann man mit einer Kopiervorlage vergleichen, die Sie immer wieder auflegen.

Auf der CD-ROM sehen Sie die Lay-out-Gestaltung namhafter Unternehmen (Datei: **Firmenpräsentationen**).

Erstellte Folien auf einen Blick

Die Foliensortierung zeigt die verkleinerten Folien Ihrer Präsentation in einer Übersicht. Diese Funktion erlaubt es, die Reihenfolge der Folien zu ändern, Folien zu kopieren und zu löschen. Außerdem ist es möglich, Animations- und Folienübergangs-Effekte für die Bildschirmpräsentation festzulegen, die Folienfarbskala zu kopieren und zuzuweisen.

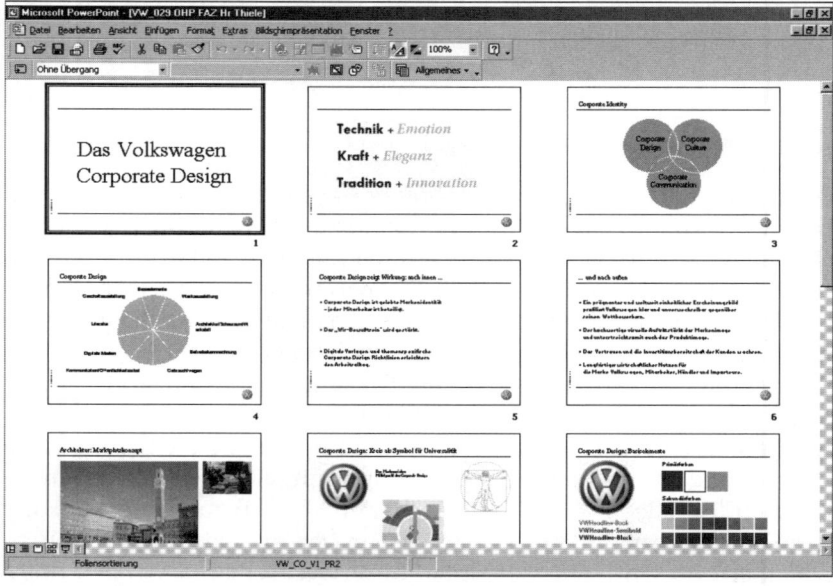

Abb. 24: Foliensortierfunktion

Gedankliche Baupläne durch den Auto-Inhalt-Assistent

Stellen Sie sich vor, Sie haben als Berufsanfänger einen Marketingplan zu präsentieren. Für Ihre Vorbereitung bleibt nur wenig Zeit. Hierbei bereitet Ihnen die Frage Schwierigkeiten, wie Sie Ihre Präsentation strukturieren sollen. Der Auto-Inhalt-Assistent gibt hier Empfehlungen und Gliederungshilfen für diesen Anlass und für eine Reihe weiterer Präsentationsanlässe wie die Präsentation einer Strategieempfehlung, einer Produktservice-Übersicht oder eines Fachberichts.

Der Nutzen solcher Standardmenüs liegt auf der Hand, insbesondere, wenn man noch nicht so weit ist, eigenständig mit PowerPoint zu arbeiten. Vorsicht ist jedoch geboten, weil vorgestanzte Gliederungsschemata selten ohne Änderungen übernommen werden können. Hinzu kommt, dass die Hintergründe der „Beispiele" sehr unruhig wirken und die Aufmerksamkeit leicht von den eigentlichen Inhalten ablenken können.

Praxistipp

Auf der CD-ROM finden Sie unter der Rubrik Notprogramme vorstrukturierte Vorlagen für wichtige Präsentationsanlässe. Das Vorgehen ist einfach: Sie geben den Text Ihrer Präsentation in die Beispielcharts ein und haben bereits eine präsentable Darstellung. Über die Foliensortierfunktion können Sie ergänzende Charts einfügen oder nicht benötigte löschen. Die CI-Vorgaben Ihres Unternehmens können Sie über die vorgefertigte Masterfolie leicht übernehmen.

Zur Gestaltung imageförderlicher und „hirngerechter" Bildschirmfolien ist stets darauf zu achten, dass:

- der Inhalt im Mittelpunkt steht,

- die Überschrift aussagekräftig ist,

- die Kerninformation auf einen Blick zu erkennen ist,

- der Farbeinsatz seriös und sparsam erfolgt,

- Schlüsselworte statt Sätze verwendet werden,

- Schaubilder teilnehmergerecht aufbereitet werden.

Detaillierte Hinweise für die Gestaltung von Grafiken und Schaubildern erhalten Sie in Kapitel 4.

3.5.3 Wie optimiere ich den Ablauf der Bildschirmpräsentation?

Die erstellten Folien sind jetzt in die richtige Reihenfolge zu bringen. Außerdem müssen die Übergangseffekte festgelegt werden. Nutzen Sie hierbei das oben erläuterte Storyboard und die erwähnte Foliensortierfunktion, um die Reihung der Charts in sachlicher und psychologischer Hinsicht zu optimieren. Die folgenden Empfehlungen helfen Ihnen, die wichtigsten Fehlerquellen im Vorfeld auszumerzen.

Praxistipps auf einen Blick

- Anzahl der Folien begrenzen
- Hyperlinks einrichten
- Zielgruppenorientiert präsentieren
- Aufmerksamkeit sichern
- Zielwirksam animieren
- Titel- und Abschlussfolie einfügen
- Letzter Qualitätscheck

Abb. 25: Praxistipps für den Ablauf der Bildschirmpräsentation

Anzahl der Folien begrenzen

Ihre Zuhörer müssen eine Chance haben, die präsentierten Folieninhalte aufzunehmen und zu verarbeiten. Zu viele Folien bringen die Gefahr mit sich, dass die Informationen nicht mehr richtig wahrnehmen und verarbeiten werden können. Versuchen Sie daher, die Menge der Folien zu begrenzen. Weniger ist im Zweifel mehr! Die Faustregel: Eine Folie in etwa 90 Sekunden hilft Ihnen, Folienschlachten zu vermeiden. Sie ist allerdings nur ein grober Durchschnittswert und bezieht sich auf Fo-

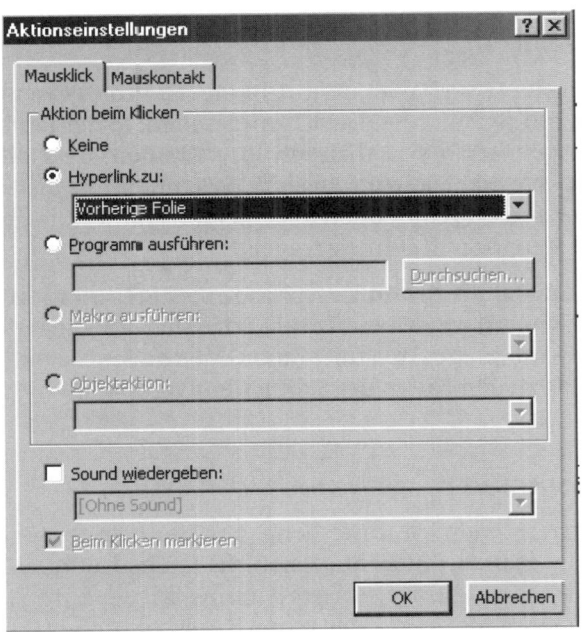

Abb. 26: Aktionseinstellungen

lien mittlerer Informationsdichte. Sie haben einen zuverlässigeren Maßstab, wenn Sie Ihre Bildschirmpräsentation realitätsnah simulieren und dabei die Zeit kontrollieren.

Hyperlinks einrichten

Wenn Sie am Bildschirm präsentieren, gelangen Sie normalerweise durch Mausklick auf die nächste Bildschirmseite oder zur nächsten Animation. Sie können mehr Flexibilität in Ihre Präsentation bringen, wenn Sie mit interaktiven Links arbeiten. Diese Links erlauben es Ihnen, den Präsentationspfad zu verlassen und Ihr weiteres Vorgehen an der aktuellen Situation zu orientieren: Möglich ist es zum Beispiel, eine andere als die vorangegangene oder die unmittelbar folgende Folie aufzurufen, die Präsentation zu beenden, in eine andere Präsentation oder in eine Homepage zu verzweigen.

Es ist ratsam, eine Reihe von Hyperlinks vorzubereiten, um flexibel agieren zu können.

- Praxisbeispiel 1: Sie haben im mittleren Teil Ihrer Präsentation einige Folien mit technischen Details vorgesehen. In der laufenden Bildschirmpräsentation signalisieren Ihre Kunden, dass diese technischen Aspekte nicht gewünscht sind. Was tun? Wenn Sie ein Link eingerichtet haben, das die Folien überspringt, können Sie rasch der veränderten Situation Rechnung tragen.

- Praxisbeispiel 2: In der Anfangsphase einer Präsentation entwickelt sich eine unvorhergesehene Diskussion. Die verbleibende Präsentationszeit wird knapp. Was tun? Zum Glück haben Sie ein Link eingerichtet, das zu den Folien des Schlussteils verzweigt.

Zielgruppenorientiert präsentieren

Wer im Vertriebs- oder Schulungsbereich präsentiert, verfügt in der Regel über einige Standardpräsentationen, die laufend aktualisiert werden und die in leicht modifizierter Form immer wieder zum Einsatz kommen: Beispiele sind Firmen- oder Produktpräsentationen. Es kostet viel Zeit und Speicherkapazität im Rechner, wenn Sie für jeden Präsentationsanlass und für sich ändernde Zielgruppen eine leicht modifizierte Präsentation anfertigen und speichern. Zudem ist die Änderung einer bestimmten Folie, die in x Kundenpräsentationen vorkommt, sehr aufwendig. Die Funktion „Zielgruppenorientierte Präsentationen" erlaubt es, aus einer Standardpräsentation eine bestimmte Folienfolge auszuwählen, die zum Vorwissen sowie zu den Erwartungen und Bildungsvoraussetzungen Ihrer Zuhörer passt. Um zielgruppenorientierte Präsentationen einzurichten, ist es ratsam, zunächst Ihre Zielgruppen zu definieren und daran anschließend die Folienfolge festzulegen.

Aufmerksamkeit sichern

Ihre Bildschirmpräsentation sollte von der Titelfolie bis zur Abschlussfolie motivierend gestaltet sein. Dies ist eine notwendige Bedingung für den Erfolg Ihrer Präsentation. Hier wichtige Tipps, mit denen Sie die Aufmerksamkeitskurve Ihrer Zuhörer auf einem hohen Niveau halten können:

Begrenzen Sie eine Computerpräsentation auf maximal 15 Minuten (Faustregel) und schließen Sie daran eine Frage- oder Diskussionsrunde an. Längere Bildschirmdarstellungen können Sie in kurze Abschnitte aufteilen. Der Rhythmus Screenshow – Diskussion –Screenshow – Diskussion – Screenshow usw. ist die beste Vorsorge, um im Dialog mit den Zuhörern zu bleiben und ihre Aufmerksamkeit zu sichern. Präparieren Sie Leerfolien (in Schwarz oder Dunkelblau), um an bestimmten Stellen Ihrer Bildschirmshow andere dramaturgische Elemente ins Spiel zu bringen. So können Sie interaktive Phasen für Verständnisfragen und Erfahrungsaustausch einfügen, ein anderes Medium einsetzen oder in einem rein verbalen Teil eine Anekdote oder persönliche Erfahrungen schildern.

Zielwirksam animieren

In unserem Kulturkreis werden Informationen von links nach rechts und von oben nach unten wahrgenommen. Daher ist es ratsam, Animationen so aufzubauen, dass die Textzeilen schrittweise von links erscheinen und in der Reihenfolge von oben nach unten aufgebaut werden. Es gibt allerdings Ausnahmen von dieser Regel. Wenn Sie beispielsweise ein Chart in zwei Spalten aufgeteilt haben, können Sie den Text auf der linken Seite von links und den in der rechten Spalte von rechts erscheinen lassen. Vermeiden Sie in Ihrer Bildschirmpräsentation eine Reihung gleichförmiger Folien. Es wirkt ermüdend, wenn Sie mehrere Textcharts hintereinander schalten. Dies hängt damit zusammen, dass Bulletcharts (= Textchart mit Schlagworten und Aufzählungszeichen am Anfang jeder Zeile) formal gleich aussehen. Sie enthalten jeweils eine Überschrift und fünf bis sieben Textzeilen. Das Ganze in einheitlichem Lay-out und möglicherweise identisch animiert. Wenn Sie fünf Textcharts mit jeweils sieben Zeilen so animieren, dass 35-mal eine Zeile von links ins Bild läuft, ist mit Sicherheit ein demotivierender Effekt zu erwarten. Deshalb ist es aus psychologischer Sicht ratsam, die Textcharts mit Fotos oder anderen Stimulanzien zu kombinieren, nicht mehr als zwei Textfolien hintereinander zu zeigen und Animationseffekte selektiv einzusetzen. Dies gilt vor allem dann, wenn Sie die Aufmerksamkeit gezielt lenken wollen. Beschränken Sie sich auf einen Übergangseffekt, um die Folie Ihrer Bildschirmpräsentation einzublenden (zum Beispiel „von links überdecken" oder „von links rollen").

Titel- und Abschlussfolie einfügen

Es hat sich bewährt, das einleitende und abschließende Chart nicht zu animieren. Die Titelfolie bildet den Hintergrund für Ihren Einstieg. Sie lenkt die Aufmerksamkeit der Zuhörer direkt auf das Thema und zeigt sowohl den Namen des Referenten als auch das Logo der Unternehmung.

Die Abschlussfolie beendet Ihre Bildschirmshow und kann zur Diskussion überleiten. Für diesen Fall eignet sich etwa ein Folienbild mit der Aufschrift „Fragen?" oder „Diskussion". Wenn keine Aussprache vorgesehen ist, können Sie zum Beispiel mit einem pfiffigen Zitat, mit einem Sinnspruch oder mit einem Appell an das Auditorium schließen. Diese Situation ist zum Beispiel bei Kongressen gegeben, bei denen mehrere Referenten hintereinander auftreten.

Es ist ratsam, Detail- und Extrafolien zum Schluss hinter der Abschlussfolie einzufügen. So können Sie bei speziellen Fragen in der Diskussion sofort reagieren.

Letzter Qualitätscheck

Merzen Sie alle Fehlerquellen aus. Die eigene Betriebsblindheit führt häufig dazu, dass kleine Fehler übersehen werden. Bitten Sie daher einen kompetenten Kollegen, die Präsentation sorgfältig mit Ihnen durchzugehen. Lassen Sie die fertige Bildschirmpräsentation mehrfach ablaufen, damit Sie sich für Ihren Auftritt den schrittweisen Aufbau der Folien und die Effekte einprägen. Wenn Sie eine andere Person damit beauftragen, die Folien während des Vortrags einzublenden, sollten Sie gemeinsam den Ablauf nicht nur sorgfältig durchsprechen, sondern auch simulieren.

Wichtige Prüffragen

- Inwieweit sind die Folien für den Zuhörerkreis verständlich und „hirngerecht" gestaltet?
- Inwieweit ist die Argumentation überzeugend? Stimmen die Fakten und Zahlen? Ist der rote Faden erkennbar?

- Ist die Rechtschreibung in Ordnung? Haben sich Flüchtigkeitsfehler eingeschlichen?
- Sind Animationen und Überblendeffekte richtig eingestellt?

3.5.4 Was ist vor dem Auftritt zu trainieren?

Für die Durchführungsphase der Bildschirmpräsentation benötigen Sie eine Gliederungsübersicht der Folien. PowerPoint bietet die Möglichkeit, über DATEI/DRUCKEN im Listenfeld „Drucken" den Eintrag „Gliederungsansicht" zu wählen. Dadurch erhalten Sie einen Ausdruck aller Folien, die zu der betreffenden Bildschirmpräsentation gehören. Sie sehen auf einen Blick die Reihenfolge der Folien mit den korrespondierenden Foliennummern. Die Gliederungsübersicht hat für Sie insbesondere zwei Vorteile:

1. Sie können sich die Folienfolge genau einprägen und geschickte Formulierungen für die Folienübergänge festlegen.

2. Während einer laufenden Präsentation können Sie auf jede Bildschirmfolie „springen", indem Sie die Foliennummer eintippen und die Befehlstaste betätigen.

Tipp
In der Anlage finden Sie eine Checkliste zur Optimierung von Computerpräsentationen mit weiteren Tastenkürzeln und Befehlen.

Üben Sie vorher den Ernstfall

Stellen Sie in der Generalprobe sicher, dass Ihr zeitlicher Rahmen stimmt (Tonbandkontrolle) und dass Sie den Umgang mit der Technik beherrschen. Arbeiten Sie mit einem Zeitpuffer von etwa 10 Prozent. Bei einem 20-minütigen Vortrag haben Sie somit nur 18 Minuten netto zur Verfügung. Den Zeitpuffer brauchen Sie für spontane Einfälle während des laufenden Vortrags. Dabei können Sie auch Anregungen aus den Gesprächen vor dem eigentlichen Vortrag in der ein oder anderen Form einfließen lassen. Sind Simultanübersetzungen notwendig, sollten Sie 40 Prozent mehr Zeit einplanen. Trainieren Sie die Arbeit mit der Fernbedienung und das Vor- und Zurückblättern in Ihrer Computershow. Simulieren Sie – wenn möglich – die komplette Präsentation vor mehreren Personen. Setzen Sie hierbei möglichst den Dataprojektor ein, den Sie auch im Ernstfall benutzen werden.

Kleiner Hinweis: Falls Sie nur selten Bildschirmpräsentationen durchführen, ist es hilfreich, den Knopf für das „Vorwärtsblättern" auf Ihrer Infrarotmaus mit einem kleinen Klebepunkt zu markieren.

3.5.5 Wie bereite ich den Präsentationsraum vor?

Damit Sie bei Kundenpräsentationen und bei anderen externen Vorträgen keine Überraschungen erleben, ist es ratsam, vorab Informationen über die Ausstattung des Raumes und die verfügbaren Medien einzuholen. Teilen Sie dem Kunden oder Veranstalter rechtzeitig Ihre Medienwünsche mit. Sie ersparen sich viel Ärger, wenn Sie dem Veranstalter eine Checkliste für die technische Ausstattung und eine Skizze zur räumlichen Anordnung der Medien zusenden.

Tipp
Die Anlage enthält eine Checkliste zur Ausstattung des Präsentationsraums.

Merkpunkte für die „Ausstattung des Präsentationsraums"

- Reisen Sie frühzeitig an, um die Besonderheiten des Präsentationsraums zu prüfen, insbesondere die Bestuhlung, Lichtverhältnisse, Verdunkelungsmöglichkeiten (Dimmer), die Entfernung des Dataprojektors/Beamers zur Leinwand sowie die Möglichkeiten, Ihr Notebook und Ihre sonstigen Unterlagen zu platzieren.

- Machen Sie sich mit dem Dataprojektor vertraut: Scharfeinstellung? Zoom? Black-Screen-Funktion/Stand-by-Funktion? Mausfunktion? Laserpointer?

- Stellen Sie sicher, dass jeder Teilnehmer einen freien Blick auf die Leinwand hat. Lassen Sie Referententisch und Rednerpult so anordnen, dass Sie nicht im Projektionsstrahl stehen. Das Notebook sollte nach Möglichkeit seitlich in der Nähe des Referententischs/Rednerpults aufgebaut sein, damit Sie die Tastatur bei Bedarf im Zugriff haben.

- Prüfen Sie, ob Ihre projizierten Charts auch hinten im Raum noch lesbar sind.

- Bringen Sie zur Sicherheit mit: ein Verlängerungskabel mit Mehrfachstecker; eine normale Maus für den Fall, dass die Infrarotmaus ausfällt; einen Laserpointer mit Ersatzbatterie; Lautsprecherboxen für den Fall, dass Sie Video- oder Tonsequenzen einspielen; Netzkabel für das Notebook.

- Stellen Sie sicher, dass die Auflösung von Dataprojektor und Bildschirm kompatibel sind.

- Sorgen Sie für die Verfügbarkeit eines ergänzendes Mediums wie Flipchart oder Overheadprojektor. Sie brauchen es für den Fall, dass Sie ad hoc einen Gedankengang skizzieren oder Ideen mitschreiben wollen. Machen Sie sich mit dem Tageslichtprojektor vertraut. Scharfeinstellung? Schalter? Sind Blankofolien und Folienstifte verfügbar?

- Wer bedient in einem Vortragssaal die Verdunkelung, den Dimmer, den fest installierten Beamer?

- Spielen Sie die Dramaturgie Ihres Vortrags durch. Wo sprechen Sie die Einleitung? Wie bewegen Sie sich? Wo stehen Sie, um das nächste Chart einzublenden?

- Wichtige „Kleinigkeiten": Schalten Sie den Bildschirmschoner aus. Prüfen Sie, mit welcher Tastenkombination Sie gleichzeitig das Bild auf dem Notebook und an der Leinwand sehen. Schalten Sie die Batteriesparfunktion aus.

Hinweise für besondere Situationen

- Bei Präsentationen im internationalen Geschäft ist es ratsam, einen professionellen Ansprechpartner „vor Ort" zu haben, der den Präsentationsraum entsprechend Ihren Vorgaben herrichtet.

- Schwierigkeiten können sich bei Kongressen oder Fachtagungen ergeben, wenn mehrere Referenten mit unterschiedlichen Medien nacheinander präsentieren. Klären Sie vorab mit der Tagungsleitung, wann Sie vor Beginn der Veranstaltung zusammen mit der Haustechnik die Medien vorbereiten können.

- Spielen Sie auf der Bühne gedanklich den Fall durch, dass Sie aus technischen Gründen die Computerpräsentation nicht zu Ende bringen können. Halten Sie für diesen „worst case" die notwendigen Unterlagen griffbereit, um auf Folienpräsentation umzuschalten.

3.6 Wie gestalte ich das Präsentations-Skript?

In den meisten Fällen benötigen Sie für die Durchführung Ihrer Präsentation ein Manuskript oder einen „Spickzettel", der Ihnen hilft:

- beim Thema zu bleiben und den „roten Faden" einzuhalten,

- Ihre Redehemmungen zu kontrollieren („Ich habe mein Konzept in der Hand"),

- nichts Wichtiges zu vergessen: Mit einem kurzen Blick auf den Merkzettel können Sie benötigte Informationen und Argumente abrufen.

Ein maßgefertigtes Manuskript ist besonders wichtig, wenn Sie Ihren Auftritt als Stresssituation erleben und das Präsentationsthema sowie die vorgesehenen Medien für Sie neu sind. Bei Bildschirmpräsentationen ist mindestens die erwähnte Gliederungsübersicht der Charts notwendig (siehe Punkt 3.5.4). Denn nur so können Sie die nächste Folie, die Sie ja erst nach Mausklick sehen, sicher anmoderieren.

Bei der Manuskriptgestaltung sind eine Reihe alternativer Lösungen denkbar:

- Klassisches Stichwort-Skript (Kärtchen-System),
- Notizzettel bei Bildschirmpräsentationen,
- Ausformuliertes Manuskript,
- Stichworte auf optischen Medien („Optische Rhetorik").

Welche Skript-Variante für Sie in Frage kommt, hängt vom Anlass der Präsentation, von den eingesetzten Medien sowie von Ihrer persönlichen Souveränität und Risikobereitschaft ab.

Vermeiden Sie nach Möglichkeit ein ausformuliertes Manuskript, denn es verleitet zum Ablesen und behindert so den „freien" Vortrag. Wegen des prägenden ersten und letzten Eindrucks ist es allerdings ratsam, den Einleitungs- und Schlussteil auszuformulieren. So haben Sie zwei „psychologische Sicherheitszonen" für alle Fälle. Den mittleren Teil Ihrer Präsentation können Sie dann stichwortartig aufbauen. Wer seinen Präsentationsinhalt beherrscht und rhetorische Sicherheit mitbringt, kann ohne Skript vortragen und dabei die optischen Medien wie etwa die Folienreihe als Leitfaden benutzen. Spezielle Merkpunkte können Sie – unsichtbar für die Zuhörer – auf den Folienrahmen aufschreiben. Bei Bildschirmpräsentationen ist es zweckmäßig, die Folien zusammen mit Notizzettel auszudrucken (siehe Abschnitt 3.5).

Praxistipps für das klassische Stichwort-Skript

Technische Aspekte

- Verwenden Sie festes Papier im Format DIN A5 quer
- Beschriften Sie die Zettel einseitig
- Nummerieren Sie die Blätter
- Schreiben Sie gut lesbar!
- Faustregel: 1 Zettel für 2–3 Minuten
- Markieren Sie die Stellen, an denen Sie Medien einsetzen wollen

Aufteilung des Stichwort-Konzepts

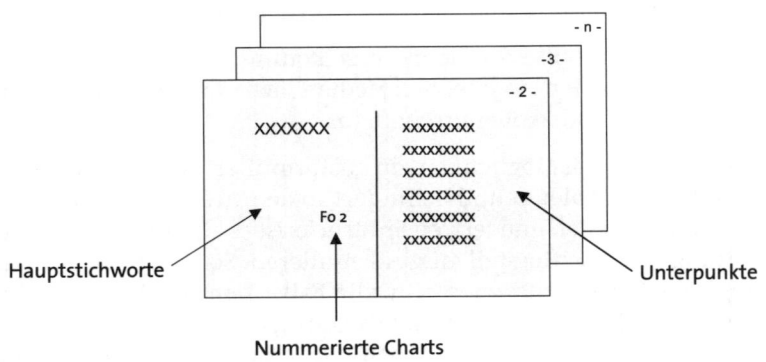

Abb. 27: *Aufteilung eines Stichwort-Konzepts*

Inhaltliche Aspekte

- Einleitung und Schluss ausformulieren.

- Zettel in 2 Hälften aufteilen:
  linke Hälfte für Kern-Informationen
  rechte Hälfte für Rand- und Hintergrund-Informationen.

- Wichtiges durch Fettdruck, Farben, Sperren, Großschreiben u. ä hervorheben.

- Ausreichend breiten Rand lassen, um ergänzende Informationen einfügen zu können.

- Auf den Zetteln können Sie rhetorische Hinweise auch farbig notieren, zum Beispiel: *langsam sprechen, Blickkontakt halten, Standort wechseln.*

- Achten Sie auf die Übergänge zwischen den einzelnen Abschnitten Ihrer Präsentation.

Praxistipps für Notizzettel bei Bildschirmpräsentationen

Ohne „Spickzettel" ist es bei Bildschirmpräsentationen relativ umständlich, auf eine bereits behandelte Folie zurückzugehen oder eine der ausstehenden Folien zu überspringen. PowerPoint bietet hier zwei Varianten zur zeitsparenden Navigation.

- *Minifolien als Handzettel.* Drucken Sie sich einen Handzettel aus, auf dem 6 oder 9 Folien Ihrer Präsentation Platz finden. Alternativ können Sie eine Gliederungsübersicht ausdrucken.

- *Notizen neben Folien oder Leerzeilen neben Folien* (siehe Abb. 28). Beide Varianten haben den gleichen formalen Aufbau: In der linken Spalte steht die Foliennummer, in der mittleren ein Abbild der jeweiligen

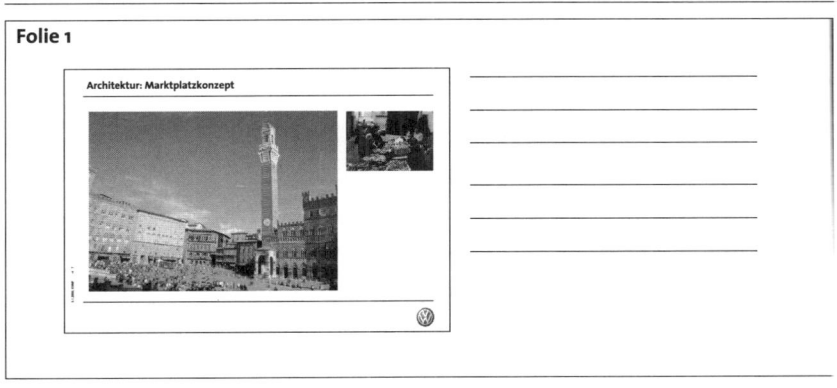

Abb. 28: Stichwort- und Notizzettel für Bildschirmpräsentationen

Folie und in der rechten entweder die vorbereiteten Notizen zum Chart oder sieben Linien für Erläuterungen. Bei beiden Optionen werden jeweils drei Charts je DIN-A4-Seite ausgedruckt. Diese Variante ist am besten dafür geeignet, das Vortragskonzept individuell aufzubereiten. Auch als „Hand-out" für die Teilnehmer kommt diese Möglichkeit in Frage. Zum einen, weil sie rasch auszudrucken ist, und zum anderen, weil jeder seine persönlichen Notizen zu den Charts darauf anfertigen kann.

Praxistipps für das ausformulierte Manuskript

Ein ausformuliertes Manuskript ist für bestimmte Situationen zweckmäßig. Zum Beispiel für Präsentationen im internationalen Geschäft, bei denen Sie mithilfe eines Simultandolmetschers vortragen. Zudem hat ein Manuskript den Vorteil, dass Sie die benötigte Präsentationszeit exakt ermitteln können, denn Sie benötigen bei halbzeiligem Abstand (30 Zeilen bei 60 Anschlägen) zwei Minuten pro Seite bei normalem Sprechtempo. Bei einer 20-minütigen Präsentation können Sie also von etwa 10 ausformulierten Manuskriptseiten ausgehen. Beachten Sie jedoch, dass es sich hierbei um die reine Vortragszeit handelt. Hinzu kommt die Zeit für die Beantwortung von Fragen, für spontane Einfälle während des Vortrags und für die Diskussionsphase.

Bei dem ausformulierten Manuskript gelten im Prinzip die gleichen Regeln wie beim Stichwortkonzept.

- Verwenden Sie festes Papier im Format DIN-A5.

- Große Buchstaben (14 oder 18 Punkt) fördern die Lesbarkeit.

- Wählen Sie 2-zeiligen Abstand.

- Beschreiben Sie nur die obere Hälfte oder 2/3 des Manuskriptpapiers. So können Sie besser Blickkontakt halten!

- Verwenden Sie rhetorische Hinweise im Manuskript. Zum Beispiel Pausenmarkierung durch Absätze und innerhalb eines Absatzes mit Bleistiftstrichen.

- Neuer Gedanke, neue Seite; lassen Sie jedoch die ersten 3 oder 4 Wörter der folgenden Seite unten auf das Manuskript schreiben. So wissen Sie, wie Ihr Vortrag weitergeht.

- Stoppen Sie die Zeit durch Probevorträge.

Für Bildschirmpräsentationen können Sie sich auch Ihre Minifolien mit dem gesamten Fließtext ausdrucken lassen. Dies kann zum Beispiel für computergestützte Vorträge bei Fachtagungen und Kongressen eine hilfreiche Möglichkeit sein.

Zur Beförderung eines freien Vortrags können Sie die eingesetzten Medien als Stichwortgeber benutzen. Beim Einsatz der Medien Folie und Flipchart gibt es diese Vorkehrungen, um während der Präsentation nichts zu vergessen.

- Die wichtigen Gliederungspunkte stehen am Flipchart.

- Reihenfolge und Inhalte der Folien stellen sicher, dass Sie beim „roten Faden" bleiben.

- Ergänzende Merkpunkte können Sie auf den Rändern der Schutzhüllen (siehe Abschnitt 6.2) oder – ebenfalls unsichtbar für die Zuhörer – hauchdünn am Flipchart notieren.

3.7 Wie erstelle ich teilnehmergerechte Tischvorlagen?

Schriftliche Unterlagen wie Merkblätter oder „Hand-outs" sind dann bereitzustellen, wenn sie vom Zuhörerkreis erwartet werden und zur Erreichung Ihrer Überzeugungs- und Informationsziele beitragen. Bei den meisten Kundenpräsentationen dürfte dies der Fall sein. Ähnlich ist es bei Fachtagungen, Kongressen oder Schulungen. Hier helfen didaktisch aufbereitete Unterlagen, die Präsentation aufzuwerten und dem Zuhörer Gelegenheit zu geben, das Gehörte später nachzulesen und das Gedruckte anderen zu zeigen. Nutzen Sie die Chance, durch die Qualität Ihrer Unterlagen die Wichtigkeit des Themas zu betonen sowie das Image Ihrer Person, Ihrer Abteilung und des gesamten Unternehmens zu vergrößern.

Allgemeine Empfehlungen

Die Teilnehmerunterlagen sollten mit den vorgetragenen Argumenten und den verwendeten optischen Medien inhaltlich übereinstimmen. Beschränken Sie sich auf die Kerninformationen Ihrer Präsentation. Achten Sie von A bis Z auf hohe Qualitätsstandards und eine imageförderliche Gestaltung, die in Einklang mit der Corporate-Design-Strategie Ihres Unternehmens stehen sollte.

Empfehlungen für den inhaltlichen Aufbau

- Deckblatt mit Titel der Präsentation, Datum, Veranstalter, Name des Präsentators, Ort und Zeit.

- Geben Sie Ihren Unterlagen ein ansprechendes Motto, das neugierig macht und Interesse für das Papier weckt.

- Prüfen Sie, ob ein Teilnehmerliste sinnvoll ist.

- Fügen Sie eine Gliederung der Präsentation ein.

- Ordnen Sie die Kerninformationen nach Gliederungspunkten.

- Verknüpfen Sie die wesentlichen Informationen mit Grafiken: zuerst die Grafik, dann der Text. Erläutern Sie im Text wesentliche Elemente der jeweiligen Grafik.

- Übernehmen Sie die in der Präsentation verwendete Folien und Dias inhaltsgleich in die Unterlagen.

- Optional können Sie die wichtigsten Charts in verkleinertem Format beifügen.

- Der Kunde muss spüren, dass die Unterlage individuell für ihn oder für diesen speziellen Präsentationsanlass entwickelt wurde.

Empfehlungen für die formale Gestaltung

- Gegliedertes Inhaltsverzeichnis mit Seitenzahlen und numerischen Gliederungspunkten (max. drei Ebenen, zum Beispiel 2.2.1)

- Einheitliches Seitenformat, Rand lassen für Notizen

- Einheitliche Gestaltung der Leerräume zwischen Überschrift und Text

- Beschränkung auf eine Schriftfamilie

- Zwischenüberschriften nicht größer als die Lesegröße

- 12 Punkt Lesegröße, Überschriften 2 Punkt größer, Fußnoten und Bildunterschriften 2 Punkt kleiner als Lesegröße

- Auflockerung des Fließtextes durch Absätze
- 2,5- oder 2-zeiliger Abstand
- Fotos und Bilder gleichmäßig verteilen
- Überreichen Sie die Unterlagen in einer Präsentationsmappe

Wann sollten die Teilnehmer-Unterlagen verteilt werden?

Hier gibt es keine allgemeine Regel. Sie sollten zwischen zwei Gesichtspunkten abwägen:

1 *Ausgabe vor der Präsentation*

Für diese Variante spricht, dass die Zuhörer während Ihrer Ausführungen Notizen an den betreffenden Stellen im Skript machen können. Zudem fördern professionelle Unterlagen in einer frühen Phase der Präsentation die Kompetenz des Vortragenden. Schließlich haben die Zuhörer die Gesamtstruktur der Ausführungen ständig vor Augen und können bei Bedarf sofort nachschlagen.

Gegen eine Ausgabe der Unterlagen vor der Präsentation spricht, dass es bei den Zuhörern zu einem Motivkonflikt kommen kann: Sie blättern während des Vortrags in den Unterlagen und werden dadurch abgelenkt. Dies wiederum kann dazu führen, dass wesentliche Präsentationsinhalte nicht aufgenommen werden.

2 *Ausgabe nach der Präsentation*

Wenn Sie die Tischvorlagen später verteilen, ist das Risiko der Ablenkung geringer. Es fällt dann leichter, dem Vortragenden die uneingeschränkte Aufmerksamkeit zu schenken.

Nachteilig ist bei dieser Variante, dass die Zuhörer häufig sehr viel mitschreiben, was die Informationsaufnahme hemmen kann. Zudem sind Rückfragen zu den Unterlagen oft nicht mehr möglich.

Tipp
Falls Sie die Unterlagen nach der Präsentation aushändigen wollen, sollten Sie dies in jedem Falle einleitend ankündigen.

---

4 Visualisierung: Gründe, Funktionen und Gestaltungskriterien

Durch visuelle Unterstützung können Qualität und Wirkungsgrad Ihrer Präsentationen nachhaltig verbessert werden. Dabei ist Visualisierung* darauf gerichtet, bestimmte Inhalte Ihrer Präsentation in Bildform darzustellen. In diesem Kapitel erfahren Sie, wie der gesamte Prozess von der Bildidee bis hin zur fertigen Folie und Folienreihe optimiert werden kann. Die Kriterien zur Visualisierung sind nicht nur für die zielwirksame Gestaltung einer einzelnen Präsentation von Bedeutung. Sie können auch zur Optimierung zentral erstellter Präsentationen herangezogen werden, die den Mitarbeitern via Intranet weltweit zur Verfügung stehen.

Die Themen im Überblick

---

* Der Begriff „Visualisierung" wird im folgenden so weit gefasst, dass er auch die multimediale Gestaltung von Bildschirminhalten umgreift.

4.1   Wozu visualisieren?

Eine zielgerichtete Visualisierung erleichtert es Ihnen:

- Aufmerksamkeit zu wecken und zu erhalten,
- die Kernbotschaft Ihrer Präsentation nachhaltiger zu verankern,
- den Bezugsrahmen und die innere Struktur Ihrer Ausführungen zu verdeutlichen,
- sprachliche Ausführungen verständlicher zu machen,
- konkrete Realität abzubilden, zu symbolisieren und zu simulieren,
- kompetent und professionell aufzutreten.

Untersuchungen zur *Bildüberlegenheitswirkung* (siehe Abb. 29) belegen, dass bildhaft vermittelte Inhalte besser erinnert werden können als konkrete oder abstrakte Wörter, und zwar sowohl kurzfristig als auch langfristig. Diese Wirkung gilt für einfache wie auch für komplizierte Inhalte.

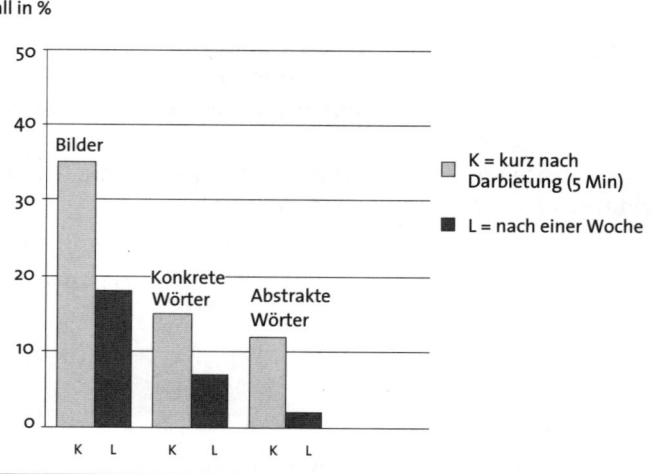

Abb. 29: Gedächtnisleistungen für Wörter und Bilder (vgl. Kroeber-Riel 1993)

Die verschiedenen Funktionen, die Bilder bei Präsentationen übernehmen können, lassen sich anhand des folgenden Katalogs darstellen. Diese sieben Funktionen sind wissenschaftlich gut begründbar (siehe z.B
Weidenmann 1991; Stary 1997) und erleichtern Ihnen die Auswahl von
Grafiken und Schaubildern. Dabei darf nicht übersehen werden, dass
der Wirkungsgrad von Bildern entscheidend von den Voraussetzungen
abhängt, die die Zuhörer mitbringen, vor allem von ihrer Erwartungshaltung und ihrem Vorwissen.

Aktivierungs- und Motivations-Funktion

Hierbei wird vorausgesetzt, dass die Wissensstruktur beim Zuhörer
komplett vorhanden ist. Ein Kundenkreis arbeitet zum Beispiel seit Jahren mit dem Softwareprogramm Alpha. Es reicht dann ein Schlüsselbe-
griff (Alpha) oder ein Symbol aus, um dieses Vorwissen der Zuhörer zu
aktivieren. Ist dieses Thema positiv besetzt, kann ein motivierender Effekt damit einhergehen.

Es gibt weitere Möglichkeiten, um die Teilnehmer zu motivieren, beispielsweise durch:

- thematisch passende Bilder, die Freude machen oder einen „Wow-
  Effekt" auslösen,

- Bilder, die eine offene Frage oder ein Rätsel enthalten,

- Bilder, die einen attraktiven Einleitungsgedanken visualisieren (siehe Seite 63 f.)

Kontrollfragen

Zur Aktivierung:
*Mit welchen Schlüsselinformationen (im Bild) kann das vorhandene Vorwissen
beim Zuhörer aktiviert werden?*

Zur Motivation:
Welche Bilder sind geeignet, die Zuhörer zusätzlich zu motivieren?

Organisations-Funktion

Damit die präsentierten Inhalte besser verstanden werden, ist es sinnvoll, den Zuhörern einen Bezugsrahmen für das Neue zu geben, den Kontext zu verdeutlichen und die Thematik zu strukturieren. Diese Aufgabe können Bilder erfüllen. Wenn jemand zum Beispiel die Funktion digitaler Whiteboards darstellt, könnte man Situationen voranstellen, in denen dieses Medium von Bedeutung ist. Auch eine Agenda, die den „roten Faden" der Präsentation repräsentiert, erfüllt die Funktion eines Bezugsrahmens.

Kontrollfrage

Welche Kontext-Informationen muss ich vermitteln, um den Zuhörern das Verstehen und das Aufnehmen der Informationen zu erleichtern?

Abbild-Funktion

Wenn Sie Produkte, Referenzobjekte oder Dienstleistungen verbal präsentieren, wird es dem Zuhörern schwer fallen, sich eine konkrete Vorstellung von dem dargestellten Inhalt zu machen. Bilder können hier die Funktion übernehmen, die Realität abzubilden. Dies erleichtert es den Zuhörern, sich den Gegenstand besser vorstellen und einprägen zu können. Durch dieses Vorgehen hat er gleichzeitig eine logisch-rationale Perspektive (durch die verbalen Informationen) und eine visuell-ganzheitliche Sicht der Dinge (durch die konkreten Bilder).

Kontrollfrage

Welche Inhalte kann ich wie konkretisieren?

Interpretations-Funktion

Bei der Darstellung technischer oder kaufmännischer Produktmerkmale kann es leicht zu Missverständnissen kommen. Diese Gefahr ist insbesondere dann gegeben, wenn erklärungsbedürftige Inhalte vor Nichtfachleuten präsentiert werden. Der Einsatz geeigneter Bilder erleichtert es den Zuhörern, neue und schwierige Zusammenhänge so zu interpretieren, wie Sie es wünschen. Beispielsweise durch den Konstruktionsplan einer Pumpe, durch einen Ablaufplan, durch Schaubilder oder

Zeichnungen. Zu dieser Rubrik gehören auch Bilder, die Sie bei offenen Fragen spontan am Flipchart oder auf einer Folie entwickeln.

Kontrollfrage

Mit welchen Bildern erleichtere ich den Zuhörern die „richtige" Interpretation meiner Ausführungen?

Konstruktions- oder Fokus-Funktion

Ihre Recherchen haben ergeben, dass Ihre Zuhörer zwar gewisse Vorkenntnisse zum Thema haben, dass sie aber ein bestimmtes Produktmerkmal nicht kennen. In diesem Falle legen Sie den Fokus auf die Vermittlung des zu ergänzenden Wissens. So können Sie beispielsweise ein spezielles Chart vorbereiten, das in einer Ausschnittsvergrößerung den relevanten Teil des Produkts zeigt. Immer, wenn neue Sachzusammenhänge oder Problemlösungen dargestellt werden, stellt sich die Frage, welche Bilder geeignet sind, um die Wissenslücken beim Zuhörer auszugleichen.

Kontrollfrage

Welche Wissenslücken haben meine Zuhörer vermutlich? Welche Bilder kommen in Frage, um innerhalb der knappen Präsentationszeit die Wissenslücken aufzufüllen, die für das Verständnis meiner Präsentation wichtig sind?

Ersatz-Funktion

Wenn Sie vor Zuhörern präsentieren, die kein Vorwissen zu Ihrem Thema mitbringen, können Bilder sozusagen als Ersatz für die komplette Wissenslücke fungieren. Beispiel: Ein Hirnphysiologe referiert an einer Volkshochschule vor interessierten Nichtfachleuten zum Thema: Was passiert im Gehirn, wenn wir lernen? Um hier eine sinnvolle Plattform zu haben, bietet es sich an, ein einfaches Modell der Hirnhemisphären und der wichtigsten Hirnareale zu visualisieren. Vor dieser Frage steht im Grunde jeder Spezialist, der Nichtfachleuten einen schwierigen Sachzusammenhang verständlich machen soll.

Kontrollfrage

Welche visuellen Hilfsmittel muss ich zusätzlich einsetzen, wenn die Zuhörer kein oder nur sehr geringes Vorwissen mitbringen?

Gedächtnisstützende Funktion

Unter diesem Blickwinkel lautet die Frage: Wann sind Bilder geeignet, die Kerninformationen bei den Zuhörern dauerhaft zu speichern? Hierfür bieten sich eine Reihe unterstützender visueller Hilfsmittel an:

- anschauliche Eselsbrücken, wie sie die klassische Mnemotechnik für die Kunst der freien Rede entwickelt hat (siehe z.B. Quintilian). Beispiele sind die auf Seite 54 dargestellte Merkstütze ETHOS zum besseren Einprägen der fünf Aspekte eines Themas oder die Kiss-Regel für die Gestaltung von Folien („Keep it simple and stupid")

- Bilder, die starke Emotionen auslösen, prägen sich besser ein.

- Inhalte werden besser verankert, wenn sie am Vorwissen der Teilnehmer anknüpfen und auf verschiedenen Lernkanälen (insbes. Auge und Ohr) vermittelt werden.

- Werden Bilder „live" am Flipchart oder auf Folie entwickelt, haften sie nachhaltiger im Gedächtnis der Zuhörer.

Kontrollfrage

Welche visuelle Unterstützung bietet sich an, um die Kernbotschaft nachhaltiger beim Zuhörer zu verankern?

4.2 Welche Bildertypen stehen zur Verfügung?

Aus praktischen Gründen werden drei Hauptkategorien von Bildern und eine ergänzende Rubrik „Stimulanzien" unterschieden (Abb. 30).* Wie die Musterpräsentationen auf der CD-ROM zeigen, können diese Bildertypen in vielfältiger Weise miteinander kombiniert werden.

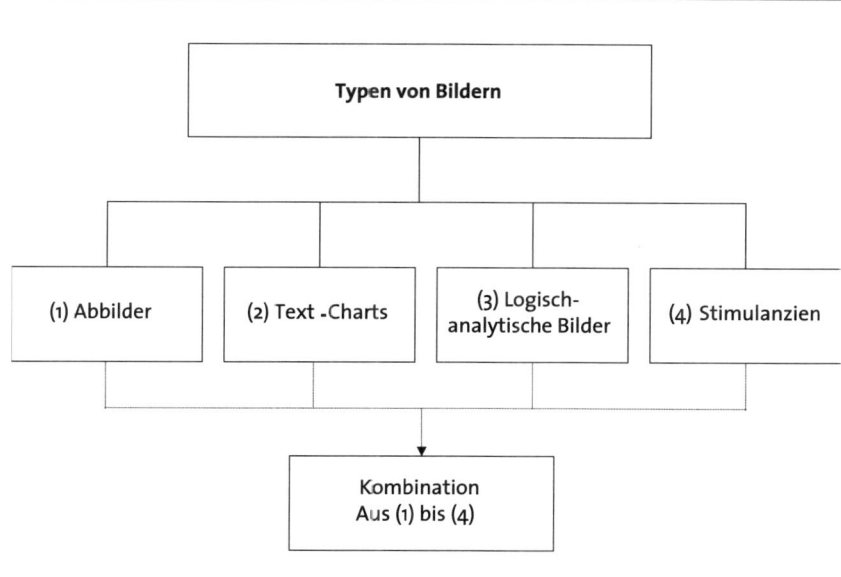

Abb. 30: Typen von Bildern

---

* Textcharts werden als spezielle Variante behandelt, weil in Präsentationen überwiegend Textcharts verwendet werden. Sachlogisch gehören sie zu der Rubrik „Logisch-analytische Bilder". Die Kategorie Stimulanzien ist ebenfalls aus didaktischen Gründen eingerichtet worden, weil es für Ziele des Infotainment wichtig ist, auflockernde Materialien verfügbar zu haben. Stimulierende Charts können auch Text (z.B. Sinnsprüche) und /oder Abbilder (z.B. Karikaturen) beinhalten.

Abbilder

sind dadurch gekennzeichnet, dass sie eine sehr große Ähnlichkeit zum wirklich existierenden Objekt haben. Zu dieser Rubrik gehören zum Beispiel Fotos, Zeichnungen und Modelle. Neben diesen statischen „Abbildern" können in Präsentationen Videosequenzen und Computersimulationen eingesetzt werden, die Realität in einem noch höheren Maß an „Echtheit" abbilden, vor allem durch die dynamischen und audiovisuellen Möglichkeiten. Besonders zukunftsträchtig sind virtuelle Darstellungen, um zukünftige, geplante „Wirklichkeiten" darzustellen (siehe auch Kapitel 2).

Textcharts

Über 60 Prozent der in Präsentationen verwendeten Folien sind Textcharts. Die Visualisierung von Texten und Schlüsselworten eignet sich vor allem für Titelcharts, Gliederungen, Aufzählungen von Produktmerkmalen und Nutzenargumenten sowie für die Zusammenfassung der Kernaussagen.

Logisch-analytische Bilder

wie Balken-, Kreis- und Liniendiagramme oder Strukturbilder und Mind-Maps zielen darauf, abstrakte Inhalte (Trends, Zahlenwerke, Strukturen, Konzepte, Prinzipien, Ideen...) anschaulich zu machen. Logisch-analytische Bilder können nicht ohne weiteres vom Zuhörer entschlüsselt werden. Koordinatensysteme setzen beispielsweise bestimmte mathematische Kenntnisse und ein gewisses Abstraktionsvermögen beim Zuhörer voraus. Daher ist vor der Entwicklung komplizierter Schaubilder zu prüfen, welche Bildungsvoraussetzungen und fachliche Spezialisierung der Zuhörerkreis hat.

Stimulanzien

sind auflockernde Elemente, die dazu beitragen können, Aufmerksamkeit zu wecken, den Vortrag interessant und lebendig zu gestalten sowie bestimmte Informationen besser beim Zuhörer zu verankern. Dazu gehören zum Beispiel Cartoons, Cliparts, Karikaturen, Aphorismen, Animationen oder andere multimediale Optionen.

Kombinationen der vier Bildvarianten

Prinzipiell lassen sich alle Formen der Visualisierung miteinander kombinieren. Die Möglichkeiten und Grenzen sind durch das Szenario, die eingesetzten Medien und die Präsentationsziele definiert.

4.3 Welche allgemeinen Gestaltungskriterien sind zu berücksichtigen?

Die folgenden Empfehlungen helfen Ihnen, die Bilder und Grafiken in psychologischer und ästhetischer Hinsicht zu optimieren sowie den übergreifenden Corporate-Design-Kriterien Ihres Unternehmens Rechnung zu tragen. Die Kriterien können Sie sowohl bei der Entwicklung von Folien und Dias als auch bei der Entwicklung einer Bildschirmpräsentation heranziehen.

Tipp
In der Anlage finden Sie eine <u>Checkliste</u> mit den wichtigen <u>Kriterien für die Gestaltung von Charts.</u>

Es ist zweckmäßig, allgemeine und spezielle Gestaltungsprinzipien zu unterscheiden. Die *allgemeinen Prinzipien* sind bei der Gestaltung aller Charts zu berücksichtigen, während die *speziellen Kriterien* (Punkt 4.4) jeweils für die verschiedenen Varianten von Bildern und Grafiken gelten.

Die allgemeinen Gestaltungskriterien sind darauf gerichtet, einen einheitlichen Lay-out-Rahmen zu schaffen. Sie orientieren sich an den Grundregeln für die Visualisierung von komplexen Sachverhalten: Ordnung und klare Struktur; knappe, stichwortartige Aussage; sparsamer Einsatz von Farbe und Bildern. Dies ist kein Selbstzweck, sondern zielt einzig und allein darauf, Ihre Aussagen in einer „hirnfreundlichen" und imageförderlichen Weise dem Zuhörerkreis näher zu bringen. In der folgenden Übersicht finden Sie die wichtigsten Gesichtspunkte:

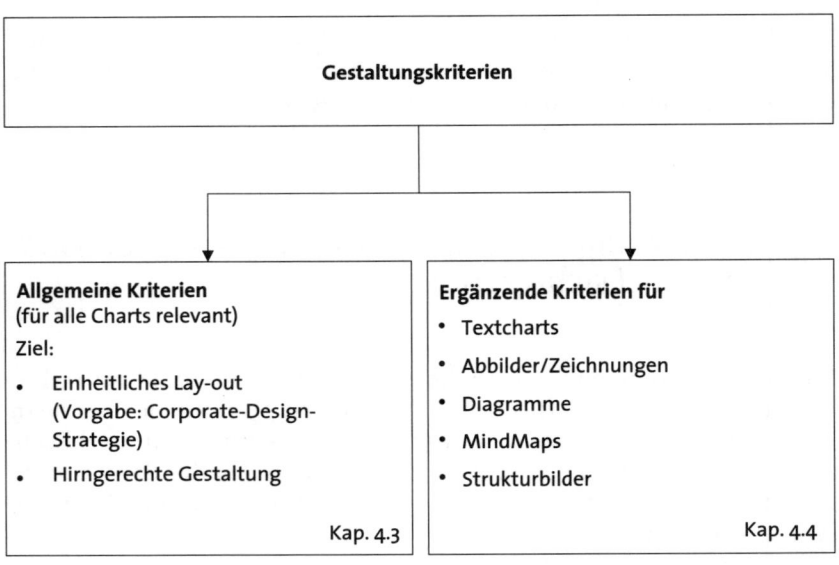

Abb. 31: *Allgemeine und spezielle Kriterien in der Übersicht*

Allgemeine Gestaltungskriterien

- Einheitlicher Aufbau (Lay-out)
- Aussagefähige Überschrift
- Kerninformation auf einen Blick
- Schriftart und Schriftgröße
- Begrenzung der Informationsmenge
- Sparsamer Farbeinsatz
- Ergänzende Hinweise

Abb. 32: *Allgemeine Gestaltungskriterien*

Einheitlicher Aufbau (Lay-out)

Beim grundsätzlichen Aufbau Ihrer Schaubilder und Charts ist eine einheitliche Struktur anzustreben. Dabei sind hauptsächlich diese Fragen zu beantworten:

- Wie soll die Folie prinzipiell aufgeteilt werden?
- Wie groß soll die Gestaltungsfläche (Fläche für Text, Bild usw.) sein?
- Wo stehen Folientitel, Untertitel und Legenden?
- Wo soll das Logo in welcher Größe platziert werden?
- Wie sollen Titelfolien, wie Inhaltsfolien aufgebaut werden?

Ein Großteil dieser Fragen wird in der unternehmerischen Corporate-Design-Strategie beantwortet. Das leitende Ziel: Übergreifende Gestaltungsregeln für Tageslichtfolien, Dias sowie Computer- und Internet-charts sollen zu einem unverwechselbaren, einheitlichen Unternehmensauftritt beitragen und ein durchgängiges Erscheinungsbild mit hohem Wiedererkennungswert sicherstellen.

Das folgende Praxisbeispiel zeigt exemplarisch, wie DaimlerChrysler Folien- und Bildschirmaufbau grundsätzlich gestaltet. Die Abbildung 33 zeigt den Aufbau von Folien. Als Konstante bei allen Präsentationen steht das Unternehmenszeichen DaimlerChrysler immer links in der Kopfzeile.

Eine durchgezogene Linie begrenzt die Gestaltungsfläche nach oben. Leitendes Kriterium für diesen Aufbau war der Gesichtspunkt, ein leicht umsetzbares Werkzeug für die Praxis zu schaffen und die Fläche für Texte, Grafiken und die übrigen Bildvarianten zu maximieren. Das gestalterische Problem durch unterschiedlich lange Folientitel (zwei- und drei-zeilig) wird dadurch gelöst, dass der Folientitel grundsätzlich linksbündig unter der Linie steht.

Die Beamer- und Diapräsentation hat den gleichen formalen Aufbau wie die Präsentation mit Folie. Der Unterschied liegt in der weißen Schrift auf blauem Hintergrund.

DAIMLERCHRYSLER

Abb. 33: Lay-out-Rahmen bei DaimlerChrysler

DAIMLERCHRYSLER

Abb. 34: Beispielchart DaimlerChrysler

Auf der CD-ROM sehen Sie unter der Rubrik Firmenpräsentationen, wie namhafte Unternehmen recht unterschiedliche, wenngleich jeweils in sich schlüssige Grundkonzepte für die Gestaltung von Bildschirmfolien entwickelt haben. Unter Lay-out-Beispiele finden Sie detaillierte CI-Vorgaben der Unternehmen Volkswagen (Volkswagen-Lay-out) sowie Heidelberger Druck (Heidelberger-Lay-out).

Aussagefähige Überschrift

Jedes Diagramm braucht einen kurzen, treffenden und interessanten Titel („action-title"). Er soll anregen und neugierig machen. Eine griffige Überschrift weckt Aufmerksamkeit und erfüllt damit eine ähnliche Funktion wie der „attention spot" in der Einstiegsphase einer Präsentation. Beispiel: Sie wollen die Umsatzentwicklung des Jahres 1999 darstellen. Im dritten Quartal ist der Umsatz drastisch eingebrochen (Ihre Kernaussage). Für ein Säulendiagramm wäre der Titel *Umsatzentwicklung im Jahre 1999* wenig aussagekräftig. Besser: *Drastischer Umsatzeinbruch im dritten Quartal*. Hier kann man von guten Journalisten in Presse und Fernsehen einiges lernen. Achten Sie einmal unter diesem Blickwinkel auf die Bildlegenden in Nachrichtenmagazinen oder auf Überschriften in Zeitungen. Der Folientitel sollte möglichst in der Kopfzeile über der Text- oder Bildinformation des Schaubildes stehen und höchstens zwei Zeilen umfassen. Für alle Folien sollten Titel- und Untertitel (Headline/Subline) an der gleichen Stelle stehen und die gleiche Punktgröße haben.

Kerninformation auf einen Blick

Die wesentlichen Inhalte gehören in die Mitte der Folie. Stellen Sie in einem Schaubild möglichst nur *ein* Thema dar. Gute Bilder lenken den Blick des Betrachters rasch auf die Kernaussage. Diesen Prozess können Sie lenken, indem Sie wichtige Inhalte optisch hervorheben. Beispielsweise durch: Farben, Fettdruck, Unterstreichen, Einrahmen, Farbwechsel, Kursivdruck, besondere Symbole oder durch Vergrößerung der Schrift. Wählen Sie jedoch nur eine Form der Hervorhebung, also entweder unterstreichen oder kursivdrucken oder farbig unterlegen.

- Lassen Sie etwa 30 Prozent einer Folie frei.

- Reservieren Sie einen Folienrand. Faustregel: Mindestens 5 Prozent der Gesamtbreite der Folie!

- Beachten Sie bei der Gestaltung eines Bildes die in der westlichen Welt übliche Blickfolge: von links nach rechts und von oben nach unten.

- Die Reihenfolge in einer Auflistung signalisiert „unterschwellig" die relative Bedeutung.

- Die Zuhörer werden auf Ihren Folien zuerst Menschen wahrnehmen, dann Tiere, danach Gegenstände, geometrische Formen und zuletzt Text.

Schriftart und Schriftgröße

Beachten Sie auch hierbei die Vorgaben der CD-Strategie Ihres Unternehmens. Schriftart und Schriftgröße beeinflussen wesentlich die Lesbarkeit Ihrer Charts. Für Präsentationen eignen sich am besten serifenlose Schriften wie Helvetica, Arial, Frutiger, Swiss, Executive oder Futura. Der Verein Deutscher Ingenieure VDI setzt zum Beispiel die Schrift Futura ein. Sie ist ein Element des VDI-Erscheinungsbildes und soll mit ihrem Schriftcharakter für Sachlichkeit, Kompetenz, Geradlinigkeit und Seriosität stehen. Achten Sie wegen der Lesbarkeit zudem auf möglichst kräftige Strichstärken und deutliche Zeilenabstände.

Weitere Tipps

- Beschränken Sie sich auf eine, höchstens 2 Schriftarten in Ihrer Präsentation.

- Setzen Sie maximal 3 Schriftgrößen pro Chart ein.

- Sorgen Sie dafür, dass auch die kleinsten Schriftzeichen und Zahlen für alle lesbar sind.

In den befragten Referenzunternehmen sind Schriftfamilie und vordefinierte Schriftgrößen unterschiedlich. Im Corporate Design von Volkswagen finden sich für Titelchart und Inhaltsfolie beispielsweise diese Vorgaben:

Startfolie: Maximal 96 Punkt; minimale Schriftgröße 24 pt

Inhaltstext: Schrift: Univers Standard
               Bei 1-zeiliger Überschrift: Schriftgröße 28 pt für Titel
               Im Textteil: Schriftgröße 22 pt
               Hervorhebungen in
               Univers kursiv
               Univers Fett
               Univers Fett kursiv

Die Details mit einer VW-Musterpräsentation finden sich auf der CD-ROM unter Firmenpräsentationen.

Wenn Sie bei Bildschirmpräsentationen Texte auf Inhaltscharts erstellen, erzielen Sie mit den folgenden Schriftgrößen gute Ergebnisse:

- Folientitel 36 Punkt und Textteil 28 Punkt
  oder
- Folientitel 32 Punkt und Textteil 24 Punkt.

Tipp
Im Zweifel hilft der Fußboden-Test weiter: Legen Sie die Folie auf den Fußboden. Wenn Sie die Schriftzeichen bei aufrechtem Stehen noch lesen können, dann ist die Schriftgröße ausreichend.

Begrenzung der Informationsmenge

Wegen der begrenzten Aufnahmefähigkeit der Zuhörer ist es notwendig, die Informationen auf jeder Folie (wie auch in der Präsentation insgesamt) auf ein vertretbares Maß zu beschränken.

Das Volkswagen
Corporate Design

Abb. 35: Beispiel einer Startfolie bei VW

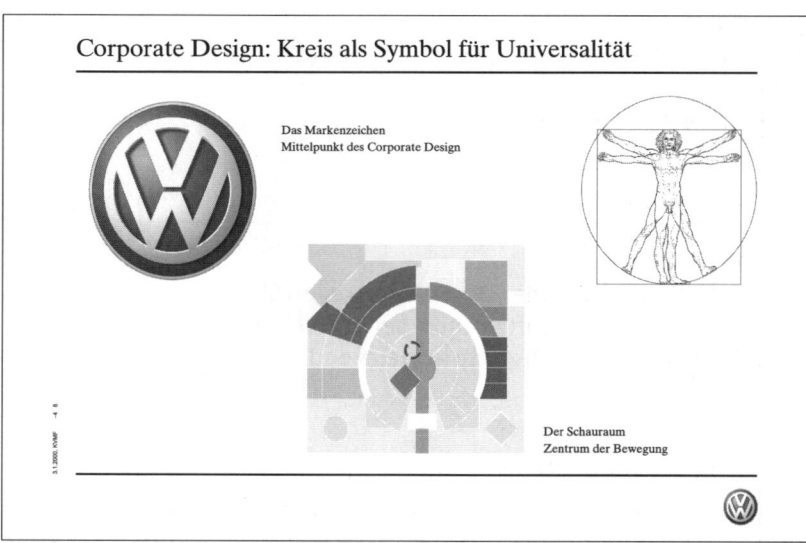

Abb. 36: Beispiel eines Inhaltschart bei VW

- Eine Aussage pro Chart. Verteilen Sie daher komplexe Inhalte auf mehrere Charts.
- Verzichten Sie auf überflüssige Details. Die entscheidende Frage muss lauten: Welche Kerninformation will ich mit dieser Folie bei den Zuhörern verankern? Lassen Sie alles weg, was nicht dazugehört!
- Begrenzen Sie die Anzahl der Zeilen auf Textcharts und in Tabellen (Faustregel 7 Zeilen). In den USA favorisiert man sogar noch kleinere Informationsquanten: 4 x 4 bedeutet 4 Zeilen bei 4 Wörtern pro Zeile oder 6 x 6, d.h. 6 Zeilen bei 6 Wörtern pro Zeile.
- Es fördert die Lesbarkeit und mindert Komplexität, wenn Sie die Zahlen auf- oder abrunden (falls sachlich vertretbar: 9 Prozent anstelle 9,4523 Prozent).
- Nutzen Sie die Tischvorlage für Quellenangaben, komplette Auflistungen, differenzierte Tabellen und unübersichtliche Organigramme.
- Vermeiden Sie: zu viele Farben, zu viele Schriftgrößen, zu viele Cliparts und Stimulanzien, zu viele Effekte.

Faustregel
So einfach wie möglich, so wenig wie möglich, so lesbar und so übersichtlich wie möglich.

Sparsamer Farbeinsatz

Dosierter und zielgerichteter Farbeinsatz erleichtert es, die Aufmerksamkeit der Zuhörer auf die Kernbotschaft zu lenken und die Professionalität Ihrer Darstellung zu verstärken. Darüber hinaus kann Farbe:

- *Mittel zur Betonung* sein (z. B. um die Kerninformation hervorzuheben).
- *Mittel zur Strukturierung* sein (z. B. gleiche Sachverhalte oder gleiche Zeiträume in der gleichen Farbe).

- *Informationsträger* sein, wenn die Farbe zum Beispiel ein wichtiges Merkmal eines Produkts ist (z. B. bei einem Fahrzeug, in der Modebranche, in der Architektur, in der Sicherheitstechnik).

- „unterschwellig" *Stimmung und Lernbereitschaft beeinflussen* (z. B. durch einen blauen Folienhintergrund, der eher beruhigend wirkt).

- *Aufmerksamkeit der Teilnehmer zusätzlich stimulieren.*

Entwickeln Sie ein einheitliches und nicht zu „lautes" Farbsystem, das mit der CD-Strategie Ihres Unternehmens und mit dem Selbstverständnis Ihres Ressorts (Produktgruppe...) abgestimmt ist.

Spezielle Praxistipps

- Achten Sie auf eine einheitliche Farbgestaltung bei Ihrer Präsentation.

- Innerhalb eines Sach- oder Produktbereichs ist es ratsam, mit Farbabstufungen zu arbeiten. Wechseln Sie die Farbe, wenn Sie sich einem neuen Produkt oder Sachbereich zuwenden.

- Verwenden Sie bei Textdiagrammen nicht mehr als 3 Farben: 1 für den Hintergrund, 1 für den Text und 1 für Hervorhebungen. Zusätzliche Farben können für Logo und Rahmengestaltung herangezogen werden.

- Arbeiten Sie bei den übrigen Diagrammvarianten (Kreis-, Linien-, Balkendiagramm usw.) höchstens mit 4 oder 5 Farben.

- Maximieren Sie die Kontraste zwischen Text und Objekten im Vordergrund und dem gewählten Hintergrund. Dies kommt der Lesbarkeit Ihrer Charts zugute.

- Wählen Sie für Overheadfolien dunkle Schrift auf hellem Hintergrund (z.B. Schwarz auf Weiß, Schwarz auf Grau, Dunkelbraun auf Gelb), für Dias und Bildschirmdarstellungen dunkle Hintergründe. Gute Ergebnisse erzielen Sie hierbei mit den Kontrasten Weiß und Gelb auf Dunkelblau, Schwarz auf Gelb, Weiß auf Dunkelgrün.

- Verzichten Sie auf Farbverläufe, weil die Kontraste dadurch an einigen Stellen der Folie schlechter werden.

- Bei Präsentationen im Internet ist es wichtig, dass identische Bereiche auf den Bildschirmseiten (Navigationsleiste, allgemeine Identität (Firmenzeichen), lokale Identität (Hauptüberschriften usw.) dasselbe Aussehen und dieselbe Farbe haben.

Ergänzende Hinweise

Zwei abschließende Empfehlungen für eine „hirngerechte" Foliengestaltung:

- Bei der Entwicklung von Grafiken und Schaubildern ist das *Querformat* zu bevorzugen, es sei denn, zwingende sachliche Gründe sprechen für das Hochformat (z.B. Landkarte von Norwegen; Flussdiagramm). Folien in Querformat bieten mehr Platz auf der X-Achse bei der Darstellung zeitlicher Abläufe, Rangfolgen und Häufigkeiten. Hinzu kommt, dass man bei projizierten Hochformaten sehr leicht den unteren Teil der Folie verdeckt. Schließlich scheint das Querformat eher unseren menschlichen Sehgewohnheiten zu entsprechen.

- *Vermeiden Sie zu schrille Effekte* und optische Sensationen. Die optische Gestaltung soll die inhaltliche Botschaft unterstützen, sie nicht verdrängen. Der Inhalt muss von sich aus überzeugen! Achten Sie darauf, dass die Botschaft Ihrer Präsentation nicht durch Multimedia-Klimbim (3-D-Charts; Überfrachtung mit Cliparts; Geräuscheffekte bei Folienwechsel; zu laute Farben; zu viele Schraffuren u.a.) übertönt wird.

4.4 Welche speziellen Kriterien sind bei der Gestaltung von Bildern und Grafiken zu beachten?

Die bisher dargestellten Gestaltungsprinzipien sichern einen professionellen Präsentationsrahmen. Sie sind sowohl bei der Erstellung von Folien als auch bei der Entwicklung einer Computerpräsentation heranzuziehen.

Diese allgemeinen Orientierungen werden im Folgenden ergänzt durch spezielle Kriterien für Textcharts und die übrigen Bildvarianten.

4.4.1 Hinweise für Textcharts

Bei den meisten Präsentationen dominieren Folien mit Textinformationen. Daher ist es besonders wichtig, Textcharts hirngerecht und motivierend zu gestalten. Beachten Sie bei der Anfertigung die folgenden psychologischen Faustregeln.

Regeln für Textcharts

- Ein Thema pro Grafik
- Bis zu 7 Zeilen pro Chart
- 3 bis 7 Worte pro Zeile
- Schlüsselworte statt Sätze
- Groß- und Kleinbuchstaben
- Doppelter Zeilenabstand
- Text- mit Bildinformation verbinden

Abb. 37: Regeln für Textcharts

Erläuterung:

- *7 Zeilen pro Folie:* Die Zahl „7" ist ein ideales Maß. Sie folgt aus der begrenzten Aufnahmefähigkeit des menschlichen Kurzzeitgedächtnisses. Mindestziel sollte sein, diese Vorgabe von 7 Zeilen nicht zu überschreiten.

- *Schlüsselworte statt Sätze:* Vermeiden Sie, das gesprochene Wort auch schriftlich zu zeigen. Unterstützen Sie Ihren Vortrag und Ihre Informationen mit Grafiken oder Illustrationen. Fassen Sie die Inhalte zu griffigen Aussagen zusammen. Arbeiten Sie mit Schlagworten und argumentieren Sie verbal.

- *Vermeiden Sie Gleichförmigkeit:* Werden mehrere Textfolien, die identisch aufgebaut sind (eine Überschrift mit x Zeilen), hintereinander gezeigt, ist die Gefahr groß, dass sich Langeweile und Desinteresse beim Zuhörer einstellen. Prüfen Sie, inwieweit Sie die Textinformation verknüpfen können mit Fotos, Diagrammen, Grafiken oder sonstigen Stimulanzien. Dies darf allerdings kein Selbstzweck sein. Vielmehr sollte stets der Bezug zur Kernbotschaft und zum jeweiligen Folientitel erkennbar sein.

Spezielle Tipps für Titelfolien

Bei den meisten Anlässen beginnen Präsentationen mit einer Titelfolie (Startfolie). Sie gibt dem Publikum eine erste Orientierung zur Präsentation und lenkt die Aufmerksamkeit rasch auf das Thema. Wie die Praxisbeispiele auf der CD-ROM (Firmenpräsentationen) zeigen, kann die Startfolie sehr unterschiedlich gestaltet sein.

Unter inhaltlichem Aspekt gehören zum Titelchart:

- Thema der Präsentation (groß gestaltet und im oberen Bereich der Folie),

- Name des Referenten.

Sie können ergänzende Informationen auf der Titelfolie unterbringen, zum Beispiel: Datum und Ort der Veranstaltung, Logo des eigenen Unternehmens, Logo der Partnerfirma usw. Wichtig ist dabei, dass das Wesentliche der Startfolie (in der Regel der Präsentationstitel) auf den ersten Blick gut zu erkennen ist.

Die Titelfolie ist zum einen optisch klar von den übrigen Folien abzu-
grenzen. Andererseits sollte sie in Einklang stehen mit Gestaltungskriterien wie Schriftfamilie, Farbe usw., die für die gesamte Präsentation
gelten.

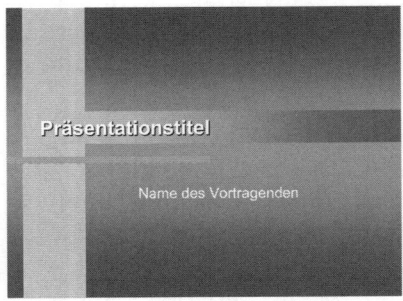
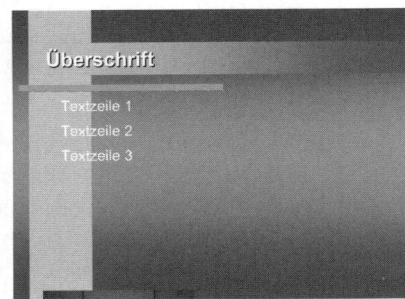

Abb. 38: Eine CD-Linie für Titel- und Textchart

In längeren Präsentationen kommen Zwischentitel-Folien in Frage. Sie
haben die Funktion, in einen neuen Abschnitt motivierend und anschaulich einzuführen. Dabei haben sich Schlüsselbilder („key visuals")
bewährt. Die Abbildungen 39 und 40 zeigen zwei „key visuals" aus der
Firmenpräsentation der Deutschen Telekom.

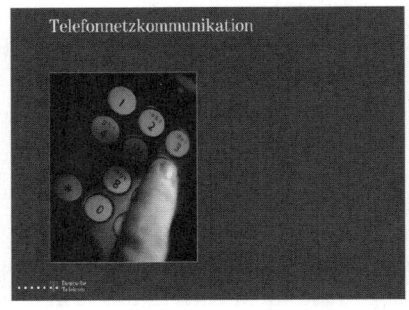

Abb. 39: Einführungschart „Telefon" *Abb. 40: Einführungschart „Multimedia"*

Die dargestellten Zwischentitel-Folien führen in die jeweils neuen Präsentationsabschnitte „Telefonnetzkommunikation" und „Multmedia" ein. Drei Elemente kennzeichnen Zwischentitel-Folien der Deutschen Telekom:

- Ein thematisch passendes Schlüsselfoto („key visual"),

- Zwischentitel in der Kopfzeile sowie

- das Unternehmenszeichen unten links.

4.4.2 Hinweise für den Einsatz von Abbildern und Zeichnungen

Abbilder sollten in einer engen Beziehung zum Thema stehen, zur Zielerreichung beitragen und mindestens eine der unter 4.1 beschriebenen Funktionen erfüllen. Leider wird der Bildeinsatz in der Praxis häufig inflationär gehandhabt. Da ist es chic, hier ein Foto und dort ein Cartoon einzusetzen. Da wird ein Imagefilm eingebunden, weil das auch die Mitbewerber tun. Da werden komplizierte technische Zeichnungen gezeigt, ohne dem Zuhörer gezielte Verständnishilfen zu geben.

Im Gegensatz zu logisch-analytischen Bildern sind Abbilder dadurch gekennzeichnet, dass sie ein gewisses, wenngleich unterschiedliches Maß an Ähnlichkeit mit einem wirklich existierenden oder geplanten Produkt (allgemeines Objekt) haben. Welche Bilder unter welchem Blickwinkel eingesetzt werden, bestimmen Ziel und Kernaussage der Präsentation.

Welche Typen von Abbildern stehen zur Verfügung?

Fotos und Videos

Sie helfen, verbale oder Textinformationen zu konkretisieren, zu ergänzen und verständlicher zu machen. Die Motive für realistische Bilder können sehr unterschiedlich sein. Sie reichen von Produkten, Referenzobjekten, Personen(-gruppen), Fabrikationsanlagen, Stadt-Silhouetten bis hin zu Verfahrensprozessen und Imagefilmen.

Sie können Ihrem Zuhörerkreis realistisch, perspektivisch und in Farbe zeigen:

- wie ein Gerät oder ein Referenzobjekt aussieht,
- wie die Bedienungselemente bei technischen Geräten angeordnet sind,
- wie bestimmte Prozesse funktionieren,
- wie weit ein Bauvorhaben gediehen ist.

Fotos und realitätsnahe Videos fördern die Glaubwürdigkeit Ihrer Ausführungen und können aufgrund der Digitaltechnik relativ leicht in Bildschirmpräsentationen eingebunden werden.

Spezielle Praxistipps

- Ein Foto repräsentiert stets nur eine Perspektive. Häufig ist es notwendig, den zu präsentierenden Gegenstand aus verschiedenen Blickwinkeln zu zeigen und nicht sichtbare Eigenschaften zu visualisieren. Dies kann verbal oder durch ergänzende Textinformation geschehen.

- Planen Sie „Eingriffe" ins Bild, um dem Zuhörer zusätzliche Orientierungs- und Verständnishilfen zu geben. So können Sie wichtige Bildelemente etwa durch Farben, Umrahmungen und Pfeile hervorheben oder durch Vergrößerung eines zentralen Bildausschnitts. Bei Videofilmen haben Sie diese Optionen, um die Kerninformation hervorzuheben: Zeitlupe, Standbild, Texteinschübe, Zoom auf wichtige Details, Nahaufnahmen oder Einrahmungen.

- Bei der elektronischen Präsentation komplexer Bilder ist es ratsam, die Aufmerksamkeit der Zuhörer auf wesentliche Aspekte zu lenken:
  - durch schrittweisen Aufbau des gesamten Bildes,
  - durch Nummerierung der relevanten Detailinformationen,
  - durch Zerlegung eines Gesamtbildes in mehrere Einzelbilder,
  - durch eine hirngerechte Bildkomposition. (Die Wichtigkeit wird durch die Reihenfolge, Schriftgröße, Größe eines Objekts oder durch Signal-Farben ausgedrückt.)

- Videoclips bieten die Chance, Realität in einem hohen Maße an „Echtheit" abzubilden. Wichtige Voraussetzung: Die Inhalte müssen aktuell und für Ihr Auditorium verständlich sein. Im Abschnitt 6.4 finden Sie Hinweise, wie Sie Videoclips wirkungsvoll in Ihre Präsentation integrieren. Im Rahmen des Infotainments und in pädagogischen Situationen können Videoeinschübe auch dramaturgischen Zielen dienen.

Tipp
Auf der CD-ROM finden Sie Demo-Beispiele unter der Rubrik Videoclips.

Röntgenansicht eines Objekts und Zeichnungen*

Bei dieser Kategorie von Abbildern besteht ein geringeres Maß an Ähnlichkeit zu dem betreffenden realen Gegenstand. In der Regel geht es hier darum, einen Überblick, ergänzende Erklärungen und Verständnishilfen zu geben.

Die besonderen didaktischen Möglichkeiten im Einzelnen:

- Wie die Abbildung 41 zeigt, bietet die Röntgenansicht die Möglichkeit, sowohl die Außenkontur als auch Position und Aussehen von Einzelteilen im Inneren zu zeigen.

Das besondere Merkmal: Die 3-D-Perspektive, realistische Größenverhältnisse, eine durchsichtige Außenkontur. Geeignet sind Röntgenbilder, um Nichtfachleuten zu zeigen, wie sich Einzelteile in das Ganze einfügen und wie der Sachverhalt (Produkt; Bauwerk...) im Überblick aussieht. Je nach Ziel kann variiert werden hinsichtlich Blickrichtung, Detailtiefe und Abstraktionsgrad.

---

* Bei den Zeichnungen gibt es Ausprägungen, die noch eine gewisse Ähnlichkeit mit einem realen Gegenstand haben (Abbilder) und solche, die logisch-analytischer Natur sind, wie etwa Strukturbilder. Aus Gründen besserer Lesbarkeit finden Sie hier Praxistipps für beide Varianten.

Abb. 41: Röntgenansicht eines BMW (Quelle: BMW AG)

- Anstelle eines Fotos, das nicht immer schnell zur Hand ist, werden *Strichzeichnungen* genutzt, um die Konturen eines Geräts zu zeigen. Es kann etwa am Flipchart oder auf Folie die Lage der äußeren Bedienungselemente skizziert und das Wichtige hervorgehoben werden. Als Mittel der Hervorhebung können verschiedene Strickstärken, Rahmen oder Farben eingesetzt werden.

- Bei technisch orientierten Präsentationen werden häufig *Schnittzeichnungen* eingesetzt (Abb. 42). Diese Darstellungsform erlaubt es, verdeckte Bauteile zu zeigen, die genaue Lage der Bauteile im Inneren anzugeben und die Prozesse im Inneren zu veranschaulichen. Auch hier kann variiert werden über Blickrichtung und Abstraktionsgrad, je nach Ziel und didaktischer Intention.

Stehen technische Detailfragen im Mittelpunkt einer Präsentation, so sind technische Zeichnungen unverzichtbar. Sie haben die Funktion:

- Form und Abmessungen zu definieren,
- bestimmte Produktmerkmale verständlich darzustellen,
- eine Grundlage für die Fertigung oder den Nachbau zu schaffen.

Abb. 42: Schnittzeichnung BMW Aktivsitz (Quelle: BMW AG)

Technische Zeichungen können als visuelles Hilfsmittel nur dann eingesetzt werden, wenn der Zuhörerkreis in der Lage ist, die Fachsprache der Ingenieure, Konstrukteure und Mechaniker zu verstehen. Als Entscheidungskriterien stehen hierbei die Ergebnisse der Zuhöreranalyse (Abschnitt 3.2) zur Verfügung.

4.4.3 Hinweise für logisch-analytische Bilder

In diesem Abschnitt geht es um Bilder, die *abstrakte* Inhalte veranschaulichen. Sie erhalten Empfehlungen für die folgenden Darstellungsformen:

- Diagramme
- MindMaps
- Strukturbilder

4.4.3.1 Hinweise für Diagramme

Wenn Sie Umsatzzahlen, Deckungsbeiträge, technische oder andere quantifizierbare Zusammenhänge in Bilder umsetzen wollen, kommen fünf (logisch-analytische) Schaubildformen in Frage. Dies sind Kreis-, Balken-, Säulen-, Kurven- und Punktdiagramme.

Eine praktikable, dreiphasige Vorgehensweise findet sich bei Gene Zelazny, um Zahlen in Bilder umzusetzen:

1. Aussage präzisieren
2. Vergleich
3. Wahl der Schaubildform

Bevor Sie mit dem ersten Denkschritt beginnen, ist die Frage zu klären, ob das Bild wirklich erforderlich ist. Wenn Sie diese Frage mit Ja beantworten, folgt:

Denkschritt 1: Aussage präzisieren

Wie sollen die Zahlen und Daten interpretiert werden? Welchen Aspekt will ich in dem Schaubild hervorheben? Was genau will ich? Ohne die Beantwortung dieser Fragen sollten Sie sich nicht für ein bestimmtes Schaubild entscheiden.

Denkschritt 2: Vergleich

Jede Aussage, d. h. jeder Ausschnitt aus den Daten, die Sie betonen wollen, enthält immer irgendeinen Vergleich. Fünf Typen von Vergleichen kommen in Frage:

- **Strukturvergleich** zeigt Anteile an einer Gesamtheit.

  Worte wie Anteil, Prozentsatz, X Prozent entfallen auf... weisen immer auf Struktur-Vergleiche hin. Beispiel: 20 Prozent des Gesamtumsatzes entfallen auf den Geschäftsbereich Südeuropa.

- **Rangfolgevergleich** stellt Objekte bewertend gegenüber.

  Sind alle gleich oder ist eines größer, kleiner, besser oder schlechter als das andere? Ausdrücke wie „größer", „kleiner als", „gleich" zeigen, dass es sich um Rangfolgevergleiche handelt. Beispiel: Im Vergleich zu den übrigen Sparten des Unternehmens haben wir die wenigsten Trainingstage pro Mitarbeiter.

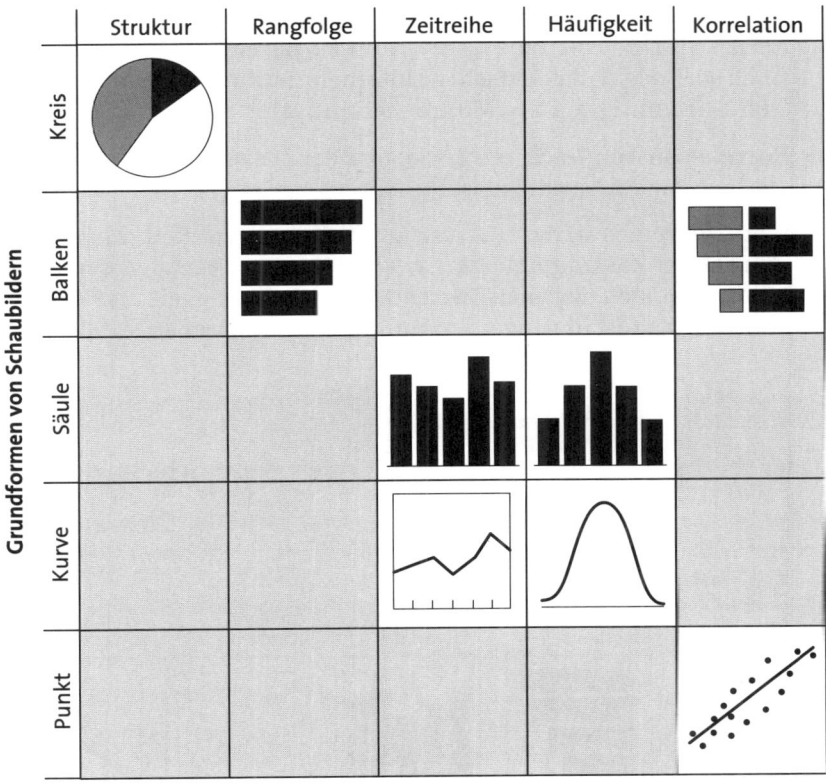

Grundtypen von Vergleichen

	Struktur	Rangfolge	Zeitreihe	Häufigkeit	Korrelation
Kreis					
Balken					
Säule					
Kurve					
Punkt					

Grundformen von Schaubildern

Abb. 43: *Grundtypen von Vergleichen*

- **Zeitreihenvergleich** zeigt Veränderungen (Steigerung, Stagnation Rückgang) über die Zeit.

  Worte wie „verändern", „wachsen", „steigen", „zunehmen", „fallen", „schwanken"... signalisieren diesen Vergleichstyp. Beispiel: Einbruch des Gewinns seit dem ersten Quartal 2000.

- **Häufigkeitsvergleich** zeigt, wie häufig ein Objekt in einer Reihe aufeinander folgender Größenklassen auftritt.

  Worte, die auf einen Häufigkeitsvergleich hindeuten, sind: „im Bereich X bis Y", „Verteilung nach", „die häufigsten Ausprägungen". Beispiel: 90 Prozent der deutschen Unternehmen liegen in dem Intervall 3 bis 5 Trainingstage pro Mitarbeiter und Jahr.

- **Korrelationsvergleich** zeigt, wie stark der Zusammenhang zwischen zwei oder mehr Variablen ist.

  Worte wie ein „relativ zu"..., „steigt (nicht) mit"..., „fällt (nicht) mit", „ein starker Zusammenhang zwischen X und Y" verraten den Korrelationsvergleich. Beispiel: Zwischen Besuchshäufigkeit und Kundenzufriedenheit ist ein enger Zusammenhang erkennbar.

Denkschritt 3: Wahl der Schaubildform

Jeder Vergleichstyp korrespondiert mit einem dieser Schaubilder

Kreis-
diagramm Balken-
diagramm Säulen-
diagramm Kurven-
diagramm Punkte-
diagramm

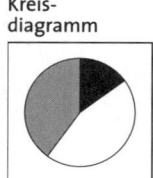 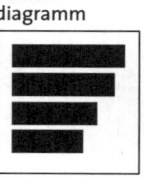 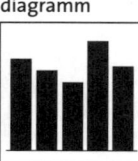 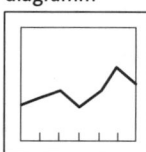 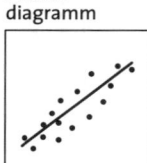

Abb. 44: Fünf Schaubildformen

Kreisdiagramm

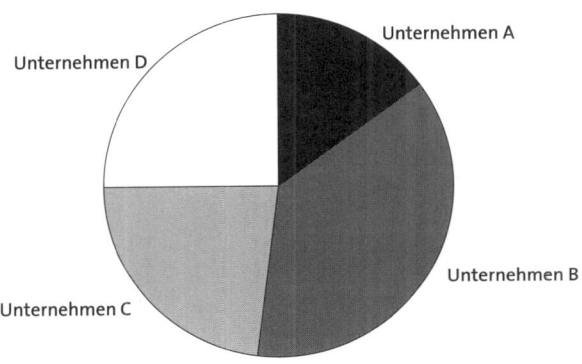

Abb. 45: Beispiel „Kreisdiagramm"

Diese Schaubildform eignet sich am besten, um Strukturvergleiche wiederzugeben. Strukturvergleiche zeigen die Größe von Bestandteilen in Prozent eines Ganzen.

Tipps

- Unterteilen Sie maximal 7 Segmente pro Chart.
- Fassen Sie kleinere Segmente unter „sonstige" zusammen.
- Platzieren Sie das wichtigste Segment rechts oben an der 12-Uhr-Linie.
- Schließen Sie die übrigen Sektoren der Größe nach im Uhrzeigersinn an.
- Das wichtigste Segment sollte die stärkste Kontrastfarbe haben (z.B. Gelb auf Dunkelblau).

Balkendiagramm

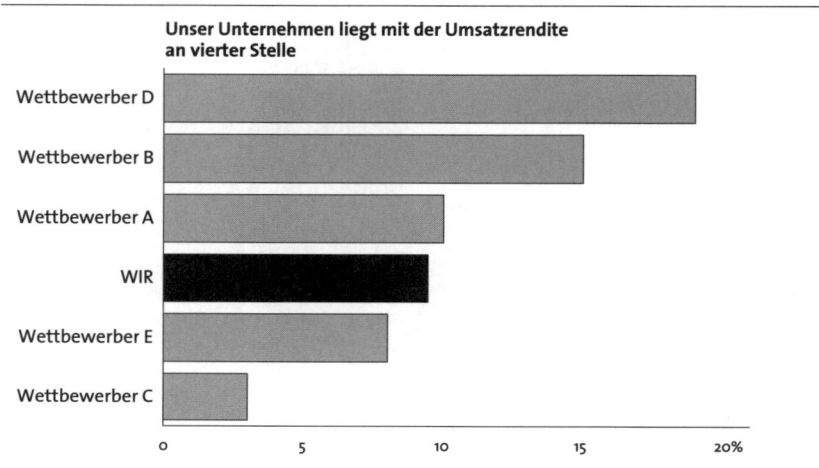

Unser Unternehmen liegt mit der Umsatzrendite an vierter Stelle

Wettbewerber D

Wettbewerber B

Wettbewerber A

WIR

Wettbewerber E

Wettbewerber C

0   5   10   15   20%

Abb. 46: Beispiel „Balkendiagramm"

Der Rangfolgevergleich, der Objekte bewertend gegenüberstellt, lässt sich am besten durch diesen Diagrammtyp optisch umsetzen.

Tipps

- Höchstens 4 Balken oder 4 Elementengruppen pro Darstellung.
- Nicht mehr als 3 Unterscheidungen bei den Grundelementen (z.B. max. 3 Schriftgrößen oder 3 Farbstufen).
- Die kräftigste Farbe oder Schraffur für das wichtigste Objekt, das auch in der Überschrift (Aussage-Titel) hervorgehoben wird.
- Diagramme mit vertikalen Säulen lassen nur wenig Platz für kommentierende Texte. Mehr Raum für Beschriftungen lässt das Balkendiagramm, in dem Sie die Säulen waagerecht anordnen.
- Wählen Sie den Abstand zwischen den Balken/Säulen kleiner als die Balken-Säulenbreite.

Ergänzende Hinweise zu Füllmustern und Farben

- Verwenden Sie zur Darstellung der einzelnen Datengruppen für alle Balken jeweils dieselben Füllmuster bzw. Farben.

- Um positive und negative Werte zu unterscheiden, können Sie wirkungsvoll mit verschiedenen Füllmustern oder Farben arbeiten.

- Bei Segmentbalkendiagrammen ordnen Sie die Farben so, dass die Segmente an der Grundlinie die dunkelsten Füllmuster/Farben, die obersten Segmente die hellsten Muster/Farben haben.

Säulendiagramm

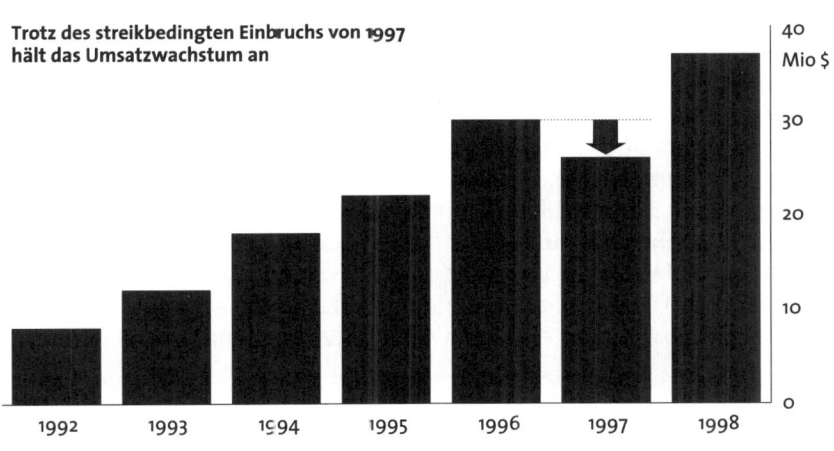

Abb. 47: „Säulendiagramm"

Während Struktur- und Rangfolgevergleich immer Relationen zu einem bestimmten Zeitpunkt darstellen, zeigt der Zeitreihenvergleich Veränderungen über die Zeit.

Tipps zum Säulendiagramm

- Das Säulendiagramm eignet sich am besten, wenn weniger als 8 Zeitpunkte abgedeckt werden.
- Das Kurven- oder Liniendiagramm wirkt übersichtlicher, wenn auf der X-Achse mehr als 8 Zeitpunkte erfasst sind.
- Einzelne Aspekte können durch Pfeile, Linien, Schraffuren oder Farbe hervorgehoben werden.
- Farbe und Schraffur können zum Beispiel dazu verwendet werden, Daten der Vergangenheit von denen der Zukunft zu unterscheiden.

Tipps zum Kurvendiagramm

- Verwenden Sie höchstens 3 bis 4 Vergleichslinien pro Chart.
- Die Linie der Kurven muss immer stärker sein als die Basislinie; diese soll etwas stärker sein als die vertikalen und horizontalen Linien des Hintergrundnetzes.
- Die verschiedenen Kurven können durch Farbe und durch Art und Breite der Linien unterschieden werden.
- Beschränken Sie sich auf maximal 20 Datenpunkte pro Diagramm. Das bedeutet zum Beispiel: 4 Linien mit 5 Beobachtungspunkten.
- Verschiedene Linienstile (z.B. durchgezogene, gestrichelte, punktierte, farbige) können die Aussagekraft Ihrer Grafiken erhöhen.
- Unterscheiden Sie die verschiedenen Kurven durch Farbe, Art und Breite der Linien. Farbe ist dabei wirkungsvoller als die Art der Linien.
- Durchgehende Linien sind im Zweifel unterbrochenen vorzuziehen.

Im Mehrfach-Kurvendiagramm zeigen Sie die Entwicklung von zwei oder mehr Objekten. Bei einem Vergleich zum Mitbewerber verwenden Sie für Ihr Unternehmen die stärkste durchgezogene Linie.

Häufigkeitsdiagramm

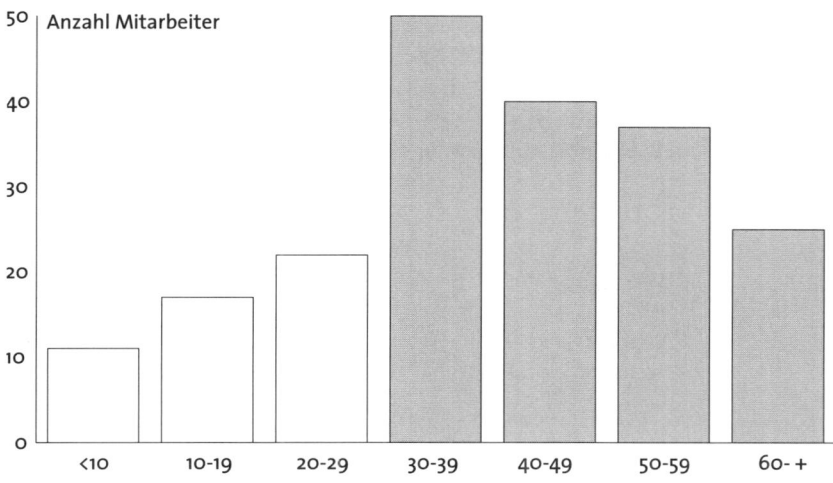

Abb. 48: Beispiel „Häufigkeitsdiagramm"

Dieses Schaubild zeigt, wie oft ein Objekt (Häufigkeit) in einer Reihe aufeinander folgender Größenklassen (Verteilung) auftritt.

Tipps

- Fassen Sie die Datenmengen der Gruppen so zusammen, dass ein aussagefähiges Muster, eine Verteilung sichtbar wird.
- Häufigkeitsverteilungen lassen sich als Säulen- oder als Kurvendiagramme darstellen
- Säulen sind dann günstiger, wenn die Anzahl der dargestellten Gruppen gering ist (ca. 5 bis 7).
- Verwenden Sie nie weniger als 5 und niemals mehr als 20 Gruppen.
- In der Regel wählt man alle Gruppen gleich breit.

- Definieren Sie die Gruppengrenzen eindeutig. Vermeiden Sie „überlappende" Einteilungen wie: 0–25, 25–30, 30–45, weil z.B. die Zahl 25 in 2 Gruppen auftaucht. Besser: 0–24, 25–29, 30–44 usw.

Punktdiagramm

Zwischen Rabatthöhe und Absatzmenge besteht kein Zusammenhang

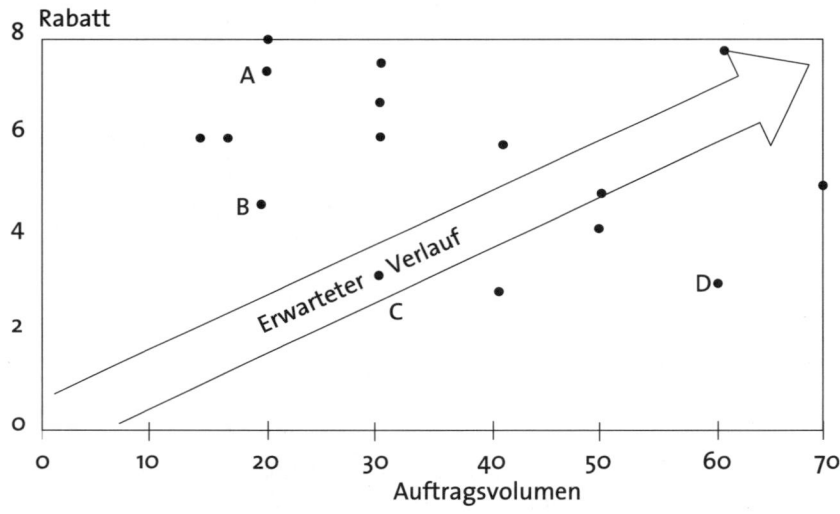

Abb. 49: Beispiel „Punktdiagramm"

Ein Korrelations-Vergleich gibt an, wie stark die Beziehung zwischen den zu betrachtenden Variablen ist. Die zwei wichtigen Darstellungsformen: das Punkte- oder Streudiagramm und das Doppelbalkendiagramm.

Tipps

- Wenn Sie die Punkte im Koordinatensystem beschriften, wird das Diagramm in der Regel unübersichtlich. Es wirkt gefälliger, jedem Punkt einen Buchstaben oder eine Zahl zuzuordnen und an anderer Stelle – in einer Legende – zu erklären.
- Prüfen Sie, ob Sie nicht mithilfe einer anderen Schaubildform, z.B. eines Doppelbalkendiagramms, Ihre Aussage visualisieren können. Bei weniger als 25 Punkten ist diese Variante sinnvoll.
- Bei Präsentationen im kaufmännischen Bereich gibt es eine ganze Reihe von Varianten, zum Beispiel die Portfolio-Analyse, die Break-even-Analyse.

4.4.3.2 Hinweise für MindMaps

MindMaps sind „gedankliche Landkarten", die bei der Visualisierung vielfältige Funktionen übernehmen können (siehe Abb. 50). Dieses Werkzeug nimmt im Vergleich zu den übrigen Bildvarianten eine Sonderstellung ein, weil es als Arbeitsmethode bei der Vorbereitung und als Form der Visualisierung eingesetzt werden kann. Mithilfe von Mind-Mapping können Sie:

- Ideen sammeln und strukturieren (siehe Abschnitt 3.3),

- die Gliederung komplexer Präsentationen auf einer Seite darstellen (MindMaps als Stichwortkonzept),

- gestaltete Ideen- und Lösungslandkarten Ihrem Zuhörerkreis präsentieren. Als Medium eignet sich Bildschirmmonitor, Tageslichtprojektor und Dia genauso wie Pinnwand oder Flipchart. Wie unten erläutert, kommen MindMaps zur Visualisierung nur bei bestimmten Präsentationsanlässen in Betracht.

Tipp

Auf der CD-ROM finden Sie in der Rubrik Software-Tools eine PowerPoint-Präsentation (MarketSoft) mit näheren Informationen zur Methode und zu Anwendungsfeldern von MindMapping.

Wie funktioniert MindMapping?

Nehmen wir an, Sie wollen sich Ihr Vorwissen zu einem Sachthema bewusst machen. Sie suchen Ideen zu der Frage: Welche Beweismittel gibt es, um andere zu überzeugen?

Sie verfahren beim MindMapping nicht so, wie Sie gelernt haben, nämlich oben auf einer Leerseite zu beginnen, in Sätzen und Stichworten nach unten zu arbeiten und Zeile für Zeile das aufzuschreiben, was Ihnen zum Thema einfällt.

Beim MindMapping verfahren Sie in diesen kreativen Schritten:

1. Sie beginnen mit einer Zentralidee oder einem Zentralthema in der Mitte des Blattes.

2. Die einzelnen Gedanken, die Ihnen zu dem Thema kommen, werden auf vom Zentrum ausgehenden Linien geschrieben. Jeder neue Gedanke und Untergedanke bedeuten eine neue Linie. Dabei benutzt man möglichst nur Stichworte. Druckbuchstaben fördern hierbei die Lesbarkeit.

3. Jede Linie lässt sich weiter ausdifferenzieren. Wenn immer möglich sollten visuelle Gestaltungsmittel benutzt werden, beispielsweise Symbole, Pfeile, Clips usw.

4. Zusammenhänge und Vernetzungen zwischen Einzelideen können leicht durch Linien gezeichnet werden. Der Farbeinsatz bietet die Möglichkeit, innerlich zusammenhängende Äste und Zweige hervorzuheben. Dies erleichtert die Orientierung. Farbe, Symbole und die übrigen visuellen Gestaltungsmittel sollen die Wahrnehmung des Wesentlichen und das Einprägen unterstützen.

Tony Buzan, der dieses Konzept in seinem Buch Kopftraining (1984) entwickelt, fasst die Vorteile der Technik so zusammen:

1. Die Zentral- oder Hauptidee wird deutlicher herausgestellt.

2. Die relative Bedeutung jeder Idee tritt sinnfälliger in Erscheinung. Wichtige Ideen befinden sich in der Nähe des Zentrums, weniger wichtige am Rande.

3. Die Verknüpfungen zwischen den Ideen wird durch Linienverbindungen leicht erkennbar.

4. Erinnerungs- und Wiederholungsprozesse werden effektiver und schneller.

5. Die Art der Struktur erlaubt es, neue Informationen leicht unterzubringen.

6. Jedes Kartenbild ist von jedem anderen in Form und Inhalt unterschiedlich. Dies erleichtert das Behalten und Erinnern.

7. Im kreativen Bereich des Aufzeichnens, etwa bei der Vorbereitung von Aufsätzen und Reden, erleichtert das nach allen Seiten offene Kartenschema, neue Ideen-verbindungen herzustellen.

MindManager nutzen

Die anwenderfreundliche Software MindManager ist für die Arbeit am Bildschirm entwickelt worden. Auf der CD-ROM steht eine Musterversion zur Verfügung, die Sie auf Knopfdruck sofort nutzen können (MindManager). Erstellen Sie mithilfe dieser Mustersoftware eine eigene Mind-Map und prüfen Sie, inwieweit dieses Werkzeug zu Ihrem Arbeitsstil passt und die Vorbereitung und Durchführung Ihrer Präsentationen befruchten kann. Über die erwähnten Vorteile hinaus bietet MindManager die Möglichkeit:

• zu jedem Ast einer MindMap Textnotizen hinzuzufügen,

• jeden Ast mit einem beliebigen Dokument (z.B. Word, Excel, Power-Point) zu verknüpfen,

• jeden Ast mit einer Seite aus dem Internet zu verbinden,

• jeden Ast mit anderen MindMaps zu vernetzen.

Schließlich können Sie MindMaps ins Internet stellen und über Internet und Intranet mit anderen Personen simultan an Projekten arbeiten.

Spezielle Tipps für die Gestaltung von MindMaps

• Die allgemeinen Kriterien für die Gestaltung von Charts sind auch bei MindMaps zu berücksichtigen.

• Vermeiden Sie eine Überfrachtung der MindMaps durch zu viele Äste, Verzweigungen, Verbindungslinien und Symbole. Lassen Sie 30 Prozent der Gestaltungsfläche frei.

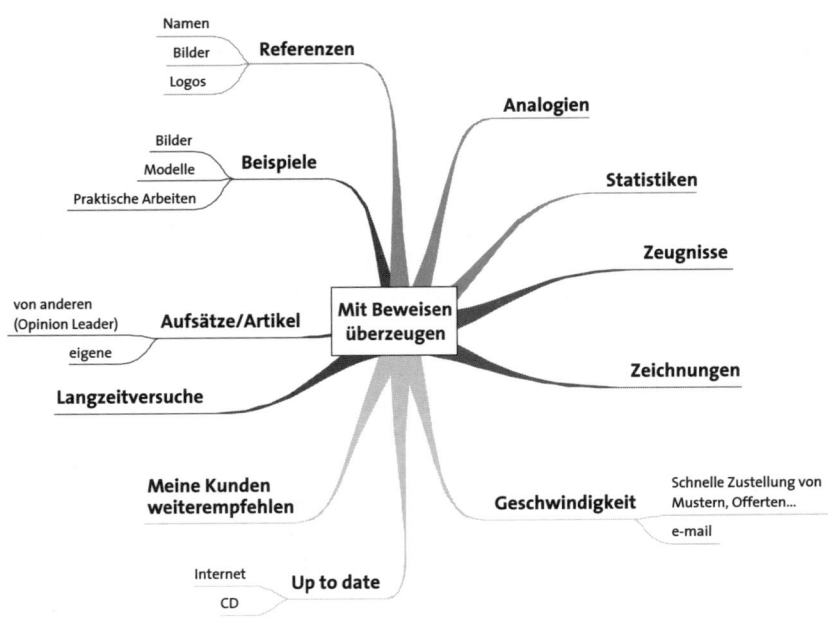

Abb. 50: Beispiel einer MindMap

- Teilen Sie überladene MindMaps in mehrere Charts auf.

- Achten Sie darauf, dass die Gedankenketten der einzelnen Äste und Zweige sachlogisch nachvollziehbar sind. Leitendes Prinzip: vom Allgemeinen zum Besonderen.

- Vermeiden Sie, Symbole und auflockernde Elemente inflationär einzusetzen. Bildhafte Elemente sind nur dann sinnvoll, wenn sie bestimmte didaktische Funktionen übernehmen (siehe Abschnitt 4.1).

Hinweise für den Einsatz von MindMaps

- Bei der Präsentation selbst hängt es vom Szenario, Thema und der Zielsetzung ab, inwieweit es sinnvoll ist, MindMaps in das visuelle Konzept einzubeziehen. Wenn ein Zuhörerkreis diese Methode nicht kennt (vorab recherchieren), ist es ratsam, bei den vertrauten visuel-

148

len Mitteln zu bleiben. Die eigentliche Kernbotschaft der Präsentation sollte im Mittelpunkt stehen. Kreativ gestaltete MindMaps bringen die Gefahr der Ablenkung mit sich.

• In bestimmten Branchen der Wirtschaft und im Schulungssektor wird der Einsatz von MindMaps als innovativ und zielwirksam eingeschätzt. Je mehr Hintergrundwissen die Zuhörer über diese Methode haben, umso größer wird vermutlich die Bereitschaft sein, sich dem MindMapping auch bei Präsentationen zu öffnen.

Weiterführende Informationen finden Sie im Internet unter:
www.mindmanager.de und www.mindman.com.

4.4.3.3 Hinweise für Strukturbilder

Bei der Visualisierung von Strukturen geht es um die Darstellung von Elementen und die zwischen ihnen bestehenden Beziehungen. Mithilfe von Strukturbildern lassen sich zum Beispiel:

• betriebwirtschaftliche Systeme beschreiben,

• Aufbau- und Ablauforganisationen visualisieren (Organigramm...),

• kausale Beziehungen darstellen (Schemata mit Ursache und Wirkung),

• die Beziehungen in einer Gruppe darstellen (Soziogramme),

• Entscheidungs- und Problemlösungsprozesse präsentieren,

• Netzpläne und Flussdiagramme darstellen.

Neben den allgemeinen Gestaltungsempfehlungen (siehe Punkt 4.2) sind diese besonderen Hinweise zu bedenken:

• Begrenzen Sie die Anzahl der Elemente. Achten Sie auf Übersichtlichkeit und auf klare, einfache Strukturen.

• Bedenken Sie die natürliche Blickrichtung: von links nach rechts und von oben nach unten.

- Die zentrale Information gehört ins Zentrum der Folie.
- Die Reihenfolge signalisiert „unterschwellig" die Wichtigkeit der Elemente.
- Nutzen Sie Animationstechniken, um die Charts schrittweise zu entwickeln.
- Lassen Sie sich bei der Entwicklung von Strukturbildern von den Beispielcharts professioneller Software (s.u.) inspirieren.
- Überlegen Sie vor der Gestaltung eines Strukturbildes: Was ist meine Kernaussage, die ich mithilfe des Strukturbildes im Kopf des Zuhörers verankern will?

Es gibt leistungsfähige Software, die Sie bei der Gestaltung von Strukturbildern und professioneller Flussdiagramme unterstützen kann. Stellvertretend sei hier verwiesen auf das Produktspektrum des Anbieters: Micrografx mit spezieller Software zur Gestaltung von Geschäftsgrafiken, Geschäftsprozessen, technischen Illustrationen und WEB-Grafiken, SAP R/3 Referenzmodelle, Design von Netzwerken. Internetadresse: www.micrografx.com.

4.4.4 Hinweise für den Einsatz von Stimulanzien

Cliparts, Cartoons, Sinnsprüche und andere Stimulanzien sind vorrangig darauf gerichtet, Präsentationen aufzulockern und die Zuhörer zu fesseln. Elemente des „Infotainments" sind mit Augenmaß einzusetzen, weil sie sonst Ihre Seriosität und Kompetenz gefährden. Art und Niveau der Visualisierung müssen zum Szenario, insbesondere zur Erwartungshaltung der Zuhörer passen.

Praxistipps

- Verzichten Sie auf gewagte Stimulanzien. Fragen Sie im Vorfeld Freunde und Kollegen, ob die angedachten Cartoons, Cliparts oder Sinnsprüche einsetzbar sind.
- Bei vielen Präsentationsanlässen ist es sinnvoll, mit einem Spannungsbogen zu arbeiten: Hierbei bringen Sie ein auflockerndes, zum

Präsentationsthema passendes Element (Cartoon, ein Zitat, eine Karikatur o.Ä.) in Ihrer Einleitung (als „Aufmerksamkeitswecker"). Zum Ausklang der Präsentation fügen Sie als Kontrapunkt ein korrespondierendes Stimulanz ein.

• Verzichten Sie bei Präsentationen vor wichtigen Kunden oder vor einem übergeordneten Entscheidungsgremium (Vorstand/Geschäftsführung...) auf Stimulanzien. Kommen Sie rasch zur Sache – auch wegen der oft begrenzten Zeit.

• Bei Cliparts und Cartoons ist die Gefahr gegeben, dass das Auditorium zum x-ten Mal dieselben PowerPointclips und Cartoons hat erleiden müssen. Tragen Sie daher „maßgeschneiderte" Stimulanzien zusammen.

• Vergessen Sie auch bei der Arbeit mit auflockernden Elementen nicht, von anderen zu lernen. Amerikanische Manager beginnen ihre Präsentationen oft mit attraktiven Analogien aus anderen Lebensbereichen, um einen Joke zu provozieren. Danach folgt die Überleitung zum Sachthema.

Praxistipp

Sammeln Sie motivierende Zutaten für Ihre Präsentationen in einer individuell gestalteten (elektronischen) Motivdatei. In diese können Sie Sinnsprüche, Zitate, Cliparts, Cartoons und Karikaturen bis hin zu Anekdoten Storys und Videoclips aufnehmen. Auf Seite 231 finden Sie einen Vorschlag wie so eine Motivdatei gegliedert werden kann, sowie ergänzende www-Links für eine zeitsparende Recherche.

4.5 Welche Chancen bietet die Servertechnologie, um die Aktualität und Qualität der Präsentationen zu fördern?

Großunternehmen wie BMW oder die Deutsche Telekom nutzen zunehmend CD-ROM und Intranet, um ihre Führungskräfte und Spezialisten bei Präsentationen zu unterstützen. Der übergreifende Gedanke besteht darin, schnell auf Veränderungen am Markt zu reagieren und zeitnah entsprechendes Präsentations- und Argumentationsmaterial bereitzustellen. Die Servertechnologie schafft hierfür die technischen Voraussetzungen. Der Server kann als offene Plattform definiert werden, auf der alles, was die Qualität und Wirksamkeit von Präsentationen fördern kann, gespeichert wird. Dazu gehören zum Beispiel:

- Firmenpräsentationen auf der CD-Linie des Unternehmens,

- Ergänzendes multimediales Material wie Fotos oder Videoclips,

- Markt- und kundenspezifische Informationen.

Die Mitarbeiter können über eine Zugangsberechtigung relevante Charts und Informationen via Intranet abrufen – an jedem Ort der Welt und zu jeder Zeit.

Beispiel: Deutsche Telekom

Die Deutsche Telekom stellt in einem ersten Schritt den Führungs- und Fachkräften eine CD-ROM bereit, die eine modular aufgebaute Firmenpräsentation enthält. Relevante Charts kann man auf Festplatte laden und in die betreffende Präsentation einbinden. Die Charts sind in einem „Baukasten" zusammengestellt, der flexibel genutzt werden kann.

Hinweis
Die auf der CD-ROM dargestellten Firmenpräsentationen sind durchgängig modular konzipiert und können somit auf die Besonderheiten der jeweiligen Situation ausgerichtet werden.

- Die Charts können aus verschiedenen Vorträgen zusammengestellt und zur wiederholten Verwendung gespeichert werden.

- Manuskripte mit nummerierten Chart-Titeln, Bildern und Begleittexten können ausgedruckt werden.

- Das gesamte Angebot ist dreisprachig konzipiert (Deutsch, Englisch und Französisch) und somit in verschiedenen Kulturkreisen einsetzbar.

- Vor größeren Gruppen kann mit elektronischem Projektor (Beamer) präsentiert werden. Alternativ können die einzelnen Charts auf Overheadfolien ausgedruckt werden. Schließlich ist die Möglichkeit gegeben, die Grafiken zu exportieren und anschließend in einen PowerPoint-Vortrag einzufügen.

- Vortragstexte zu den einzelnen Charts stehen zur Verfügung und reduzieren die Vorbereitungszeit. Zudem ist dadurch eine einheitliche Sprachregelung konzernweit sichergestellt.

Die Unternehmenspräsentation wird zusammen mit den ergänzenden Informationen laufend aktualisiert. Die Mitarbeiter können die Funktion des **Intranet Update** nutzen, um ihre Charts auf den neuesten Stand zu bringen. Dabei überprüft das Programm, inwieweit sich neue Charts zum Download auf dem Server befinden. Ist das der Fall, werden die Charts automatisch heruntergeladen und in einem Zielverzeichnis auf der Festplatte abgelegt. Die Benutzerführung ist selbsterklärend und vollautomatisch.

5   Wahl und Einsatz der neuen Medien

Gegenstand dieses Kapitels

Zu keiner Zeit gab es ein größeres Spektrum an Präsentationsmedien als heute. Die einschlägigen Messen und Fachtagungen zeigen dem Besucher eine Fülle neuer Trends und technologischer Optionen. Für den Anwender ist es kaum möglich, die ganze Bandbreite der Möglichkeiten zu überschauen. In diesem Kapitel lernen Sie die wichtigsten neuen Medien und Empfehlungen für ihren Einsatz kennen. Auch wenn es in diesem Buch vorrangig um die neuen Medien geht, bleiben die klassischen Hilfsmittel für bestimmte Anlässe und Ziele unverzichtbar. Sie werden im Kapitel 6 behandelt.

5.1 Medien im Überblick

Die visuellen und multimedialen Hilfsmittel können in neue und klassische Präsentationsmedien eingeteilt werden.

Im Zentrum der *neuen Medien* stehen „Personalcomputer" und „Notebook". Diese Medien bilden die integrierende Plattform, um in Verbindung mit geeigneter Software Informationen zu erfassen, zu verarbeiten, zu speichern und zu präsentieren. Ergänzende Peripheriegeräte stehen zur Verfügung, um die Möglichkeiten zur Medienintegration, medialen Gestaltung, Interaktivität und Nutzung des Internets auszuschöpfen (siehe Kapitel 2).

Zu den wichtigen neuen Präsentationsmedien gehören:

- PC und Notebook,
- Data-/Videoprojektor,
- Elektronisches Whiteboard,
- Dokumentenkamera,
- Digitale Fotokamera,
- Digitale Videokamera.

Fachleute erwarten, dass in naher Zukunft computergestützte Präsentationen mit anderen Systemen und Medien vernetzt werden, die zusätzliche Chancen zur Interaktion und zur Überbrückung von Distanzen mit sich bringen. Wichtige Optionen sind:

- Electronic Meeting Systems,
- Videokonferenz,
- Echtzeit-Computerkonferenz.

Eine Beschreibung des Spektrums neuer Medien mit Leistungsmerkmalen, Einsatzmöglichkeiten und WWW-Links finden Sie unter Punkt 5.3.

Die folgende Tabelle zeigt die neuen elektronischen Medien sowie ausgewählte Software gegliedert nach Funktionen (vgl. Minolta-Studie 1999):

Neue Medien und Software
(gegliedert nach Funktionen)

Funktion	Neue Medien und Software
Eingabe Aufnahme	Digitale Foto- und Videokamera Mimio CD-Rom; DVD; Diskette Scanner Dokumentenkamera Mikrofon
Verarbeitung (Verfahren/ Software) Speicherung	Notebook Präsentationssoftware MindMapping Virtual Reality Applications DVD
Präsentation	Notebook Data-/ Videoprojektor Plasmabildschirm Interaktives Flipchart Digitales Whiteboard Mimio Grossmonitor
Interaktion/ Kommunikation – am Ort – online	Data-/ Videoprojektor Digitales Whiteboard Videokonferenz Echtzeit-Computerkonferenz Electronic-Meeting-Anwendungen

Abb. 51: Neue Medien und Software gegliedert nach Funktionen

Die *klassischen Medien* sind auch im digitalen Zeitalter für bestimmte Anlässe und Ziele sowie als ergänzende Medien für Computerpräsentationen unverzichtbar. Zu den klassischen Hilfsmitteln gehören:

* Folie und Tageslichtprojektor,
* Dia und Diaprojektor,
* Flipchart,
* Video und Fernseher,
* Sonstige.

Angesichts dieses breit gefächerten Angebots an neuen und klassischen Medien stellt sich bei Präsentationsanlässen die Frage: Wie finde ich für eine bestimmte Situation, Zielsetzung und Zuhörerschaft das geeignete Medium oder den geeigneten Medienmix? Da jedes Medium bestimmte Chancen, aber auch Risiken mit sich bringt, benötigen Sie Kriterien, die Ihnen die optimale Medienwahl ermöglichen.

5.2 Kriterien für die Wahl des geeigneten Mediums

Bei der Medienwahl sind stets eine Reihe von Faktoren zu berücksichtigen, die Sie bei der Vorbereitung von Präsentationen bereits kennen gelernt haben. Dazu gehören: die Ziele und Inhalte, die „Welt" der Zuhörer, die Corporate Identity des eigenen Unternehmens sowie der Aufwand für die Präsentation und die Besonderheiten des Veranstaltungsortes.

Entscheidungskriterien für die Medienauswahl

* Eignung für Anlass, Ziel und Rahmen
* Eignung für die Zielgruppe
* Eignung als Kurzzeit- oder Dauermedium
* Eignung für Dramaturgie und Interaktion
* Eignung für die eigene Persönlichkeit
* Eignung im Hinblick auf begrenzende Faktoren

Abb. 52: Entscheidungskriterien für die Medienwahl

Eignung für Anlass, Ziel und Rahmen

Bei diesem Punkt können Sie sich auf die Informationen der vorbereitenden Überlegungen aus Kapitel 3 stützen.

Es gibt *Anlässe* und *Ziele* für Präsentationen, die a priori den Einsatz einer Multimediapräsentation nahe legen. Dazu gehören Firmen- und Produktpräsentationen, die darauf zielen:

- Kernkompetenzen, Referenzobjekte, Leistungsangebote aus dem Hightech-Bereich (Software, IT, Telekommunikation usw.) darzustellen,

- Bildschirminhalte wie Software, Lay-outs oder Diagramme im Dialog mit dem Kunden weiterzuentwickeln,

- Kerninformationen durch Multimedia beim Zuhörer nachhaltiger zu verankern,

- Animationen, Simulationen und virtuelle Darstellungen einzubinden,

- die eigene Kompetenz durch den Einsatz elektronischer Medien zu verstärken.

Die computergestützte Präsentation ist auch bei anderen Anlässen wie Fachkongressen, Konferenzen, Verkaufstagungen oder Schulungen sinnvoll oder gar zwingend, wenn:

- während der Präsentation ins Internet oder Intranet verzweigt werden soll,

- Daten und Abläufe während der Präsentation zu verändern oder zu aktualisieren sind,

- entfernte Personen an der Präsentation beteiligt werden sollen, deren persönliche Anreise nicht möglich oder nicht wirtschaftlich wäre,

- die besonderen Chancen digitaler Peripheriegeräte wie elektronisches Whiteboard oder Dokumentenkamera genutzt werden sollen (siehe Punkt 5.3).

Welche Medien in Frage kommen, hängt zudem von den Rahmenbedingungen der jeweiligen Präsentation ab. Besonders wichtig sind unter diesem Blickwinkel zwei Fragen: Wie groß ist der Kreis der Zuhörer?

Im Rahmen von Gesprächen reichen in der Regel Notebook mit TFT-Bildschirm oder angeschlossener Monitor zur Präsentation, während bei kleinen oder größeren Gruppen ein Dataprojektor erforderlich ist. Die Gruppengröße ist auch beim Einsatz klassischer Medien ein wichtiges Auswahlkriterium. Welche Medien sind angesichts der räumlichen Gegebenheiten praktikabel? Die Gesichtspunkte zur Ausstattung des Präsentationsraumes sind in Abschnitt 3.5 behandelt.

Eignung für die Zielgruppe

Ihre Medien müssen genauso wie die übrigen Elemente der Präsentationsstrategie positiv auf das Publikum wirken. Zwei Fragen helfen Ihnen hierbei, Fehlentscheidungen zu vermeiden:

• Welche Präsentationsmedien sind meinen Zuhörern (vermutlich) vertraut? Setzen Sie im Zweifel auf diejenigen Medien, die Ihre Zuhörer bei ihren Präsentationen selbst einsetzen würden. Gehört der Computer zur täglichen Arbeitsumgebung der Zuhörer, spricht dies bei didaktischer Eignung für eine PC-Präsentation.

• Welche Medien und welche Qualitätsstandards haben sich in der betreffenden Branche herausgebildet? In Hightech-Unternehmen können Sie eine größere Akzeptanz für elektronische Präsentationen voraussetzen als in traditionellen Branchen. In der Softwarebranche ist die Firmenpräsentation mit Computer inzwischen Standard.

Eignung als Kurzzeit- oder Dauermedium

Overheadfolie und Computerbildschirm sind typische Kurzzeitmedien. Die Bilder werden gezeigt, erklärt und verschwinden nach kurzer Zeit (daher: Kurzzeitmedium). Aus diesem Grunde ist in der Regel ein ergänzendes Hilfsmittel notwendig, das es erlaubt, über längere Zeit bestimmte Informationen zu zeigen. Typische Dauermedien sind Flipchart, Whiteboard und Pinnwand. Prüfen Sie daher, welche Kombination aus Kurzzeit- und Dauermedien für Ihren Präsentationsanlass und die erwartete Gruppengröße in Frage kommt.

Eignung für Dramaturgie und Interaktion

Die Qualität Ihrer Beziehung zum Zuhörer leidet, wenn Sie als Vortragender durch die Technik zu sehr in den Hintergrund gedrängt werden. Ihr Auftreten und Ihre Persönlichkeit sind wichtiger für die Vertrauensbildung als ein Computer oder gar eine Multimediashow. Der Technikeinsatz ist im Allgemeinen nur insoweit sinnvoll, als Ihre persönliche Ausstrahlung, Flexibilität und die emotionale Beziehung zum Kunden nicht eingeschränkt werden. Präsentationsmedien haben grundsätzlich nur unterstützenden Charakter. Wählen Sie Ihr Medienmix so aus, dass Sie auf alle Eventualitäten eingestellt sind. Es kann beispielsweise didaktisch oder dramaturgisch geboten sein:

- ad hoc einen schwierigen Sachzusammenhang zu erklären oder Wortbeiträge aus dem Auditorium zu sammeln. Flipchart und Whiteboard sind hier bei Gruppengrößen bis zu 30 Personen taugliche Hilfsmittel.

- einen Informationsmarkt zu visualisieren. Pinnwände oder Magnettafeln eignen sich, um eine Serie von Flipchart-Blättern oder große Bildtafeln aufzuhängen und zu zeigen.

- Folien, Dias oder andere Präsentationsmaterialien, die aus dem Teilnehmerkreis kommen, darzustellen, beispielsweise in der Diskussionsphase einer Notebook-Präsentation.

- eine Computerpräsentation zu unterbrechen, um am Tageslichtprojektor eine spezielle Frage zu erläutern. Bei der Präsentation vor Großgruppen ist die Folie das wichtigste ergänzende Medium, da Flipchart-Anschriebe nur bei Gruppen bis zu 30 Personen lesbar sind. Eine Alternative ist ein digitales Whiteboard, dessen Anschriebe über einen angeschlossenen Dataprojektor vergrößert werden können.

Eignung für die eigene Persönlichkeit

Besser eine brillante Präsentation am Flipchart oder Tageslichtprojektor als eine dilettantische Darbietung am Computer. Das eingesetzte visuelle Medium muss zur Persönlichkeit des Präsentators passen. Das entscheidende Kriterium bleibt in jedem Fall, das Auditorium zu überzeugen. Ob dies gelingt, hängt mehr von Ihrer Persönlichkeit, Ihrem persönlichen Auftreten und Ihrer Argumentationsstrategie ab als von den eingesetzten Medien. In vielen Fällen eignet sich auch eine Teampräsentation, um das rhetorische Können der einen Person mit den multimedialen Fähigkeiten der anderen zu verbinden.

Auf mittlere Frist rate ich allerdings dringend dazu, die notwendige Sicherheit im Umgang mit den neuen Medien zu erwerben. Qualifizierte Seminare und Coachings erleichtern Ihnen diesen Weg.

Eignung im Hinblick auf begrenzende Faktoren

Unter diesem Blickwinkel ist bei der Medienauswahl zu prüfen:

- inwieweit die Medien in der Vorbereitungszeit bereitgestellt werden können,

- inwieweit die Visualisierung in der Vorbereitungszeit machbar ist,

- inwieweit der Medieneinsatz finanziert werden kann.

5.3 Das Spektrum neuer Medien

Die Ausführungen dieses Abschnitts führen die Überlegungen des Kapitels 3.5 zur *Vorbereitung des Medieneinsatzes* fort. Dort haben Sie die Schritte zur Optimierung einer Computerpräsentation kennen gelernt. In diesem Abschnitt erfahren Sie, welche Anforderungen an die Hardware zu stellen sind, um einen optimalen Wirkungsgrad beim Präsentieren zu erreichen. Dabei geht es neben dem Basismedium Notebook und PC vor allem um die Leistungsmerkmale und Einsatzmöglichkeiten neuer Peripheriegeräte bei der Eingabe von Informationen, bei der Ausgabe und bei der Interaktion und Kommunikation am Ort sowie online.

Neue Medien zur Eingabe, Verarbeitung und Präsentation

- Notebook
- Data-/Videoprojektor
- Plasma-Bildschirme
- Elektronisches Whiteboard
- Dokumentenkamera

- Digitale Fotokamera
- Digitale Videokamera

Neue Medien zur Überbrückung von Distanzen

- Electronic Meeting Systems
- Videokonferenzen
- Echtzeit-Computerkonferenz

Tipp

Die PowerPoint-Präsentation Neue Medien auf der CD-ROM zeigt diese neuen Optionen in Farbe.

Basismedium „Notebook"

Die multimedialen Möglichkeiten können nur dann in vollem Umfang genutzt werden, wenn bestimmte Leistungsmerkmale des Notebooks gegeben sind:

- Der **Prozessor** sollte in der Lage sein, Grafiken, Animationen und Videos rasch aufzubauen, um Wartezeiten beim Präsentieren zu vermeiden (mindestens 400 MHz mit MMX-Tauglichkeit).

- Eine **Festplatte** mit ausreichender Kapazität (mehr als 16 GB) und hoher Datentransferrate sowie schneller Zugriffszeit ist für multimediale Anwendungen unverzichtbar.

- Ein großer **Arbeitsspeicher** (64 oder noch besser 128 MB) fördert ebenfalls die schnelle Verarbeitung und Präsentation multimedialer Darstellungsformen.

- Falls möglich ein **DVD-Laufwerk** benutzen, das sowohl auf herkömmliche CDs als auch auf DVDs zugreifen kann.

- **XGA-Grafikkarte** mit einer Auflösung von 1024 x 768.

- Vorteilhaft ist ein **TFT-Bildschirm** (Thin-Film-Transistor), weil die dargestellten Bilder darauf auch dann gut zu erkennen sind, wenn man von der Seite auf den Bildschirm schaut. Die Bildschirmgröße beträgt in der Regel 12 bis 14,1 Zoll.

- Ein herkömmliches Diskettenlaufwerk (1,44 MB) sowie ergänzend ein ZIP-Laufwerk (für größere Präsentationen) wird auch in naher Zukunft noch im Einsatz sein, wenngleich die beschreibbaren DVDs diese Speichermedien ablösen werden.

- Für den **Internet-Zugang** unverzichtbar ist mindestens ein Modem (28.800 b/s) oder eine ISDN-Anlage (64.000 b/s). Gerade wenn multimediale Inhalte zu übertragen sind, spielt die Übertragungsrate und damit die Geschwindigkeit eine wichtige Rolle.

- Wichtige **Schnittstellen** für die Eingänge und Ausgänge Ihres Notebooks: PCMCIA-Karte, eine serielle Schnittstelle, externes Mikro, ein USB-Port (Universal-Serial-Bus) sowie digitale Schnittstellen, die aus dem Notebook heraus direkt ein digitales Signal an den Dataprojektor übermitteln.

Einsatzmöglichkeiten

Je nach Szenario und Gruppengröße kann das Notebook als „Nahmedium" eingesetzt oder in Verbindung mit einem Dataprojektor als „Fernmedium" genutzt werden. Wer vor einem einzelnen Gesprächspartner oder einer Kleingruppe (bis drei Personen) zu präsentieren hat, kommt in der Regel mit Notebook und zusätzlichem Monitor aus. Bei Präsentationen vor mehr als drei Teilnehmern ist ein Großbildschirm oder ein Dataprojektor notwendig.

Leistungsstarke Notebooks bilden die Basis, um die gesamte Bandbreite der in Kapitel 2 dargestellten multimedialen Möglichkeiten zu nutzen, vor allem:

- Steuerung der Bildschirmpräsentation durch professionelle Software,

- Integration von Text, Bild, Video, Ton, Grafik und sonstigen Darstellungsformen,

- Verbindung mit digitalen Peripheriegeräten,

- Verzweigung ins Internet oder Intranet sowie

- Nutzung von Videokonferenzen.

Anbieter und spezielle Informationen finden Sie im Internet:

www.toshiba.de/computer

www.ibm.de

www.sony.de

Data-/Videoprojektor

Mithilfe der heute verfügbaren Data- und Videoprojektoren können multimediale Computerpräsentationen auf Leinwände projiziert und damit auch einem größeren Publikum gezeigt werden. Eine Raumabdunkelung ist nicht mehr erforderlich. Die Projektoren werden bei zunehmender Bildqualität immer lichtstärker und kleiner. Parallel dazu werden diese Geräte im Laufe der Zeit preisgünstiger, was ihre Verbreitung fördert.

Wichtige Qualitätskriterien

- Der Projektor sollte mindestens 700 ANSI-Lumen Lichtstärke haben. Dadurch ist eine Abdunkelung des Raumes nicht mehr erforderlich. Bei der Präsentation vor Großgruppen (mehr als 100 Personen) sind mindestens 1200 ANSI-Lumen empfehlenswert.

- Je größer Sie projizieren und je heller Ihr Vorführraum ist, umso lichtstärker sollte der Dataprojektor sein.

- Beim Kauf ist darauf zu achten, dass Projektor und Notebook von der Auflösung her kompatibel sind. Ansonsten ist die Darstellung fast immer problematisch. Sichern Sie zudem, dass der Projektor für Videodarstellungen geeignet ist.

- Bei Reisen im Flugzeug sollte der Projektor als Handgepäck durchgehen und auch sicher in einem harten, gepolsterten Koffer eingepackt werden können.

- Wird das Computerbild von schräg unten auf die Leinwand projiziert, so entsteht ein trapezförmiges, verzerrtes Bild. Dies kann vermieden werden durch die Lense-Shift-Funktion, mit der man das Objektiv schwenken kann.

- Eine eingebaute Zweitlampe ist empfehlenswert, denn so kann die

Präsentation beim Ausfall der ersten Lampe problemlos fortgesetzt werden.

- Am Markt gibt es Komplettlösungen, die Notebook und Dataprojektor in einem „Paket" integrieren. Toshiba etwa bietet eine Lösung, die ein Gesamtgewicht von 3,6 kg hat.

- Eine funk- oder infrarotgesteuerte Fernbedienung ist unverzichtbar, wenn Sie sich während der Präsentation frei im Raum bewegen wollen.

Einsatzmöglichkeiten

Beim heutigen Stand der Technik sind Dataprojektoren bei den meisten Präsentationsanlässen zu verwenden. Welche Projektoren für welche Anlässe in Frage kommen, ist in der Präsentation von 3M (Dataprojektoren) dargestellt. Dataprojektoren werden in Kombination mit Notebook und Computer zunehmend eingesetzt bei Kundenpräsentationen, bei der Präsentation von Arbeitsergebnissen, Konzepten und Lösungsvorschlägen, aber auch bei Schulungen, Trainings und wissenschaftlichen Veranstaltungen sowie bei Messen, Fachtagungen und Kongressen.

Anbieter und spezielle Informationen finden Sie im Internet:

www.medium.de

www.avi-studio.com

www.liesegang.de

www.toshiba.de

www.presentations.com

www.staging.microassist.com

Plasma-Bildschirme

Fachleute erwarten, dass auf mittlere Sicht die Beamerprojektion auf Leinwände teilweise oder vollständig durch Plasmabildschirme ersetzt wird. Das sind etwa 10 cm dünne Bildschirme, die in beliebiger Größe an jede Wand zu hängen sind. Das Notebook wird einfach „angedockt" oder über eine Infrarot-Schnittstelle angeschlossen. Computerdaten und

Videos können in perfekter Qualität gezeigt werden. Vorteile des Plasma-Flachbildschirms: Das Bild ist absolut flimmerfrei und gleichmäßig ausgeleuchtet, die Bildschärfe bis in die Ecken identisch. 160 Grad Betrachtungswinkel – horizontal und vertikal – bedeuten beste Lesbarkeit der präsentierten Charts. Plasma-Bildschirme werden die Präsentationskultur der Zukunft nachhaltig verändern.

Anbieter und spezielle Informationen finden Sie im Internet:

www.medium.de

Elektronisches Whiteboard

Für diese Systeme finden sich in der Praxis auch Bezeichnungen wie Interaktives Copyboard, Interaktives Whiteboard oder Digitales Whiteboard. Diese Geräte eignen sich sehr gut als ergänzendes „Dauermedium" für Computerpräsentationen. Texte, Skizzen oder sonstige Informationen können mit Stiften oder Fingern elektronisch aufgenommen und gespeichert werden. Optional besteht die Möglichkeit, die Anschriebe des Whiteboards direkt auf Papier auszudrucken oder im Computer weiterzuverarbeiten und später als E-Mail an entfernte Personen zu senden. Für die Teilnehmer entfällt die Notwendigkeit, mitzuschreiben, da die komplette elektronische Mitschrift sofort zur Verfügung steht.

Einsatzmöglichkeiten

- Visualisierung eines „Titelcharts"
- Festhalten von Ad-hoc-Beiträgen während einer Präsentation
- In Diskussionsphasen und Besprechungen als Frage- und Antwortspeicher
- Zur Entwicklung spontaner und vorbereiteter Bilder („pencil-selling")
- Zur Sicherung der Tafelanschriebe vor dem Auswischen

Eine interessante Möglichkeit, eine Weißwandtafel in ein elektronisches Whiteboard zu verwandeln, bietet Mimio.

Die Mimio-Leseeinheit wird einfach an einer Weißwandtafel angebracht und über ein Interfacekabel mit dem PC verbunden. Mimio übermittelt die handgeschriebenen Notizen in Farbe und in Echtzeit an den PC, wo sie mithilfe der Mimio-Software in andere Programme eingebunden und per Fax oder E-Mail versandt werden können. Der im Lieferumfang enthaltene Mousestift verwandelt in Verbindung mit einem Daten-/Videoprojektor das Whiteboard zu einer interaktiven Windows-Schaltfläche. Bei einem Gewicht von 1 kg und 36 cm Größe passt dieses Gerät in jeden Aktenkoffer. Eine kleine Animation zur Funktionsweise finden Sie auf der CD-ROM unter Neue Medien.

Anbieter und spezielle Informationen finden Sie im Internet:

www.medium.de

www.3m.com

www.mimio.com

www.panasonic.com

www.softboard.com

www.avi-studio.de

www.presentations.com

http://staging.microassist.com

www.smarttech.com

Dokumentenkamera

Am Referententisch lässt sich eine kleine digitale Videokamera mit einem schwenkbaren Arm installieren. Diese kann zum Beispiel analoge Objekte, Bilder oder Ausschnitte aus Zeitungen, Prospekten oder Zeitschriften über einen Dataprojektor auch für die Teilnehmer einer Großveranstaltung sichtbar machen. Die Videoaufnahmen können zudem über ein Netzwerk an entfernte Bildschirme übertragen werden.

Einsatzmöglichkeiten

- Vergrößerung besonders kleiner Objekte, speziell bei Präsentationen im naturwissenschaftlichen Bereich (Mikroskop-Adapter notwendig!)
- Im Rahmen von Präsentationen vor Großgruppen und in Videokonferenzen

Anbieter und spezielle Informationen finden Sie im Internet:

www.medium.de

www.3m.com

www.avi-studio.de

www.presentations.com

Digitale Fotokamera

Für betriebliche Anwendungen werden digitale Fotokameras zunehmend interessant. Die Gründe liegen in einer höheren Bildauflösung sowie einem verbesserten Bedienungskomfort bei immer geringer werdenden Abmessungen und Kosten. Aufgenommene und gespeicherte Bilder lassen sich leicht in elektronische Präsentationen oder ins Internet/Intranet einbinden oder über den Videoausgang mithilfe eines Fernsehers oder Dataprojektors zeigen. Für Computerpräsentationen ist es ratsam, eine Auflösung von 1,5 Mio. Pixel aufwärts zu wählen.

Einsatzmöglichkeiten

- Bei Produkt- und Firmenpräsentationen zur Einbindung aktueller Farbfotos

- Zur Kontrolle von Projektfortschritten auf Baustellen

- Bei der Qualitätskontrolle in der industriellen Produktion

- Fotos von Teilnehmern können in Tischvorlagen oder in Präsentationen integriert werden

- Fotografieren von Pinnwänden, Flipcharts und anderen Medien zur Dokumentation von Arbeitsergebnissen

Anbieter und spezielle Informationen finden Sie im Internet:

www.digitalkamera.de

www.kodak.de

Digitale Videokamera

Videos und Filmsequenzen bieten die Chance, komplexe Vorgänge der Realität durch bewegte Bilder anschaulich und eindrucksvoll darzustellen. Der aktuelle Stand der Digitaltechnik sichert auch in diesem Bereich eine bestechende Bild- und Tonqualität, ein einfaches Handling der Geräte sowie anwenderfreundlicher Software, um Videos im PC selbst zu bearbeiten und in eine präsentable Form zu bringen. Eine Nacharbeitung von Videos ist allein schon wegen der zu verarbeitenden, großen Datenmengen erforderlich. Der Speicherbedarf lässt sich durch Verkleinerung des Bildfensters und Vergröberung der Bildauflösung reduzieren.

Mithilfe der Software Quicktime, Adobes Premiere oder Video für Windows ist es zum Beispiel möglich, eine Filmsequenz von 30 Sekunden Länge auf weniger als 10 MB zu reduzieren und in guter Qualität zu zeigen. Soll eine Videopräsentation in Fernsehqualität als Vollbild gezeigt werden, ist eine MPEG-Karte notwendig. MPEG ist die gebräuchlichste Norm für bildschirmfüllendes Video und ist das Arbeitsergebnis der **Mo**tion **P**icture **E**xpert **G**roup.

Für die Bearbeitung von Videoclips kommen in Frage: Adobes Premiere, Director der Firma MacroMedia, Mediastudio, Canvas, Photoimpact sowie Mediator. Ein Anwendungsbeispiel für Mediator 6 sowie WWW-Links zu den übrigen Programmen findet sich auf der CD-ROM unter Software-Tools.

Einsatzmöglichkeiten

- Imagevideos mit prägnanten Referenzobjekten, um vorgetragene Kernkompetenzen zu veranschaulichen.

- Informations- und Erklärvideos, die zum Ziel haben, schwierige Zusammenhänge zu verdeutlichen und/oder die besonderen Vorzüge oder technischen Produktmerkmale anhand von Realbildern oder von Trickdarstellungen zu veranschaulichen.

- Videoclips als Stimulanz, um die Aufmerksamkeit der Zuhörer zu fördern.

Anbieter und spezielle Informationen finden Sie im Internet:

www.sony.de

www.macromedia.de

www.kodak.de

www.adobe.de

Electronic Meeting Systems

Die Electronic Meeting Systems (EMS) unterstützen einen ähnlichen Ansatz wie die Metaplan-Methode. Die Teilnehmer schreiben ihre Ideen zu der vorgegebenen Fragestellung auf Kärtchen. Diese werden für alle sichtbar an Pinnwänden fixiert, dann sortiert und gruppiert, später bewertet und gewichtet. Ein differenziertes Regelwerk stellt sicher, dass der gesamte Prozess der Problemdiagnose und Problemlösung strukturiert, zielgerichtet und motivierend erfolgt.

Beim Electronic Meeting System wird der Prozess der Ideensammlung Gruppierung und Bewertung über eine Software gesteuert. Alle Teilnehmer der Präsentation benötigen hierzu einen PC oder ein Notebook. Die Rechner sind über ein Netzwerk miteinander verbunden. Der Leiter/Präsentator hat einen speziellen Arbeitsplatz, an den ein Projektor angeschlossen ist. Optional steht auch eine interaktive Tafel (Copyboard) zur Verfügung.

Die Minoltastudie „Medien für Meetings" nennt einige Voraussetzungen, von denen die Effizienz dieser Methode maßgeblich abhängt:

- Die Teilnehmer müssen über eine gewisse Akzeptanz und Computererfahrung verfügen. Sonst ist die Gefahr gegeben, dass mögliche Bedienungsprobleme und der Spieltrieb am PC gute Ergebnisse verhindern.

- Der finanzielle Aufwand für die PC-Ausstattung und die Vernetzung ist nicht unerheblich. Relativierend kommt hinzu, dass sich der Einsatz des EMS nur bei solchen Präsentationen und Meetings lohnt, in denen Ideen gemeinsam gesammelt, strukturiert und gewichtet werden.

- Der Moderator sollte neutral und erfahren sein. Er hat die computergestützte Sitzung zielführend zu lenken und gleichzeitig die Gruppe während des gesamten Prozesses zu motivieren.

- Für die Systempflege, insbesondere für Software und Vernetzung, ist technische Unterstützung notwendig.

Anbieter und spezielle Informationen finden Sie im Internet:

www.informatik.unibw-muenchen.de

www.groupvision.de

www.web.eunet.ch

www.3m.com

www.ventana.com

Die bisher dargestellten Medien sind geeignet, den Wirkungsgrad computergestützter Präsentationen sowie die Interaktion zwischen dem Vortragenden und den teilnehmenden Personen zu fördern. In Zukunft wird die Verbindung von Präsentation und Telekommunikation an Bedeutung gewinnen. Vernetzte Computer bieten eine Reihe von Möglichkeiten:

- auch räumlich entfernten Personen die eigentliche Präsentation zu zeigen und diese an der Diskussion zu beteiligen. Über eine installierte Kamera kann eine unbegrenzte Zahl von Personen teilnehmen.

- Fachleute via Monitor zuzuschalten, die solche Fragen beantworten, die das Ressort oder die Kompetenz des Präsentators übersteigen.

Um räumlich entfernte Personen einzubinden, deren persönliche Teilnahme an der Präsentation nicht möglich oder nicht kostenwirtschaftlich ist, kommen vor allem Videokonferenzen und Echtzeit-Computerkonferenzen in Frage (vgl. Minolta-Studie 1999).

Videokonferenzen

Verfügt der Sitzungsraum über eine Videokonferenzanlage, erscheinen die entfernten Gesprächspartner auf Bildschirmen oder auf Projektionswänden. Die erwähnten visuellen und interaktiven Hilfsmittel können hierbei zum Einsatz kommen, sodass alle Teilnehmer parallel zu den verbalen Ausführungen die relevanten Bildschirminhalte, Video-clips oder Anschriebe auf Whiteboards sehen können.

Da sich alle Teilnehmer sehen und lippensynchron hören können, sind die meisten Voraussetzungen einer natürlichen Face-to-face-Kommunikation gegeben: das äußere Erscheinungsbild, Gestik und Mimik, Stimme und Sprechtechnik, verbale und nonverbale Teilnehmerreaktionen sowie der Einsatz unterstützender Medien. Die wichtigen Vorteile liegen im Zeitgewinn, der Verminderung von Reisekosten, kürzeren Reaktionszeiten bei zeitkritischen Entscheidungen, in beschleunigten Abstimmungs- und Entscheidungsprozessen sowie in der Erhöhung der Flexibilität bei Präsentationen.

Für viele Präsentationsanlässe eignet sich eine weniger aufwendige Variante der Videokonferenz. Hierbei werden lediglich eine Kamera, Mikrofon, Konferenzsoftware sowie ein Telefonnetz am Computerarbeitsplatz oder Notebook benötigt. Mehrere Arbeitsplatzinhaber können zusammengeschaltet werden und kostengünstig an der Präsentation teilnehmen. Praktikabel ist auch die Möglichkeit, eine Person, die über die beschriebene Konfiguration am Arbeitsplatz verfügt, an einer Präsentation oder Konferenz teilnehmen zu lassen.

Echtzeit-Computerkonferenz

Diese Telekonferenz am vernetzten PC erlaubt es, dass alle Teilnehmer die präsentierten Charts zur gleichen Zeit („Echtzeit") auf dem Bildschirm sehen können. Falls notwendig, können auch Texte oder Dokumente bearbeitet oder Brainstormings organisiert werden. Der „Mind-Manager" erlaubt es mehreren räumlich getrennten Personen, ihre Ideen zeitgleich in eine MindMap einzutragen. Jeder Teilnehmer sieht auf seinem Bildschirm das jeweils aktuelle Ergebnis. Die Echtzeit-Computerkonferenz lässt sich leicht mit einer Audiokonferenz koppeln, die parallel via Telefon/Internet geführt wird. Hierbei ist auch eine simultane computergestützte Bildübertragung möglich.

Einsatzmöglichkeiten

- Bei Präsentationen können Spezialisten oder andere Schlüsselpersonen zugeschaltet werden, um etwa Detailfragen des Kunden zu beantworten.

- Mitarbeiter oder andere Personen, die nicht anreisen konnten, können per Videokonferenz an der Präsentation teilnehmen.

- Vertriebsmitarbeiter und Händler können über neue Produkte, Dienstleistungen und Entwicklungen informiert werden.

- Laufende Aktivitäten und Projekte können präsentiert und diskutiert werden.

Anbieter und spezielle Informationen finden Sie im Internet:

www.videoconferencing.de

www.panelight.com

www.picturetel.de

www.vtel.com

www.3m.com

www.mindmanger.de

5.4 Empfehlungen für Computerpräsentationen

In diesem Abschnitt geht es um die Frage, wie Sie den Computereinsatz vor Gruppen und im Verkaufsgespräch überzeugend und teilnehmerorientiert gestalten können.

5.4.1 Computereinsatz vor Gruppen

Sie haben Ihre Computerpräsentation anhand der Qualitätskriterien aus Kapitel 3 sorgfältig vorbereitet. Der Präsentationsraum ist wunschgemäß präpariert. Die Bildschirmdarstellung ist optimiert. Sie wissen aufgrund Ihrer Probevorträge und Übungen, dass Sie die Präsentation in der vorgegebenen Zeit schaffen und das Handling der elektronischen

Medien beherrschen. Dadurch besitzen Sie die notwendige Sicherheit, Ihre Computerpräsentation überzeugend zu „verkaufen".

Trotz dieser sorgfältigen Vorbereitung können verschiedene Fehler auftreten: eine unzureichende Anmoderation der Charts und eine eher monologische statt dialogische Vorgehensweise oder der Computer dominiert die gesamte Präsentation und drängt den Vortragenden in den Hintergrund. Aufgrund der frontalen Präsentation bleiben die Zuhörer passiv. Nachteilig wirken darüber hinaus zu lange PC-Präsentationen, elektronische Folienschlachten, zu „laute" Farben, übertriebene Animationen, unzureichende Kontraste bei der Projektion sowie persönliche Unsicherheiten beim Einsatz der neuen Medien.

Die folgenden Praxistipps helfen Ihnen, diese Fehler zu vermeiden und die Bildschirmpräsentation sicher und professionell „rüberzubringen".

Praxistipps

Guter Ersteindruck

Nehmen Sie sich nach einer stressigen Anreise eine „Bordsteinminute", bevor Sie die Tür zum Präsentationsraum öffnen. Vielen helfen die vier positiven Formeln (D. Sarnoff), die man sich vor dem Auftritt einige Male innerlich vorsagt:

Ich freue mich, hier zu sein.
Ich freue mich, dass Sie hier sind.
Ich bin ganz für Sie da.
Ich fühle mich gut vorbereitet.

So fällt es leichter, erfolgsmotiviert vor die Gruppe zu treten. Falls Sie mit großem Lampenfieber zu kämpfen haben, lohnt es sich, die eigene innere Einstellung zur Präsentation zu überprüfen, denn Ihre Einstellung bestimmt wesentlich Ihre Erfolgszuversicht, Ausstrahlung und Sicherheit beim Auftritt. Wichtig sind hierbei:

- eine positive Einstellung zur eigenen Person
  Wie denken Sie über sich selbst?

- eine positive Einstellung zu den präsentierten Inhalten
  Inwieweit identifizieren Sie sich mit den Inhalten und den vorbereiteten Medien?

- eine positive Einstellung zum Auditorium
  Wie denken Sie über Ihre Zuhörer?

Erst der Mensch – dann die Technik

Zu Anfang einer Computerpräsentation sollte der persönliche Kontakt zum Zuhörer und nicht die Technik im Mittelpunkt stehen. Sie fördern „unterschwellig" Ihre Überzeugungswirkung, wenn Sie in der Einstiegsphase in der Mitte *vor* dem Referententisch und dem Projektor stehen. Dieses Signal lässt Sie offen und sicher erscheinen, weil keine Barriere zwischen Ihnen und dem Auditorium vorhanden ist. Nach der Begrüßung und den einleitenden Worten wechseln Sie den Standort und beginnen die Bildschirmpräsentation (vorher eine schwarze Folie einfügen, damit die PowerPoint-Arbeitsfläche nicht erscheint). Als Alternative können Sie bereits während der Einleitung das Titelchart Ihrer Computerpräsentation einblenden, das sozusagen den Hintergrund für Ihre einführenden Worte bildet.

Halten Sie Blickkontakt zum Auditorium

Dies fällt relativ leicht, wenn Sie stehend präsentieren. Mithilfe einer Fernbedienung (Infrarot- oder Funkmaus) können Sie sich frei im Raum bewegen. Dies fördert die Aufmerksamkeit der Zuhörer und eröffnet mehr Spielraum für Dramaturgie und Medienwechsel. Falls Sie die Tastatur des Notebooks benötigen, ist es ratsam, seitlich sitzend zu präsentieren. Hierbei können Sie einen Großteil der Zuhörer ansehen und gleichzeitig das projizierte Bild kontrollieren.

Präsentieren Sie überzeugend und glaubwürdig

Einschlägigen Untersuchungen zufolge wird man beim Kunden dann einen überzeugenden Eindruck hinterlassen, wenn man sicher, positiv und seriös auftritt, als vorbereitet und kompetent erscheint, ein kundengerechtes Sprachniveau wählt, die Inhalte rhetorisch wirkungsvoll vorträgt, selbst hinter den Produkten steht, sympathisch und teamfähig wirkt und mit Einwänden und Kritik der Zuhörer wertschätzend umgeht.

Bleiben Sie flexibel

Auch wenn Sie eine Darstellung am Bildschirm gut ausgearbeitet haben, können Sie niemals mit Gewissheit sagen, wie Ihre Zuhörer darauf reagieren werden. Stellen Sie sich daher auf neue Situationen und Wünsche Ihres Auditoriums ein.

Beispiel: Ihre Zuhörer haben Verständnisfragen oder wollen eigene Beiträge einbringen. In dieser Situation sollten Sie in der Lage sein, die elektronische Präsentation zu Gunsten des Dialogs zu unterbrechen. Sie können hierbei die Black-Screen-Funktion des Dataprojektors (Fernbedienung) oder eine Schwarzfolie nutzen, die Sie unter einer bestimmten Foliennummer ansprechen. Alternativ können Sie die Taste S drücken, um einen schwarzen Bildschirm zu erhalten. Durch erneutes Drücken kehren Sie zur Bildschirmpräsentation zurück.

Ihre Flexibilität ist zudem immer dann gefordert, wenn sich die Rahmenbedingungen kurzfristig ändern. So kann es vorkommen, dass die Präsentationszeit gekürzt wird oder dass sich das Auditorium anders zusammensetzt als angekündigt. Vorher definierte Präsentationspfade und Links (siehe Abschnitt 3.5) ermöglichen Ihnen, auf Folien zu springen, die nach Ihrer Einschätzung besonders wichtig sind und die zu der veränderten Situation passen.

Vermeiden Sie Überlängen

Je länger Ihre frontale Multimediapräsentation dauert, umso eher werden die Zuhörer in eine passive Haltung gedrängt. Im ungünstigsten Fall reagieren sie mit Abbruchgedanken oder Desinteresse. Bei längeren Bildschirmpräsentationen ist es ratsam, die in Abschnitt 8.5 dargestellten Aktivierungstechniken zu nutzen, um die Aufmerksamkeit zu sichern. Falls Sie während der Präsentation Signale wahrnehmen, die auf Abbruchgedanken oder „innere Kündigung" des Kunden hindeuten, sollten Sie in jedem Fall in die Interaktion gehen und Verständnisfragen, Einwände sowie sonstige Beiträge des Auditoriums aufarbeiten.

Inszenieren Sie Ihre Folien

Weil man auf Knopfdruck, also mit wenig Energieaufwand, Charts ein- und ausblenden kann, verführen Bildschirmpräsentationen dazu, die Zuhörer zu überfordern. Gewöhnen Sie sich daran, Computercharts wie auch Overheadfolien und Dias zuhörergerecht anzukündigen, kurz wirken zu lassen und erst dann zu erklären (siehe hierzu Kapitel 6.1.2).

Wählen Sie die richtige Zeigehilfe aus

Um wesentliche Punkte hervorzuheben, kommen hauptsächlich folgende Varianten in Frage: *Fernbedienung* (Infrarot-Maus oder funkgesteuerte Maus mit integriertem Laserpointer). *Laserpointer,* falls Sie sitzend präsentieren. Wenn Sie mit dem *Mauszeiger* markieren, wirkt dies ruhiger als ein Laserpointer. Bei der CEBIT ist die drahtlose „Gyromouse" vorgestellt worden, die durch Handbewegungen gesteuert werden kann. Diese Maus erlaubt es, Makros vorab zu definieren, um während der Präsentation ins Internet oder Intranet zu verzweigen (Informationen dazu finden Sie unter www.medium.de sowie auf der CD-ROM unter Neue Medien). In vielen Fällen können Sie durch Animationen, durch Farben oder Nummerierung von Stichworten eine Zeigehilfe ersetzen.

Kontrollieren Sie die Zeit während des Vortrags

Durch die Probepräsentation haben Sie sichergestellt, dass die vorgegebene Zeit ausreicht. Zwei ergänzende Anregungen für das Zeitmanagement:

- Nutzen Sie Ihre Armbanduhr zur Zeitkontrolle. Auf dem Glas der Uhr können Sie mit einem Filzstift markieren, wann Ihre Vortragszeit beendet ist. Wenn Sie also Ihren 20-minütigen Vortrag um 11.15 Uhr beginnen, markieren Sie die Position 11.35 Uhr mit einem kleinen Strich. So können Sie mit einem Blick die verbleibende Zeit abschätzen.

- Notieren Sie in der Gliederungsübersicht durch die A,B,C-Analyse die Wichtigkeit der Bildschirmseiten und den Zeitbedarf pro Seite. Wenn die Zeit knapp wird, können Sie rasch die Seiten mit der größten Priorität herausfinden und präsentieren.

- Durch den Befehl Ziffer und Returntaste können Sie rasch auf jede Seite Ihrer Wahl springen.

„Notprogramme" bei technischen Pannen

Es gibt Ihnen zusätzlich Sicherheit, wenn Sie eines der folgenden „Notprogramme" vorbereitet und trainiert haben:

- Sie schalten den Computer/Dataprojektor aus und bestreiten den verbleibenden Teil Ihrer Präsentation am Overheadprojektor. Legen Sie vorab Ihren Foliensatz gegliedert bereit, sodass Sie rasch die relevante Anschlussfolie finden.

- „Absturz" in der Einstiegsphase der Präsentation: Sie verteilen die Tischvorlage und präsentieren die Inhalte anhand dieses „Dauermediums". Falls ein Hand-out oder Ähnliches nicht verfügbar ist, bleibt Ihnen nur der verbale Vortrag und die unterstützende Nutzung des Flipchart oder Copyboards.

- „Absturz" in der Schlussphase der Präsentation: Sie fassen den bisherigen Teil der Präsentation zusammen und leiten in die Diskussion über.

5.4.2 Computereinsatz im Verkaufsgespräch

Verkäufer, Vertriebsleiter wie auch technische Spezialisten mit Kundenkontakt kommen immer häufiger in die Situation, Bildschirmpräsentationen in Gespräche zu integrieren. Am häufigsten sind dabei folgende Fehler:

- Die Beteiligten sitzen ungünstig,

- das Gespräch läuft unstrukturiert,

- das Notebook wird wenig einfühlsam eingesetzt.

Die folgenden Praxistipps helfen Ihnen, diese Fehler zu vermeiden.

Dialogische Sitzposition

Bei multimedialen Präsentationen ist die Gefahr besonders groß, dass die Blicke des Kunden vorrangig auf den Bildschirm gelenkt werden. Sorgen Sie durch Sitzanordnung, Dramaturgie und kurze Bildsequenzen dafür, dass die Kommunikation nicht zu kurz kommt. Günstig ist eine Sitzposition, die den Kunden aufwertet und ergonomisch günstig ist. Erfahrungsgemäß erleichtert es ein runder Tisch, dialoggerecht zu sitzen, Blickkontakt zu halten und dem Gesprächspartner eine gute Sicht auf den Bildschirm zu ermöglichen. Vermeiden Sie es, Seite an Seite zu sitzen, denn dies erschwert den Blickkontakt und kann vor allem beim Erstkontakt emotional einengend wirken. Ist nur ein eckiger Tisch vorhanden, kommt als zweitbeste Lösung auch eine Präsentation in der Übereck-Sitzposition in Frage.

Nehmen drei bis fünf Personen an einer Tischpräsentation teil, ist ein ergänzender Monitor oder ein normales Fernsehgerät mit PC-TV-Encoder erforderlich. Achten Sie bei der Platzierung stets darauf, dass alle Teilnehmer die präsentierten Inhalte uneingeschränkt wahrnehmen können. Bei Bedarf sollten Sie auch in der Lage sein, die Blickrichtung der Teilnehmer auf wesentliche Punkte zu lenken. Das kann dadurch geschehen, dass Sie die Bildschirmseite durch Mausklick parallel zu Ihren Ausführungen schrittweise aufbauen. Falls dies nicht möglich oder praktikabel ist, reicht ein Stift als Zeigehilfe völlig aus, um die Aufmerksamkeit der Gruppe zu lenken.

Phasenkonzept „Verkaufsgespräch"

1. Gespräch eröffnen
2. Bedarf analysieren
3. Angebot präsentieren und diskutieren
4. Ergebnis sichern
5. Folgeaktivitäten festlegen
6. Gespräch beenden

Abb. 53: Phasenkonzept Verkaufsgespräch

Spezielle Tipps zur Durchführung

- Zur Eröffnung eines multimedialen Verkaufsgesprächs gehört es, einen guten Kontakt zum Gegenüber herzustellen, zum Anlass des Gesprächs überzuleiten und mit dem Partner den Fahrplan für das Gespräch abzustimmen. Versuchen Sie in dieser Phase des Gesprächs einzuschätzen, inwieweit der Einsatz des Notebooks angemessen ist. Bitten Sie den Kunden in jedem Fall um sein Einverständnis für diese neue Präsentationsform und motivieren Sie ihn, während Ihrer Ausführungen Fragen zu stellen. Machen Sie Ihrem Kunden deutlich, was Sie mithilfe des Notebooks besser zeigen und erklären können als mit traditionellen Unterlagen. Geben Sie ihm das Gefühl, über den Fortgang der Präsentation mit entscheiden zu können.

Unabhängig davon ist es notwendig, das gesamte Gespräch als Dialog zu führen und im Rhythmus von ein bis zwei Minuten interaktive Phasen einzufügen. Die Ausführungen sind in jedem Fall dann zu unterbrechen, wenn die Körpersprache des Gegenübers Skepsis, Verständnisprobleme oder Ablehnung signalisiert. Der Kontakt von Mensch zu Mensch ist wichtiger für die Vertrauensbildung und der Erfolg des Gesprächs als multimediale Darstellungen.

- Zum Hauptteil eines Verkaufsgesprächs gehören die Phasen Bedarfsanalyse, Präsentation und Diskussion des Angebots, Sicherung der Ergebnisse sowie Festlegung der Folgevereinbarungen.

Der Einsatz des Notebooks eignet sich vor allem bei der Präsentation des Angebots. Hier können Sie die multimedialen Möglichkeiten nutzten, um:

- die Kernbotschaft nachhaltig beim Kunden zu verankern,

- alternative Lösungsvarianten durchzuspielen,

- Referenzobjekte im Stand- oder Bewegtbild zu zeigen oder

- in Internetanwendungen zu verzweigen.

Häufig wird der Fehler gemacht, eine überlange und für den Kunden uninteressante Firmenpräsentation an den Anfang des Hauptteils zu stellen. Mit langen Exkursen in die Vergangenheit, mit überladenen Organigrammen, Zahlenwüsten und Tabellen, die als elektronische Folienschlacht abgespult werden. In der Regel ist es besser, den Informationsbedarf und die Erwartungen des Gesprächspartners durch offene Fragen in Erfahrung zu bringen. Daran anknüpfend können relevante Charts der Firmendarstellung gezeigt werden. Dieses dialogische Vorgehen wirkt in der Regel motivierender als monologische Firmenpräsentationen.

Vergessen Sie nicht, vor dem Gespräch alternative Präsentationspfade und Links zu definieren, damit Sie rasch auf bestimmte Bildschirminhalte zugreifen können. Als zweitbeste Lösung bleibt die Variante, über die Foliensortierfunktion (PowerPoint) die relevante Stelle der Präsentation anzusprechen.

- Unabhängig vom Verlauf des Verkaufsgesprächs und von der Art der medialen Unterstützung sollten Sie drei Bedingungen für ein erfolgreiches Gespräch niemals aus dem Blick verlieren:

Verfolgen Sie im Gespräch Ihre Ziele!

Zeigen Sie Ihrem Partner von A bis Z Wertschätzung!

Beteiligen Sie Ihren Partner am Gespräch!

- Sichern Sie die Ergebnisse des Gesprächs. Je nach Branche, Produkt und verfügbarer Präsentationssoftware können die Gesprächsergebnisse entweder im Notebook eingetragen oder per Notiz fixiert werden. Vergessen Sie zudem nicht, Folgevereinbarungen zu treffen: Wer tut was bis wann und wie?

- Denken Sie daran, dass das Gesprächsende analog zur Eröffnung besonders lange im Gedächtnis haften bleibt. Lassen Sie sich hierbei positive Formulierungen einfallen und stellen Sie den emotionalen Kontakt zum Kunden in den Mittelpunkt.

Unterstützung bei der Nachbereitung von Präsentationen

Vernetzte Notebooks erlauben es, Ergebnisse, Fragen, Vereinbarungen und sonstige Kundeninformationen ohne zeitlichen Verzug einzugeben und bei Bedarf auszudrucken sowie per E-Mail zu versenden. Darüber hinaus besteht die Möglichkeit, aus den Erfahrungen der gelaufenen Präsentation Konsequenzen zu ziehen und die betreffende Kundenpräsentation weiterzuentwickeln.

6 Wahl und Einsatz klassischer Medien

Behandelt werden im Einzelnen

6.1 Empfehlungen für die Folienpräsentation
6.2 Empfehlungen für den Einsatz des Flipcharts
6.3 Empfehlungen für die Diapräsentation
6.4 Empfehlungen für den Einsatz von Video

Auch im multimedialen Zeitalter bleiben Tageslichtprojektor, Flipchart und Dia wichtige Präsentationsmittel. Wer sich auf künftige Präsentationsanlässe bestmöglich vorbereiten will, ist gut beraten, sich mit den Besonderheitern der klassischen Medien genauso zu beschäftigen, wie mit den Möglichkeiten und Grenzen des Computereinsatzes. Als Präsentator sollten Sie mindestens in der Lage sein, die wichtigsten Fehler zu vermeiden. Die folgenden Abschnitte vermitteln Ihnen hierzu das Know-how in komprimierter Form.

6.1 Empfehlungen für die Folienpräsentation

Für die Folienpräsentation gibt es zunächst nahe liegende Gründe. In praktisch jedem Konferenzraum rund um den Globus sind Tageslichtprojektoren verfügbar. Bei kurzen Präsentationen, in denen nur wenige Charts gezeigt werden, ist der Einsatz von Tageslichtfolien häufig einfacher und wirtschaftlicher als der Aufwand einer elektronischen Präsentation. Hinzu kommt, dass es bei bestimmten Zielgruppen und in bestimmten Ländern Präferenzen für klassische Medien gibt. So hat die Dia-Präsentation (Slide-Show) in den USA beispielsweise nach wie vor einen hohen Stellenwert.

Der Inhalt im Überblick

- Vorteile der Folienpräsentation
- Mögliche Nachteile der Folienpräsentation
- Praxistipps zur Vorbereitung
- Praxistipps zur Durchführung

Vorteile der Folienpräsentation

- Während Ihrer Ausführungen am Tageslichtprojektor können Sie problemlos Blickkontakt zum Publikum halten.

- Es ist möglich, auch bei Tageslicht vor größeren Gruppen in ausgezeichneter Bildqualität zu präsentieren.

- Sie können ohne technischen Aufwand die Reihenfolge der Folien variieren. So bereitet es keine Probleme, auf ein behandeltes Chart zurückzugehen oder bei Zeitdruck die eine oder andere Folie wegzulassen.

- Es ist leicht, Folien während der Präsentation zu verändern oder zu ergänzen.

- In Schutzhüllen können Overheadfolien leicht aufbewahrt, transportiert und fast beliebig oft wiederverwendet werden.

- Unmittelbar vor der Präsentation haben Sie wenig Rüstaufwand.

- Fragen und Zuhörerbeiträge können ohne zusätzlichen Aufwand auf Blankofolien festgehalten werden.

Mögliche Nachteile der Folienpräsentation

Am Tageslichtprojektor sind Animationen, dynamische Elemente und die übrigen multimedialen Optionen (siehe Kapitel 2 und Abschnitt 5.4) nicht möglich. Die besonderen Chancen der Computerpräsentation kennzeichnen die Grenzen dieses klassischen Mediums. Als Kurzzeitmedium sind zudem die didaktischen Möglichkeiten begrenzt: Die gezeigten Folieninhalte bleiben nur für die Dauer der Projektion sichtbar. Der Overheadprojektor verführt darüber hinaus häufig zu Folienschlachten und zu Monologen. Schließlich kommt es sehr oft zu Fehlern (siehe Abb. 54), die die Überzeugungswirkung dieses Mediums mindern

Es ist erstaunlich, dass selbst erfahrene Manager, Vertriebsleute und Fachreferenten oft Schwierigkeiten haben, mit dem Overheadprojektor souverän umzugehen.

Fehler beim Folienvortrag

- Zu viele und gleichförmige Charts
- Zu wenig Erläuterung
- Zu rascher Folienwechsel
- Charts sind nicht lesbar
- Unsicherheiten beim Handling
- Im projizierten Bild stehen
- Mangelhafte Zeigetechnik
- Gleichförmige Dramaturgie

Abb. 54: Fehler beim Folienvortrag

Neben diesen Unzulänglichkeiten erlebt man bei der Arbeit am Overheadprojektor eine Reihe weiterer Fehler, die mangelnde Kundenorientierung signalisieren: Vortrag und Folie sind unzureichend synchronisiert (zum Beispiel bleibt die Folie liegen, während schon der nächste Punkt behandelt wird), Projektor bleibt ständig eingeschaltet, Blickkontakt zum Publikum ist unzureichend.

Die Empfehlungen im folgenden Abschnitt helfen Ihnen, diese Fehler zu vermeiden und den Wirkungsgrad Ihrer Präsentation zu fördern.

6.1.1 Praxistipps zur Vorbereitung

Themen dieses Abschnitts

- Probevortrag gibt Sicherheit
- Flip-Frames verwenden
- Den Präsentationsraum einrichten
- Foliensalat vermeiden

Da Overheadfolien am Computer erstellt werden, können Sie den Leitfaden (siehe Abschnitt 3.5 und 3.7) zur Gestaltung von Bildschirmpräsentationen, Erarbeitung eines Skripts und persönlichen Vorbereitung weitgehend übernehmen. Bei der Arbeit mit dem Overheadprojektor sind zusätzlich folgende Merkpunkte zur Erreichung optimaler Ergebnisse zu beachten.

Probevortrag gibt Sicherheit

Sie können Lampenfieber und Redeangst reduzieren, wenn Sie sich die Reihenfolge der Folien gut einprägen, ein Stichwortkonzept (mindestens eine Gliederungsübersicht) anfertigen und den Ernstfall vorher üben. Nur durch einen Probevortrag können Sie herausfinden, inwieweit Sie das inhaltliche Konzept beherrschen, ob die Übergänge zwischen den Folien stimmen und ob Sie zeitlich richtig liegen.

Flip-Frames (Schutzhüllen) verwenden

Verwenden Sie nur solche Folienhüllen, die für (Overhead-)Folien geeignet sind. Flip-Frames sind spezielle Präsentationshüllen, die an den Seiten aufklappbare Rahmen haben. Sie können dort Stichworte und Notizen zum Chart aufschreiben, um beim Vortrag nichts zu vergessen. Achten Sie darauf, dass Ihre Folien richtig im Flip-Frame liegen (Flappen nach unten). Nehmen Sie vorher die Folien aus dem Ordner und entfernen Sie das weiße Trennblatt, das an der Folie klebt. Vergessen Sie nicht, Ihre Folien zu nummerieren. Verwenden Sie dabei Ziffern oder Klebepunkte auf den Rändern der Folienhüllen oder den Rahmen der Flip-Frames!

Den Präsentationsraum einrichten

Schauen Sie sich frühzeitig den Raum an und prüfen Sie seine Besonderheiten. Machen Sie sich vorab mit der Handhabung des Projektors vertraut. Sie sollten mindestens wissen:

- wie das Gerät ein- und ausgeschaltet wird,
- wie man mit der Folienrolle umgeht,
- ob das Gerät über eine Zweitlampe verfügt und wie man auf diese umschaltet,
- wer Ihr Ansprechpartner ist, falls Defekte oder andere Schwierigkeiten auftreten,
- ob ausreichend Blankofolien und Folienstifte verfügbar sind. Bringen Sie zur Sicherheit eigene Leerfolien und Stifte mit!

Kontrollieren Sie darüber hinaus die Scharfeinstellung und die Qualität des Projektionsbildes: Jeder Teilnehmer sollte die Folien gut lesen können. Testen Sie, ob die Zuhörer in den letzten Reihen in der Lage sind, die kleinste Schriftgröße auf Ihren Folien zu erkennen. Achten Sie darauf, dass Sie während des Vortrags zu jedem Zuhörer Blickkontakt halten können.

Tipp:
In der Anlage finden Sie eine Checkliste zur Ausstattung des Präsentationsraumes.

Foliensalat vermeiden

Sorgen Sie dafür, dass Sie Ihre Folien am Projektor leicht handhaben können und dass Sie ein gewisses Maß an Ordnung einhalten. Sie erleichtern sich das Handling, wenn Sie feste Plätze („Loci-Methode") auf dem Referententisch reservieren, und zwar:

- für den Foliensatz, den Sie präsentieren wollen,
- für die bereits behandelten Folien,

- für Ihre schriftlichen Unterlagen (Stichwortkonzept/Manuskript) und
- für Ihre Zeigehilfe sowie für Folienschreiber und Blankofolien.

Nehmen Sie vor der Präsentation Ihre Folien in jedem Fall aus der Folienmappe.

Optional: Projektionsrahmen nutzen

Dieses Hilfsmittel ermöglicht es, den nicht genutzten Bereich der Projektionsfläche abzudecken und dadurch das Licht stärker zu bündeln. Folienrahmen können Sie im Fachhandel kaufen oder aus dünnem Karton selbst anfertigen. Ziel ist hierbei, die Glasfläche auf dem Projektor so weit zu verkleinern, dass am äußeren Rand der Folie kein Licht vorbeikommt. Durch den dunklen Kontrast des Projektionsrahmens wirken Ihre Farbfolien heller und eindrucksvoller. Legen Sie vor der Präsentation den Rahmen auf den Projektor und wechseln dann die Folien wie gewohnt. Dabei erleichtert es das Handling, wenn Sie den Rahmen festkleben.

6.1.2 Praxistipps zur Durchführung

Die allgemeinen Empfehlungen zum *überzeugenden Vortrag* gelten auch für die Folienpräsentation (siehe Kapitel 7). Im Folgenden erhalten Sie ergänzende Tipps, um

- einen positiven ersten Eindruck zu sichern,
- die Aufmerksamkeit der Zuhörer zu lenken,
- Abwechslung in Ihre Folienpräsentation zu bringen,
- Ihre Folien teilnehmergerecht zu präsentieren.

Sichern Sie einen positiven Ersteindruck

Stehen Sie auf und gehen Sie ruhig und gelassen nach vorn. Sorgen Sie dafür, dass der Folienrahmen und Ihre erste Folie auf dem Projektor liegen. In dieser Situation haben Sie zwei Alternativen: a) Sie blenden sofort die Titelfolie ein, treten dann vor die Gruppe und beginnen mit dem Vortrag. b) Sie treten direkt vor das Auditorium, ohne den Projektor einzuschalten. Erst nach der Begrüßung und der Eröffnung blenden Sie die erste Folie ein.

Welche Variante zweckmäßig ist, hängt vom Szenario und von Ihren persönlichen Präferenzen ab. Wenn Sie mit Lampenfieber zu kämpfen haben, ist es günstig, sofort die Titelfolie zu zeigen. So beschäftigen sich die „kritischen Blicke" der Zuhörer stärker mit dem Bild als mit Ihrem Verhalten.

Lenken Sie die Aufmerksamkeit der Zuhörer

Nutzen Sie eine Zeigehilfe, um die Aufmerksamkeit Ihrer Zuhörer auf die Kerninformation zu lenken. Prüfen Sie, welche der folgenden Alternativen am besten zu Ihrem Präsentationsstil passt.

Sie zeigen auf die Glasfläche des Projektors. Als Zeigehilfe können Sie einen Kugelschreiber, einen kantigen Bleistift, einen transparenten Plexipfeil oder vergleichbare Hilfsmittel verwenden. Eine durchsichtige Zeigehilfe ist am besten, weil sie keine Informationen verdeckt. Bei allen Zeigebewegungen auf der Folie ist darauf zu achten, dass die Bewegungen ruhig ausgeführt werden. Markieren Sie Wesentliches nur mit Ihrer Zeigehilfe. Vermeiden Sie es, mit Ihrer Hand auf der hellen Projektionsfläche zu agieren.

Laserpointer oder Leuchtzeiger. Hierbei markieren Sie bestimmte Punkte auf der Leinwand, die Sie erläutern und beim Zuhörer verankern wollen. Diese Zeigehilfen haben den Vorteil, dass Sie sich frei im Raum bewegen können. Nachteil: Der Blickkontakt zum Auditorium reißt jeweils ab, während Sie mithilfe des Leuchtpunktes etwas hervorheben.

Praxistipp
Es ist schwierig mit dem Laserpointer einen fixen Punkt zu markieren. In der Regel wackelt und zittert dieser Leuchtpunkt. Lampenfieber mag dies noch verstärken. Umkreisen Sie daher die Information, die Sie erklären wollen, und schalten Sie den Pointer sofort nach Gebrauch aus.

Sie benutzen einen Zeigestab, um an der Leinwand auf wesentliche Informationen hinzuweisen. Achten Sie bei dieser Alternative darauf, dass der Stab einige Sekunden auf der Stelle ruht, die Sie erläutern wollen. Die unten erläuterte Touch-Turn-Talk-Technik erleichtert es, Blickkontakt zum Publikum aufrechtzuerhalten und gleichzeitig auf markante Punkte zu zeigen.

Zwei „Todsünden"

• Niemals mit dem Zeigestab auf der Glasfläche des Projektors zeigen.

• Vermeiden Sie es, während der Folienpräsentation im Projektionsstrahl zu stehen.

Mit Folienstift oder Farben die Aufmerksamkeit lenken. Anstatt ein Zeigeinstrument einzusetzen, können Sie eine Kerninformation auf der Folie mit einem Folienstift oder Leuchtstift markieren, etwa durch einkreisen, markern, unterstreichen oder durch Symbole wie Blitz oder Ausrufungszeichen. In vielen Fällen können Sie auf eine Zeigehilfe ganz verzichten, wenn Sie den wesentlichen Teilen der Folie verschiedene Farben oder Ziffern zuordnen. Ein kleiner verbaler Hinweis „Wenden Sie sich jetzt bitte dem Bauteil Nr. 3 zu" reicht dann aus, um die Aufmerksamkeit der Teilnehmer auf den relevanten Aspekt zu lenken.

Kontakt halten durch die Touch-Turn-Talk-Technik

Vielen Vortragenden fällt es schwer, die Zuhörer anzuschauen, während Sie mit dem Zeigestab etwas an der Leinwand zeigen und erklären. Hier hilft die Technik des Touch-Turn-Talk (Hierhold 1998).

Sie verfahren hierbei folgendermaßen:

Touch   Mit Ihrer Zeigehilfe berühren Sie schweigend den Punkt, den Sie erklären wollen.

Turn   Ihre Zeigehilfe verweilt auf dem Punkt, während Sie sich zum Publikum drehen.

Talk   Jetzt nehmen Sie Blickkontakt zum Publikum auf und beginnen zu sprechen.

Für diesen dreiphasigen Vorgang benötigen Sie nicht mehr als eine halbe Sekunde. Die beschriebene Technik funktioniert übrigens auch, wenn Sie etwas mit der Hand am Flipchart erklären.

Bringen Sie Abwechslung in Ihre Folienpräsentation

Wechseln Sie den Standort, während Sie präsentieren. Es kann ermüdend wirken, wenn Sie die ganze Zeit an einem Fleck stehen und zudem noch gleichförmige Folien zeigen. Planen Sie ein wenig Dramaturgie: Schalten Sie an bestimmten Stellen den Projektor aus und erläutern Sie einen Zusammenhang am Flipchart („pencil selling"). Sie können auch die zentrale Position im Zentrum der Bühne (siehe Abschnitt 8.2) einnehmen, um etwa ein Referenzprojekt darzustellen oder über persönliche Erfahrungen bei der Entwicklung eines Projekts zu berichten. Die „An-Aus-Technik" ist eine einfache Möglichkeit, um die Aufmerksamkeit der Zuhörer gezielt auf die Leinwand, auf Ihre Person oder auf andere Medien zu lenken.

Präsentieren Sie Ihre Folien „hirngerecht"

Bedenken Sie, dass Ihre Charts Hilfsmittel im Rahmen eines Informations- und Überzeugungsprozesses sind. Helfen Sie dem Zuhörer, schwierige Zusammenhänge besser zu verstehen, einen Überblick zu gewinnen und die Kernbotschaft nachhaltig aufzunehmen und sie dadurch besser zu behalten. Durch die folgende Schrittfolge (vgl. Weidenmann 1998) können Sie zu einer Feinabstimmung zwischen Folie und begleitender Erläuterung kommen Dieses Vorgehen bietet die beste Gewähr zur Vermeidung von Folienschlachten.

Folien „hirngerecht" präsentieren

1. Phase: Folie ankündigen
2. Phase: Folie zeigen – kurze Pause
3. Phase: Folie erklären
4. Phase: Folie abschließen

Abb. 55: Folien „hirngerecht" präsentieren

Erläuterung:

Phase 1: Folie ankündigen

Dieser erste Schritt soll die Zuhörer innerlich auf das nächste Bild vorbereiten und eine Erwartungshaltung erzeugen. In der Regel reicht es aus, wenn Sie den Folientitel kurz ankündigen oder die Bedeutung des Charts hervorheben. Beispiele:

„Auf der nächsten Folie sehen Sie die wichtigen Produktmerkmale im Überblick..."
„Sie werden sich fragen, wie das Energiemix der Zukunft aussieht. Sie sehen jetzt eine Prognose bis zum Jahr 2010, die das Max-Planck-Institut vorgelegt hat..."

Phase 2: Folie zeigen – kurze Pause

Nun legen Sie die Folie auf den Projektor, schalten ihn ein und lassen das Bild zwei bis drei Sekunden wirken. Diese kurze Pause ist wichtig, weil Ihr Publikum die betreffende Folie noch nicht kennt und sich kurz orientieren will. Im Kopf des Zuhörers laufen blitzschnell innere Dialoge wie: Was sagt das Bild aus? Was ist mir vertraut? Was ist mir neu? Ist das Gezeigte verständlich? Was steht auf den Achsen des Koordinatensystems?

Phase 3: Folie erklären

Dies ist das Kernstück Ihrer Ausführungen. Hier geht es darum, die Hauptaussage zu verdeutlichen und beim Zuhörer zu verankern.

- Stellen Sie sich konsequent auf die Bildungsvoraussetzungen Ihres Auditoriums ein. Welche Begriffe muss ich erläutern? Versteht jeder den Aufbau und die Logik der Schaubilder?

- Fragen Sie sich, inwieweit Ihre Zuhörer täglich mit den gewählten Darstellungsformen (Portfolioanalyse, Koordinatensysteme, Flussdiagramme usw.) zu tun haben. Im Zweifel sollten Sie zusätzliche Verständnishilfen geben.

- Allgemein gilt: Zuerst die Kernaussage eines Charts erklären, dann die Detailinformationen erläutern.

- Mithilfe einer Zeigehilfe können Sie die Aufmerksamkeit der Zuhörer steuern und gezielt auf Ihre Kernbotschaft lenken. Achten Sie darauf, dass Ihre verbalen Erläuterungen genau zu den gezeigten Elementen auf der Folie passen.

Halten Sie während Ihres Vortrags Blickkontakt zum Auditorium. Nur so haben Sie die Chance, Reaktionen der Zuhörer wahrzunehmen und bei Bedarf ergänzende Verständnishilfen zu geben.

Phase 4: Folie abschließen

Geben Sie ein klares Signal, wenn Sie die Erläuterung einer Folie beenden. Dies kann ein zusammenfassender Satz sein: „So weit die wichtigsten technologischen Merkmale des Produkts". Je nach Situation haben Sie jetzt zwei Möglichkeiten:

a) Sie kündigen die nächste Folie an und durchlaufen die Phasen 1 bis 4 erneut.

b) Sie schalten den Projektor aus, legen die Folie zurück auf den Referententisch und wenden sich dem nächsten Präsentationsabschnitt zu.

Hinweis:

- Wenn innerhalb der nächsten 30 Sekunden die nächste Folie an der Reihe ist, können Sie das Gerät eingeschaltet lassen. Anderenfalls wirkt das An-Aus-Schalten unruhig.

- Helllichtprojektoren sollten während der gesamten Präsentation eingeschaltet bleiben. Legen Sie daher einen vorbereiteten Karton auf den Projektor, wenn Sie keine Folien zeigen.

Aufdeck-, Überleg- und Unterlegtechnik

Prüfen Sie, inwieweit diese Techniken für die Ziele und Inhalte Ihrer Folienpräsentation in Frage kommen.

Aufdecktechnik

Das Chart wird mit einem festen weißen Blatt Papier aufgelegt oder unterlegt und dann nach und nach freigegeben. Ziel ist es, die Aufmerksamkeit des Publikums auf die jeweiligen Informationen zu richten.

Vorsicht: Viele Zuhörer empfinden dieses Vorgehen als Bevormundung. Eine Alternative besteht darin, die Folie auf einen Blick freizugeben und dann die zu besprechenden Punkte mit einer Zeigehilfe zu markieren.

Überlegtechnik

Hierbei legen Sie mehrere, mit Teilen des Gesamtbildes versehene Transparente übereinander und entwickeln so schrittweise Ihr Schaubild. Dies setzt allerdings hinreichend lichtstarke Projektoren voraus. Das beschriebene Vorgehen lässt sich auch bei Textcharts praktizieren. Damit die Folien genau übereinander zu liegen kommen, ein kleiner Trick: Sie kleben die Folien mit Tesafilm auf dem Flip-Frame oder dem Rahmen fest und können sie dadurch punktgenau übereinander legen.

Unterlegtechnik

Hierbei wird ein vorbereitetes Transparent ergänzt. Damit diese Folie wieder verwendet werden kann, wird eine leere Folie über die „unfertige" Folie gelegt.

Wenn Sie Ihre Folien mithilfe eines Computers präsentieren, können Sie die Aufdeck- und Überlegtechnik elegant mithilfe von Animationen realisieren. Die Unterlegtechnik ist durch den Einsatz eines ergänzenden Mediums ebenfalls leicht realisierbar: Hierbei projizieren Sie die Impulsfrage per Dataprojektor an die Leinwand und entwickeln die ergänzenden Informationen am Flipchart.

6.2 Empfehlungen für den Einsatz des Flipcharts

Das Flipchart ist das wichtigste Dauermedium, das sich in idealer Weise zur Ergänzung von Präsentationen am Overheadprojektor oder am Computer eignet. Dieses Medium gehört zur Standardausrüstung vieler Präsentations- und Konferenzräume.

Sie erfahren im Folgenden

- welche Vorteile und Nachteile das Flipchart mit sich bringt
- wie Sie die Blätter wirkungsvoll gestalten
- was bei der Arbeit am Flipchart zu beachten ist
- was Copy- und Whiteboards leisten

Die Vorteile des Flipcharts

- Die Bilder können optimal auf die betreffende Situation abgestimmt werden.

- Der Zuhörer kann nachvollziehen, wie schwierige Zusammenhänge „live" entwickelt werden. Am Flipchart entwickelte Handskizzen prägen sich dem Zuhörer viel besser ein als vorgestanzte Hochglanzfolien.

- Bilder am Flipchart können ohne Mühe verändert oder ergänzt werden.

- Dieses Dauermedium eignet sich hervorragend, um einleitend die Gliederung der Präsentation zu erläutern. Die Gliederung kann dann während des Vortrags dauernd (daher: Dauermedium) im Blickfeld der Teilnehmer bleiben. Die detaillierten Inhalte präsentieren Sie mithilfe Ihrer Hauptmedien Overheadprojektor oder Computer.

Praxistipp
Heften Sie Ihre Gliederung an eine Pinnwand, damit Ihr Flipchart für weitere Anschriebe nicht „blockiert" ist.

- Sie können vorbereitete oder teilweise vorbereitete Texte und Schaubilder präsentieren, verändern und ergänzen.

- Sie können vorbereitete oder beschriebene Flipchartbögen im Raum aufhängen und so einen komplexen Gedankengang dokumentieren.

- Sie können Ideen eines Brainstormings oder Diskussionsbeiträge rasch festhalten.

Mögliche Nachteile des Flipcharts

- Das Flipchart ist als Ergänzungsmedium, weniger als Hauptmedium geeignet.

- Bei größeren Gruppen von mehr als 30 Teilnehmern ist das Medium nicht mehr geeignet.

- Ungeübte Vortragende erleben die Arbeit am Flipchart häufig als schwierig, weil die Persönlichkeit ungeschützt den kritischen Blicken ausgesetzt ist und die Anschriebe oft unangenehme Pausen mit sich bringen.

Tipps zur Gestaltung der Blätter

- Beschränken Sie sich maximal auf 7 Zeilen pro Chart

- Jedes Chart benötigt eine Überschrift

- Planen Sie Leerblätter zum Abdecken ein

- Kariertes Papier erleichtert Ihnen saubere Anschriebe: Kleinbuchstaben: mindestens ein Karo, Großbuchstaben: mindestens 2 Karos

- So einfach wie möglich!

- Gute Kontrastfarben wählen (Schwarz als Grundfarbe, Rot als Signalfarbe)

- Maximal zwei Schriftgrößen

Was soll man am Flipchart visualisieren?

- Gliederung
- Skizzen
- Kernaussagen
- Strukturbilder
- Beiträge und Fragen der Zuhörer

Hinweise zur Arbeit am Flipchart

- Stellen Sie das Flipchart so auf, dass jeder Teilnehmer die Anschriebe problemlos lesen kann.

- Nicht mit der Spitze, sondern mit der Breitseite der Stifte schreiben! Sie erreichen eine eindrucksvolle Schrift, wenn Sie den Stift mit der ganzen Filzkante gleichmäßig auf das Papier setzen, dann schreiben und dabei den Stift nicht mehr drehen. Üben Sie das Schreiben!

- Blättern Sie um, wenn das betreffende Thema abgeschlossen ist. Fügen Sie leere Zwischenblätter ein, falls Sie eine Reihe von Charts vorbereitet haben.

- Stellen Sie sich beim Erklären neben das Flipchart. Nutzen Sie Ihre dem Medium zugewandte Hand als Zeigehilfe. Ein Zeigestab wirkt hier „gestelzt". Auch am Flipchart gilt: Sprechen Sie nur dann, wenn Sie Blickkontakt zum Publikum haben. Ein kleiner Moderatorenkoffer mit Filzstiften, Kärtchen, Nadeln, Klebstoff usw. erleichtert es Ihnen zu improvisieren, falls die Ausstattung in dem Präsentationsraum mangelhaft ist.

Verborgene Merkhilfen nutzen

Sie können Ihren Flipchartbogen mit dünnen Bleistiftstrichen präparieren, ohne dass die Zuhörer dies wahrnehmen. Es ist beispielsweise hilfreich, am Rand der Bögen Stichworte, Argumente, Überleitungen und andere Kerninformationen zu notieren, damit Sie nichts vergessen. Wenn Sie Strukturbilder oder technische Zeichnungen anfertigen wollen, können Sie diese ebenfalls in der Grundstruktur vorbereiten.

Während der Präsentation haben Sie dann nur noch die Linien mit dem Filzstift nachzuzeichnen. Auf diese Weise können Sie „live" Zeichnungen und Bilder entwickeln, die ästhetisch ansprechend aussehen.

Copyboards und elektronische Whiteboards

Mit Hilfe des seit Jahren bekannten Copyboards können Sie Anschriebe auf Knopfdruck ausdrucken. Zu den Weiterentwicklungen gehört das elektronische Whiteboard. Es erfasst die notierten Informationen sofort und in Farbe auf Ihrem Computer. Von dort aus können Sie das Bild entweder ausdrucken, per Dataprojektor an die Wand projizieren oder als E-Mail versenden.

Tipp
Einsatzmöglichkeiten und WWW-Links finden sich in Abschnitt 5.3. PowerPoint-Präsentationen zu elektronischen Whiteboards enthält die CD-ROM unter <u>Neue Medien</u> und <u>Digiboard</u>.

6.3 Empfehlungen zur Diapräsentation

Die Diaprojektion hat bei bestimmten Präsentationsanlässen einen besonders hohen Stellenwert. So zum Beispiel bei Veranstaltungen im medizinischen und naturwissenschaftlichen Bereich oder etwa bei Managementpräsentationen in den USA. Hervorstechendes Merkmal: Die Bilder sind in einer festen Reihenfolge zu präsentieren. Der Raum wird in der Regel abgedunkelt. Die Interaktion mit den Teilnehmern spielt keine Rolle. Die Aufmerksamkeit des Auditoriums wird auf die projizierten Bilder gelenkt. Dies bringt die Gefahr mit sich, dass der Vortragende in den Hintergrund gedrängt wird. Daher haben die Empfehlungen aus Kapitel 8 zur Aktivierung der Zuhörer einen besonders hohen Stellenwert. Wenn es die Rahmenbedingungen zulassen, sollten Dia-gestützte Präsentationsblöcke auf etwa 15 Minuten begrenzt werden.

Überblick als Lesehilfe

- Vorteile der Diapräsentation
- Grenzen der Diapräsentation
- Was vor der Diapräsentation zu bedenken ist
- Ergänzende Hinweise für Ihren Auftritt

Vorteile der Diapräsentation

- Die Bilder können farbig, kontrastreich und in brillanter Qualität projiziert werden.

- Die Dias können leicht vervielfältigt werden.

- Diaprojektoren sind zuverlässig, transportabel und leicht zu bedienen.

- Durch Kopplung mit musikalischen Medien kann die Diapräsentation attraktiver und lebendiger gestaltet werden.

Die Grenzen der Diapräsentation

Der erwähnte „Kinoeffekt" trägt mit dazu bei, dass die Zuhörer in eine passive Rolle gedrängt werden. Diese Passivität wird dadurch verstärkt, dass es in abgedunkelten Räumen schwierig ist, mitzuschreiben. Wenn überladene und unverständliche Charts hinzukommen, stellen sich leicht Langeweile und Desinteresse beim Publikum ein. Weiterhin ist zu bedenken, dass Sie als Vortragender nicht so flexibel auf Unvorhergesehenes reagieren können wie bei der Folienpräsentation: Handschriftliche Anmerkungen, Korrekturen und Ergänzungen sind bei Dias nicht möglich. Es ist zudem relativ umständlich, Dias zu überspringen oder auf bereits behandelte Bilder zuzugreifen.

Was vor der Diaprojektion zu bedenken ist

- Beachten Sie die in Kapitel 3.5 dargestellten Kriterien zur Einrichtung des Präsentationsraums.
- Nummerieren Sie Ihre Dias.
- Stellen Sie sicher, dass die Dias richtig eingeordnet sind.
- Fügen Sie ein schwarzes Dia ein, wenn Sie den Wunsch haben, ein Thema mit den Zuhörern zu diskutieren oder ein Detail an einem anderen Medium zu erläutern.
- Je näher der Projektor, umso lichtstärker ist das projizierte Bild.
- Als Vortragender arbeiten Sie in der Regel mit einem Manuskript. Prüfen Sie vorab, ob das Rednerpult hell genug angestrahlt ist.
- Für die Lichtverhältnisse im Raum gilt: So hell wie möglich, so dunkel wie nötig.

Tipps für die Gestaltung von Dias

- Einheitlicher Aufbau
- 1 Idee pro Dia
- Prägnante Überschrift
- Bis zu 5 Zeilen pro Dia
- Kräftige Kontraste

Abb. 56: Tipps für die Gestaltung von Dias

Ergänzende Hinweise für Ihren Auftritt

Begrüßen Sie Ihr Auditorium bei vollem Licht. Lassen Sie erst dann den Raum dimmen (zum überzeugenden Auftritt siehe Kapitel 8). Sprechen Sie in einem abgedunkelten Raum etwas lauter als gewöhnlich und intensivieren Sie Ihre Gestik. Eine Veränderung Ihres Standorts kann die Aufmerksamkeit zusätzlich fördern. Benutzen Sie als Zeigehilfe einen lichtstarken Laserpointer. Inszenieren Sie – ähnlich wie bei Overheadfolien – Ihre Dias. Das heißt: Jedes Dia ankündigen, dann einblenden und kurz wirken lassen, danach mit Zeigehilfe erklären, dann nächstes Dia ankündigen usw.

6.4 Empfehlungen für den Einsatz von Videos

Videos und Filme bieten die Chance, die Realität durch bewegte Bilder sehr anschaulich und eindrucksvoll darzustellen. Im Rahmen berufsbezogener Präsentationen kommen Videosequenzen vor allem zum Einsatz, um:

- das eigene Unternehmen oder einzelne Sparten vorzustellen (Imagefilm/Firmenvideo),

- komplizierte Problemlösungen, Prozesse und Entwicklungen verständlich zu erklären,

- Referenzobjekte im Bewegtbild zu zeigen und Aussagen von zufriedenen Kunden oder Referenzpersonen zu präsentieren (USA),

- Statements von Personen aus dem eigenen Unternehmen oder aus Wirtschaft, Forschung und Politik im O-Ton einzublenden (zum Beispiel Grußworte oder Aussagen zu umstrittenen Themen),

- neue Erkenntnisse aus Forschung und Technik audio-visuell vorzustellen.

Worauf bei Videoeinschüben zu achten ist!

- Hohe Qualität und didaktische Eignung,

- Kurze Videoeinschübe,

- Die Perspektive der Zuhörer bedenken,

- Verständnishilfen geben.

Praxistipps

Hohe Qualität und didaktische Eignung

Achten Sie darauf, dass die eingesetzten Videosequenzen bestimmte Qualitätsstandards erfüllen. Die meisten Zuhörer haben durch das Fernsehen hohe Ansprüche an Dramaturgie und Inhalte von Videofilmen. Versuchen Sie bei der Auswahl der Filme, diesen Erwartungen Rechnung zu tragen und die Videoeinschübe auf kurze Sequenzen zu beschränken.

Prüfen Sie stets, inwieweit ein Videoelement zum Szenario Ihrer Präsentation passt. Kontrollfragen: Inwieweit trägt die Filmsequenz dazu bei, meine Präsentationsziele zu erreichen und bestimmte Inhalte verständlich und eindrucksvoll „rüberzubringen"? Gibt es demnach zusätzliche Chancen, Interesse zu wecken, zu informieren oder zu überzeugen sowie Image und Kompetenz des Unternehmens aufzubauen? Weiterhin ist zu entscheiden, wie lang Ihre Videos/Videoclips sein sollen und in welcher Weise Sie Ihr Video oder Ihre Videoclips einbinden.

Kurze Videoeinschübe

Beschränken Sie sich auf kurze Videoeinschübe von wenigen Minuten. Sonst besteht die Gefahr, dass Sie als Vortragender an den Rand gedrängt werden und Ihr Vortrag im Vergleich zum Video eher langweilig wirkt.

- In der Regel ist es nicht ratsam, einen Videoclip bereits zu Anfang einer Kundenpräsentationen zu zeigen. Der Mensch-zu-Mensch-Kontakt sollte die Einstiegsphase prägen. Allerdings kann es bei Fachtagungen und Kongressen aus dramaturgischen Gründen sinnvoll sein, mit einem kurzen Clip von 30 Sekunden Aufmerksamkeit und Interesse für das Thema zu wecken.

- Informierende und erklärende Videos können je nach Thema an verschiedenen Stellen Ihres Präsentationsdrehbuchs eingebunden werden. Beispielsweise zur Veranschaulichung technischer Produktmerkmale oder zur Darstellung prägnanter Referenzprojekte. Sie dienen dazu, verbal vorgetragene Kernkompetenzen zu illustrieren. Das bewegte Bild hilft also, abstrakte Nutzenargumente plastisch darzustellen und dadurch im Kopf des Kunden zu verankern.

- Ein eindrucksvolles Video können Sie als Stimulanz für den Fall bereithalten, dass die Aufmerksamkeit des Publikums sinkt.

Die Perspektive der Zuhörer bedenken

Beachten Sie beim Videoeinsatz die Empfehlungen zur Ausstattung des Präsentationsraumes. Drei Fragen sind besonders wichtig:

1 Reicht ein Fernsehmonitor für die Gruppengröße aus oder ist ein Dataprojektor notwendig?

2 Prüfen Sie zudem, wie der Rücklauf funktioniert und ob ein Standbild gezeigt werden kann. Dies kann bei Rückfragen aus dem Publikum wichtig sein.

3 Können Sie mit der Fernbedienung umgehen? Klären Sie gegebenenfalls mit dem Techniker ab, wann Ihr Video eingespielt werden soll. Bei älteren Dataprojektoren ist es oft notwendig, das Licht zu dimmen.

Falls Sie Videoeinschübe in eine computergestützte Präsentation einbinden wollen, sind die Empfehlungen aus Kapitel 3.5 zu beachten.

Videos können

- Realität „echt abbilden"
- Image verbessern
- Verständlichkeit fördern

Verständnishilfen geben

Wie bei den übrigen Medien ist auch bei Videoeinschüben darauf zu achten, dass optimale Voraussetzungen für die Verarbeitung der Bewegtbilder gegeben sind. Als Präsentator fördern Sie das Verständnis beim Zuhörer, wenn Sie vor und nach dem Videoeinschub Hinweise zur Bildverarbeitung geben.

Sie kündigen den Film an.

Hierbei sagen Sie etwas zur Bedeutung des Themas, zu markanten Details sowie zur Dauer des Videos. „...Dieses Video zeigt Ihnen ein aktuelles Referenzobjekt, das wir in China realisiert haben. Es verdeutlicht die eben angesprochenen Kernkompetenzen. Sie sehen im bewegten Bild, wie wir den Konstruktionsentwurf praktisch umgesetzt haben".

Sie präsentieren danach den Film.

Es kann didaktisch geboten sein, das Video an bestimmten Stellen anzuhalten und ergänzende Erläuterungen zu geben. Dies ist vor allem dann wichtig, wenn der Begleitkommentar im Film das Wesentliche nicht hinreichend betont. Nach dem Videoeinschub sollten Sie die Kerninformationen zusammenfassen und auf Wunsch Verständnisfragen des Auditoriums beantworten. Danach leiten Sie zum nächsten Punkt der Präsentation über.

Praxistipp
Falls Sie Lust und Zeit haben, können Sie professionelle Software zur Videobearbeitung nutzen, um Videofilme zu kürzen und im Hinblick auf Ihre Zielgruppen und Szenarien zu bearbeiten. Sie können auch selbst erstellte Filmclips in eine präsentable Form bringen. Auf der CD-ROM finden Sie unter der Rubrik „Software-Tools" ein Demonstrationsprogramm zur Videobearbeitung (AV-Master) sowie unter WWW-Links Anbieter professioneller Software.

7 Den Auftritt vorbereiten

In diesem Kapitel geht es um die letzten Sekunden vor dem Auftritt. Die nachfolgenden Empfehlungen sind dann besonders wichtig, wenn Sie mit Lampenfieber zu kämpfen haben und wenn Sie multimedial präsentieren.

Die Themen dieses Kapitels

7.1 Rüstzeit für den Medieneinsatz einplanen

Sie haben optimale Voraussetzungen für Ihren Auftritt geschaffen, wenn Sie den Präsentationsraum perfekt vorbereitet haben: Alle Unterlagen und Hilfsmittel liegen am Referententisch oder Rednerpult bereit. Die Medien sind so präpariert, dass Sie ohne zusätzliche Handgriffe mit dem Vortrag beginnen und sich voll auf den Zuhörerkreis und die Einleitung Ihrer Präsentation konzentrieren können. In Ihrem Unternehmen haben Sie in den meisten Fällen die Möglichkeit, alles optimal zu arrangieren, bevor die Zuhörer eintreffen.

Bei externen Veranstaltungen hingegen sollten Sie frühzeitig anreisen, um vor dem Eintreffen der Zuhörer alles vorbereiten zu können. Ist dies nicht möglich, müssen Sie eine gewisse Rüstzeit für die letzten Handgriffe einplanen, bevor Sie das Wort ergreifen. Wie Sie dabei am besten vorgehen, ist in der Abbildung 57 dargestellt.

7.2 Die letzten Sekunden vor dem Auftritt

In der linken Spalte der Abbildung auf Seite 210 sehen Sie die Handlungsfolge von der positiven Einstimmung (Schritt 1) bis zum Vortragsbeginn (Schritt 4). In der zweiten und dritten Spalte finden Sie spezielle Empfehlungen für die Computer- und Folienpräsentation.

Die Empfehlungen im Einzelnen

Stimmen Sie sich positiv ein. Die Tipps unter Punkt 7.3 helfen Ihnen, Ihr Lampenfieber zu beherrschen sowie freundlich, wertschätzend und sicher aufzutreten.

Aufstehen und nach vorn gehen. Je nach Szenario erteilt Ihnen der Veranstalter oder Moderator nach einer kurzen Einführung das Wort. Dies ist das Signal, um zum Referententisch oder Rednerpult zu gehen. Es ist Erkenntnis der Ganzheitspsychologie, dass die Zuhörer Ihr gesamtes Verhalten wahrnehmen, also auch, wie Sie nach vorn gehen und auf Ihrer „Bühne" agieren. Wenn Sie vorher Gelegenheit hatten, Ihre Unterlagen bereitzulegen und die Medien zu präparieren, können Sie den Schritt 3 überspringen.

Unterlagen bereitlegen und Medien präparieren. Im Falle einer Computerpräsentation gehören Ihre Utensilien in die Nähe des Notebooks. Dies gibt Ihnen auch dann die notwendige Sicherheit, wenn Sie an der Tastatur arbeiten müssen. Wie bei der Folienpräsentation erleichtern Sie sich das spätere Handling, wenn Sie am Rednerpult oder am Referententisch feste Plätze für Ihre verschiedenen Materialien (Loci-Methode) reservieren. Dazu gehören je nach Szenario: Ihr Manuskript oder Stichwortkonzept, Zeigehilfe, Fernbedienung für Notebook und Dataprojektor sowie Folien und Folienstifte für die Präsentation am Tageslichtprojektor.

Bei Bildschirmpräsentationen ist der Dataprojektor einzuschalten und das Notebook hochzufahren. Sie haben zwei Möglichkeiten, die Aufmerksamkeit des Auditoriums zu lenken: 1) Sie blenden eine dunkle Leerfolie als erstes Bild Ihrer elektronischen Präsentation ein. Auf diese Weise kann sich das Auditorium vollkommen auf Ihren verbalen Einstieg konzentrieren. 2) Sie blenden Ihre Titelfolie sofort ein, wodurch die Blicke der Zuhörer früh auf das Thema gelenkt werden. Diese Variante ist häufig aus zwei Gründen sinnvoll: Einmal können Sie als Präsentator besser die Zeit überbrücken, bis die teilnehmende Gruppe komplett ist. Zudem bietet die Titelfolie die Möglichkeit, die „kritischen" Blicke der Zuhörer von der eigenen Person wegzulenken.

Bedenken Sie bei der Arbeit am Overheadprojektor, dass Sie zunächst die erste Folie auflegen und danach den Projektor einschalten. Eine Besonderheit ist bei Helllichtprojektoren zu beachten: Diese Geräte brauchen eine gewisse Zeit, um die volle Lichtstärke zu entwickeln. Damit Sie Ihre Charts ohne Wartezeit einblenden können, sollten Sie den Helllichtprojektor sofort einschalten und die Lichtquelle mit einem Karton abdecken. Erst wenn das betreffende Chart an der Reihe ist, entfernen Sie den Karton und geben das Bild frei.

Vortrag beginnen. Wie später im Einzelnen besprochen, nehmen Sie jetzt Blickkontakt zum Auditorium auf und beginnen mit einer freundlichen Begrüßung Ihren Vortrag. In dieser Phase sollten Sie keine Barriere zwischen sich und den Zuhörern haben.

Checkliste zur Vorbereitung des Auftritts
(Die Sekunden vor den ersten Sätzen)

Handlungsfolge	Computerpräsentation (Besonderheiten)	Folienpräsentation (Besonderheiten)
1. Positive Einstimmung	Tipps in Abschnitt 8.6	Tipps in Abschnitt 8.6
2. Aufstehen und nach vorn gehen (jetzt beginnt Ihre Präsentation)	Ruhig, sicher und gelassen Freundliches Gesicht	Ruhig, sicher und gelassen Freundliches Gesicht
3. Unterlagen bereitlegen und Medien präparieren	Je nach Raumausstattung am Rednerpult/Referententisch in der Nähe Ihres Notebooks (in jedem Falle vorher!) – Dataprojektor einschalten und Notebook hochfahren – Leer- oder Titelfolie einblenden – Fernbedienung bereithalten (in jedem Falle vorher!)	Je nach Raumausstattung am Rednerpult/Referententisch in der Nähe des OHP (möglichst vorher!) – Folienrahmen und erste Folie auflegen – optional: Titelchart sofort oder später einblenden (möglichst vorher!)
4. Vortrag beginnen	– Günstigen Standort wählen (im Zentrum der Bühne) – Tief durchatmen – Kleine Pause – Begrüßung	– Günstigen Standort wählen (im Zentrum der Bühne) – Tief durchatmen – Kleine Pause – Begrüßung

Abb. 57: Checkliste zur Vorbereitung des Auftritts

Während Sie nach vorn gehen und Ihren Auftritt vorbereiten, steigt jetzt spürbar der Adrenalinspiegel, zumal die letzten Handgriffe schweigend durchgeführt werden. Die folgenden Empfehlungen helfen Ihnen, den Stress auf ein erträgliches Maß zu reduzieren.

7.3 Praxistipps zum Umgang mit Lampenfieber

Die Einstiegsphase einer Präsentation ist aus zwei Gründen schwierig: Sie können nur vermuten, wie Ihr Vortrag ankommt und wie das Publikum reagiert. Diese Unsicherheit kann durch Ängste unterschiedlichster Art verstärkt werden: Angst vor dem Steckenbleiben oder vor einem Black-out, Angst vor der Kritik der Zuhörer, Angst vor Blamage und vor allem die Angst, den Erwartungen nicht gerecht zu werden und die gesetzten Ziele zu verfehlen.

Diese Faktoren können sich gegenseitig hochschaukeln und zu einer Stresssituation führen, die unser Hirn blockiert. Die Lampenfieberkurve steigt erfahrungsgemäß unmittelbar vor dem Vortrag und während der ersten Sätze (siehe Abbildung 58). Ungeübte und schlecht vorbereitete Redner können in solchen Extremsituationen in „psychologischen Nebel" (Festinger) geraten. Wer innerlich in die Nähe der „Panikgrenze" gerät, zeigt häufig Verlegenheitsgesten, hektische Unruhe, Konzentrationsmängel und sprachliche Unsicherheiten: Ein sicherer und positiver Auftritt ist nicht möglich.

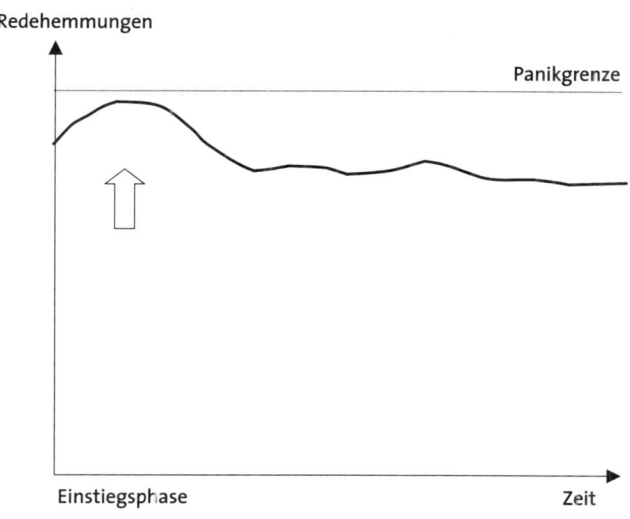

Abb. 58: Lampenfieberkurve

Die folgenden Praxishilfen haben sich bewährt, um die innere Sicherheit zu fördern und Redehemmungen abzubauen.

Praxishilfen

- Akzeptieren Sie die innere Unruhe. Lampenfieber ist eine natürliche Alarmreaktion unseres Organismus, um „auf der Bühne" die notwendige Energie und Leistungsbereitschaft verfügbar zu haben.

- Eine sorgfältige sachliche Vorbereitung und die erwähnten Übungen und Probevorträge können einen Großteil der Ängste abbauen. Es gibt Ihnen zusätzlich Sicherheit, wenn Sie sich für schwierige Situationen (z. B. technische Pannen) vorab „Überlebensstrategien" zurechtlegen.

- Wenn Sie kurz vor dem Vortrag ein paar Mal tief durchatmen, kann dies zusätzlich Stress abbauen und zu einer konzentrierten Grundhaltung beitragen.

- Wechseln Sie vor der Veranstaltung ein paar persönliche Worte mit den eintreffenden Zuhörern. Nutzen Sie diesen Small Talk, um nach den Erwartungen und Vorerfahrungen Ihrer Zuhörer zu fragen. Diese „kleinen Gespräche" haben sich als psychologisches Ventil bewährt, um Stress abzubauen. Zudem können Sie in Ihrer Präsentation auf diese Vorgespräche Bezug nehmen: „Herr Müller, Sie hatten großes Interesse an unserem Referenzobjekt in Ungarn gezeigt. Ich komme jetzt darauf zu sprechen...".

- Der Schlüssel zu Erfolgszuversicht, Ausstrahlung und Sicherheit liegt in Ihrer inneren Einstellung. Bemühen Sie sich um eine
  positive Einstellung zur eigenen Person (positives Selbstkonzept)
  positive Einstellung zu den Inhalten (Produkt, Konzept, Thema...)
  positive Einstellung zum Auditorium (Denken Sie positiv über Ihre Zuhörer!)

Was Sie zusätzlich tun können, um Lampenfieber während der Präsentation zu beherrschen, erfahren Sie in Abschnitt 8.6.

8 Überzeugend vortragen

Dieses Kapitel bietet Ihnen Empfehlungen zu folgenden Themen

8.1 Sicher auftreten
8.2 Überzeugen durch stimmige Körpersprache
8.3 Überzeugen durch wirkungsvolles Sprechen
8.4 Kontakt zum Zuhörer halten
8.5 Aufmerksamkeit sichern durch Aktivierungstechniken
8.6 „Stressfahrplan" - Wege zu einer positiven Einstellung

Sie sind jetzt gefordert, die Präsentation bestmöglich durchzuführen. Das übergreifende Ziel besteht darin, einen sicheren, glaubwürdigen, kompetenten und wertschätzenden Eindruck zu hinterlassen.

Beachten Sie alle Faktoren, die Qualität und Wirkungsgrad Ihrer Präsentation beeinflussen. Die gesamte Breite der Einflussfaktoren sollte positiv auf den Kunden einwirken. Dazu gehören vor allem

- das Auftreten und das äußere Erscheinungsbild
- die rhetorische und körpersprachliche Darstellung
- der emotionale Kontakt zum Auditorium und
- das Kommunikationsverhalten bei Einwänden und Kritik.

Die folgenden Ausführungen gelten für Szenarien, in denen Sie stehend präsentieren. Dies wird meistens der Fall sein. Die Empfehlungen lassen sich jedoch mit kleinen Einschränkungen auf Situationen übertragen, in denen Sie am Tisch präsentieren (siehe dazu im Einzelnen Abschnitt 5.4.2).

8.1 Sicher auftreten

Wie in Abschnitt 7 dargestellt, haben Sie Ihre Unterlagen bereitgelegt und die Medien präpariert. Nun kommt der „Augenblick der Wahrheit" (moment of truth): Sie treten ruhig und gelassen vor das Auditorium, atmen tief durch und beginnen nach einer kleinen Pause den Vortrag. Die Technik des verzögerten Beginns ist ein rhetorisches Stilmittel, das Sie nutzen sollten.

Tipp
Auf der CD-ROM finden Sie unter Videoclips (Datei: Weizsäcker) die ersten Sekunden der berühmten Rede zum 8. Mai 1985 des damaligen Bundespräsidenten Richard von Weizsäcker. Sie können anhand des Videomitschnitts recht eindrucksvoll studieren, wie der Redner zuerst Blickkontakt aufnimmt und erst nach einer zeitlichen Verzögerung den Vortrag beginnt.

Während der ersten Sätze läuft so etwas wie eine Schnelltaxierung bei den Zuhörern: Was ist das für einer? Habe ich von ihm etwas Interessantes zu erwarten? Wirkt er sympathisch und seriös? Bringt er wohl Kompetenz mit? Verhält er sich sicher oder unsicher?

Der erste Eindruck muss positiv ausfallen, denn die ersten Momente Ihrer Präsentation prägen weitgehend das Gesamturteil, das sich die Zuhörer von Ihrer Person bilden. Die Lebenserfahrung zeigt, dass es außerordentlich schwer fällt, einen negativen Ersteindruck später zu korrigieren. Wer einen ungepflegten, fahrigen oder zu hektischen Eindruck macht, dem traut man nicht so leicht Fachkompetenz, Seriosität und gute Produkte zu.

Es wirkt überzeugend, wenn Sie frei und für alle sichtbar stehen. Der Platz vor dem Referententisch oder vor dem Projektor ist in der Regel der günstigste. Falls Sie am Rednerpult präsentieren, fördert es den persönlichen Kontakt zum Zuhörer, wenn Sie während der Einleitung neben dem Pult stehen. Sprechen Sie zu Beginn eher langsam und in normaler Stimmlage. Beginnen Sie immer mit positiven Formulierungen. Vermeiden Sie eine Entschuldigung in der Anfangsphase. Bemühen Sie sich schon in der Einstiegsphase darum, jedem Zuhörer durch Blickkontakt Wertschätzung entgegenzubringen.

Es ist psychologisch erhärtet, dass der erste Eindruck (primacy effect) und der letzte Eindruck (recency effect) besonders nachhaltig im Gedächtnis der Zuhörer bleiben. Daher sollten Sie sich nicht nur auf Ihre Intuition verlassen, sondern beide Teile gut vorbereiten und sicher beherrschen (zur Strukturierung von Einleitung und Schluss siehe Abschnitt 3.4).

8.2 Überzeugen durch stimmige Körpersprache

Inwieweit Sie als sicher, positiv, glaubwürdig, selbstüberzeugt und wertschätzend wahrgenommen werden, hängt weitgehend von Ihrem äußeren Erscheinungsbild, Ihrer Körpersprache und der rhetorischen Präsentation ab.

Im Einzelnen kommt es darauf an:

- ein seriöses Erscheinungsbild zu sichern,

- die zentrale Position auf der Bühne zu nutzen,

- sicher und aufrecht zu stehen,

- glaubwürdig und engagiert zu wirken,

- positive Beziehungsbotschaften zu senden,

- Blickkontakt anzubieten.

Seriöses Erscheinungsbild sichern

Das äußere Erscheinungsbild muss stimmen. Kleiden Sie sich seriös, dezent und gepflegt. Im Zweifel gilt auch hier: Bleiben Sie sich treu und tragen Sie der Erwartungshaltung Ihrer Zuhörer Rechnung. Ihre Schuhe sollten passend zur Kleidung, gut besohlt und sauber sein. Achten Sie auf eine gepflegte Frisur, saubere Fingernägel und dezentes Rasierwasser. Vermeiden Sie „Overdressing", weil dies Unterlegenheitsgefühle beim Kunden auslösen kann. Kleiden Sie sich im Zweifel ein wenig besser, als Sie es von Ihren Zuhörern vermuten.

Die zentrale Position auf der Bühne nutzen

Alles, was im Zentrum einer Bühne geschieht, steigt in seiner Wertigkeit. Sie unterstreichen Ihre Sicherheit und Souveränität, wenn Sie zentral stehen und nicht an der Peripherie. Wer ohne konkreten Grund am Rand steht, vermittelt „unterschwellig" den Eindruck, den Auftritt rasch hinter sich bringen zu wollen.

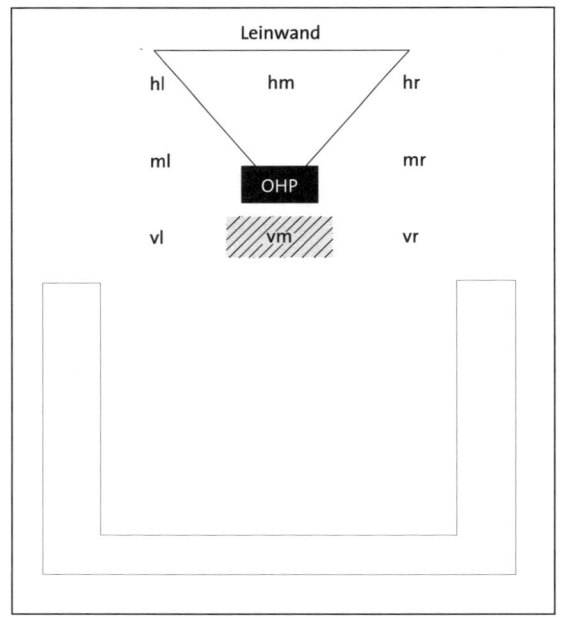

Teilen Sie Ihren Aktionsraum beim Präsentieren in neun Quadrate ein: vor der Leinwand hinten links (hl), hinten mitte (hm), hinten rechts (hr), auf Höhe des Projektors mitte links (ml), Mittelpunkt (dort steht in der Regel der Projektor), mitte rechts (mr), vorne links (vl), vorne mitte (vm) und vorne rechts (vr). Es kommt Ihrer Überzeugungswirkung zugute, wenn Sie vorn im schraffierten Feld stehen und von dort aus sprechen. Damit die Zuhörer freie Sicht auf die Leinwand haben, werden Sie beim Einsatz von OHP oder Beamer natürlich zur Seite treten. Versuchen Sie, während der Präsentation gezielt den Standort zu wechseln und hin und wieder zur zentralen Position zurückzukommen. Dies kann aus didaktischen, psychologischen oder dramaturgischen Gründen sinnvoll sein.

Beispiele:

- Nach der Einleitung verändern Sie den Standort, um die Overhead- oder Computerpräsentation zu zeigen (siehe im Einzelnen Abschnitt 5 und 6).

- Wenn Beiträge oder Fragen aus dem Auditorium kommen, wirkt es wertschätzend, wenn Sie ein wenig auf den betreffenden Teilnehmer zugehen.

- Während einer Folienpräsentation schalten Sie den Projektor aus, um persönliche Erfahrungen darzustellen oder um die Zuhörer aktiv zu beteiligen. Hierzu gehen Sie in eines der vorderen Quadrate.

- Sie unterbrechen Ihre Computerpräsentation, indem Sie zum Beispiel eine dunkle Leerfolie einblenden, und gehen zum Flipchart, das vorne links oder rechts platziert ist. Dort erläutern Sie anhand einer Skizze das Funktionsprinzip der vorgeschlagenen Lösung.

Wenn Sie in der beschriebenen Weise verfahren und ein „aktives Bühnenbild" (Malcolm Kushner) abgeben, werden Sie als selbstsicherer wahrgenommen, als wenn Sie während der gesamten Präsentation an einem Fleck angewurzelt stehen. Aus rhetorischer Sicht lässt sich sagen, dass man als überzeugender wahrgenommen wird, wenn ruhige, statische Phasen mit dynamischen Passagen verknüpft werden. Dies gilt sowohl für die Bewegungen im Raum als auch für den Einsatz der Gestik und Sprechtechnik.

Sicher und aufrecht stehen

Achten Sie auf einen sicheren Stand mit dem Schwerpunkt über beiden Beinen. Diese Position vermittelt Ihnen vom Gefühl her Sicherheit und wird mit Ich-Stärke und Durchsetzungsfähigkeit assoziiert. Halten Sie Ihren Körper aufrecht in der Vertikalen. Die Statik muss stimmen. Vermeiden Sie breitbeiniges Stehen. Dies wird häufig mit Platzanspruch oder Dominanzgehabe in Verbindung gebracht. Günstig ist ein Abstand von etwa 15 cm zwischen den Füßen. Wenn Sie als Frau die feminine Komponente betonen wollen, ist es ratsam, einen Fuß etwas vor den anderen zu stellen.

Glaubwürdig und engagiert wirken

Während Ihrer Präsentation geben Sie eine Kostprobe Ihrer Persönlichkeit. Persönlichkeit kommt von lat. personare, d. h. durchtönen. Beim Vortragen und Diskutieren vermitteln Sie nicht nur einen sachlichen Inhalt, sondern Sie sagen (indirekt) auch etwas über Ihre Einstellung zu sich selbst, zum Produkt und zum Gesprächspartner. Ihre Art des Auftretens, Ihre Mimik und Gestik, Ihre Optik und Stimme geben immer auch Aufschluss über Glaubwürdigkeit, Sympathiewert sowie Ihre Sicherheit und Seriosität: kurz über Ihre Persönlichkeit.

Bedenken Sie, dass Ihr Gesprächspartner Ihren Aussagen zunächst blind vertrauen muss. Schließlich hat er während der Präsentation weder Zeit noch Gelegenheit, Ihre Beweismittel auf Tragfähigkeit hin zu prüfen. Im Zweifel wird er sich fragen, ob Sie ihm vertrauenswürdig und fachkundig erscheinen und ob Sie hinter Ihren Aussagen stehen. Die emotionale Ausstrahlung, Persönlichkeit und Rhetorik werden umso stärker zur Beurteilung herangezogen, je weniger die Zuhörer die Richtigkeit der Thesen nachvollziehen können.

Es kommt Ihrer Glaubwürdigkeit zugute, wenn Sie sich echt und situationsgerecht verhalten. Von großer Bedeutung ist die Stimmigkeit von Körpersprache und Gesagtem. Was Sie sagen, muss zu der Art und Weise passen, wie Sie es sagen. Die beste Voraussetzung für eine glaubwürdige und echte Wirkung ist gegeben, wenn Sie positiv über Ihre Zuhörer denken.

Tipp
Auf der CD-ROM finden Sie unter Videoclips einen Moderator, dessen Präsentationen aus der Sicht vieler Zuschauer als glaubwürdig, wertschätzend, positiv und kompetent wahrgenommen wird. Es ist <u>Wolf von Lojewski</u>, Moderator des *heute-journals*.

Zeigen Sie emotionalen Ausdruck und Engagement vor allem bei wichtigen Ideen und Argumenten. Ihr Gesprächspartner muss spüren, dass Sie hinter dem stehen, was Sie sagen. Vermeiden Sie Verlegenheitsgesten, Fahrigkeit und Hektik bei Ihren Bewegungen. Die Gestik und Mimik sollten das Gesagte unterstreichen. Psychologischen Erkenntnissen zufolge prägen die nonverbalen Signale die Gesamtwirkung einer Person um mehr als 50 Prozent (siehe zum Beispiel Mehrabian 1981).

Eine weitere Frage, die vor allem ungeübte Seminarteilnehmer immer wieder ansprechen, lautet: Was mache ich mit den Händen, wenn ich präsentiere und Fragen oder Diskussionsbeiträge aus dem Zuhörerkreis kommen?

Positive Beziehungsbotschaften senden

Achten Sie darauf, dass Ihre Gestik und Mimik positive Assoziationen beim Zuhörer auslösen. Senden Sie also „positive Beziehungsbotschaften". Beispielsweise durch offene Hände, ein freundliches Gesicht und einen offenen, stetigen Blick. Eher distanziert und wenig wertschätzend wirken zum Beispiel: dauerhaft verschränkte Arme, große Hektik, die geballte Faust; unfreundliches Gesicht, mit Zeigestab auf Menschen zeigen dem Auditorium den Rücken zuwenden. Wählen Sie eine natürliche Grundposition für Ihre Gestik. Günstig ist es, die Hände in Hüfthöhe dem so genannten „neutralen Bereich" zu halten. Dies fällt leichter:

- wenn Sie Ihr Stichwortkonzept oder eine Zeigehilfe in die Hand nehmen,
- wenn Sie eine Hand in die andere legen,
- wenn Sie ein leichtes Spitzdach mit den Händen formen (Kirchturmstellung).

Bemühen Sie sich darum, Ihre Gestik nicht zu machen sondern zuzulassen. Wenn der innere Impuls da ist, kommt die Gestik von selbst. Ihre Gestik wirkt am stärksten, wenn sie zum Inhalt passt und mit Ihrer Argumentation, Mimik und Ihrem Sprechausdruck eine Einheit bildet. Die Hände sollten sichtbar sein. Es wirkt in der Regel negativ, wenn Sie die Hände ständig auf dem Rücken halten, verschränken oder in den Hosentaschen verstecken. Allgemein lässt sich sagen, dass asymetrische Arm- und Beinhaltungen in der Regel vom Zuhörer als geringschätzend erlebt werden.

Bedenken Sie, dass die kleine Gestik oft kleinlich und ängstlich wirkt, während die große – weit ausholende – eher Sicherheit und Souveränität ausdrückt.

Vorsicht: Vermeiden Sie Überheblichkeit!

Zeigen Sie nicht mit dem Zeigefinger auf Zuhörer (Angriffsgebärde). Vermeiden Sie den erhobenen Zeigefinger, da dies Sympathiepunkte kostet und häufig als oberlehrerhaft empfunden wird. Die Finger bleiben normalerweise bei der Gestik geschlossen. Die Hand bleibt im Allgemeinen geöffnet.

Tipp
Auf der CD-ROM finden Sie ein Videoclip zum Thema Gestik beim Präsentieren. Dort erfahren Sie, wie Sie Ihre Hände während des Vortrags am besten einsetzen und welchen Grundposition für die Gestik am günstigsten ist.

Blickkontakt anbieten

Schauen Sie Ihre Zuhörer an, während Sie präsentieren. Dies ist ein Signal der Wertschätzung und ermöglicht Ihnen:

- eine „emotionale Brücke" (Kontaktbrücke) zum Auditorium aufzubauen,
- persönliche Sicherheit zu demonstrieren,
- die Aufmerksamkeit zu verstärken,
- Reaktionen Ihrer Zuhörer früh zu erkennen.

Es gibt eine Reihe von Erklärungen für fehlenden Blickkontakt im Alltag: Sie reichen von Arroganz und Dominanzstreben bis hin zu persön-
licher oder fachlicher Unsicherheit, Ängstlichkeit oder Minderwertig-
keitskomplexen.

Wenn Ihre Zuhörer u-förmig oder am Konferenztisch sitzen, ist es ratsam, den Blick reihum wandern zu lassen, sodass jeder Teilnehmer sub-
jektiv den Eindruck hat, angesprochen zu werden. Es wirkt persönli-
cher, wenn Sie dabei einige Sekunden, oder bis Sie einen Gedanken aus-
formuliert haben, bei einzelnen Zuhörern verweilen. Jeder sollte subjek-
tiv den Eindruck haben, dass er wichtig ist und dass ihm Aufmerksamkeit zuteil wird.

Vemeiden Sie, in Konzentrationsphasen den Blick zu senken oder zu
weit vom Publikum zu entfernen. Manchmal verursacht es sehr viel An-
spannung, den Zuhörern direkt in die Augen zu schauen. Hier ist es ratsam, die Stirn oder die Nasenwurzel Ihres Gesprächspartners zu fixie-
ren. Wenn ein Teilnehmer eine Frage stellt oder einen Diskussionsbei-
trag einbringt, sollten Sie ihn während des Zuhörens anschauen.
Während Ihrer Antwort ist es ratsam, dem Interaktionspartner vorrangig Blickkontakt anzubieten. Schauen Sie zwischendurch auch die übrigen Zuhörer an. Jeder muss das Gefühl haben wichtig zu sein. Jeder ver-
dient Wertschätzung. Psychologische Untersuchungen erhärten, dass erfolgreiche Vortragende aus zwei Gründen als vertrauenswürdiger erlebt
werden: Sie zeigen häufiger einen freundlich-lächelnden Gesichtsaus-
druck und halten weitaus mehr Blickkontakt mit ihren Kunden als
nicht erfolgreiche Vortragende (siehe zum Beispiel im Literaturver-
zeichnis: Klammer 1989).

8.3 Überzeugen durch wirkungsvolles Sprechen

Die persönliche Art und Weise des Sprechens – ob langsam oder schnell, ob laut oder leise, ob deutlich oder „nuschelig", ob flüssig oder stockend – sagt immer auch etwas über die eigene Persönlichkeit aus. Von Cicero stammt das Wort: Wie der Mensch, so seine Rede!

Tipp
Auf der CD-ROM finden Sie unter Videoclips (Datei: <u>Schmidt</u>) eine kurze Passage aus der Abschiedsrede von Helmut Schmidt. Unter sprechtechnischem Blickwinkel setzt der Altbundeskanzler vor allem drei Wirkmittel ein: Wechsel der Lautstärke, Variation des Tempos und eine gekonnte Pausentechnik. Gute Artikulation und ein hohes Maß an Präsenz sowie Engagement fördern zudem seine Überzeugungswirkung.

Wie Sie eine lebendige Sprechtechnik fördern können.

Wechseln Sie die Lautstärke

- Beginnen Sie am Anfang Ihrer Präsentation in der Stimmlage, in der Sie normal sprechen (Indifferenzlage). Sprechen Sie zunächst auch ein wenig langsamer und etwas leiser als normal.

- Wechseln Sie die Lautstärke. Dies kommt der Dynamik des Vortrags zugute.

- Betonen Sie die sinntragenden Silben und Wörter. Dies bestimmt maßgeblich den Rhythmus des Vortrags.

Variieren Sie das Tempo

- Sichern Sie durch Tempoveränderungen die Farbigkeit und Lebendigkeit Ihres Vortrags.

- Erzeugen Sie Spannung durch Tempoverzögerungen. Fesseln Sie durch Tempobeschleunigungen.

- Wählen Sie insgesamt ein eher mäßiges Grundtempo.
- Sprechen Sie umso langsamer, je wichtiger und schwieriger Ihre Inhalte sind.
- Vermeiden Sie Füllsel (= Störlaute wie äh, äh,...), indem Sie zwischen den Sätzen den Mund schließen und nasal atmen.

Machen Sie Pausen

- Pausen erleichtern es den Zuhörern, das Neue zu verarbeiten.
- Pausen gliedern, machen aufmerksam, erzeugen Spannung, regen zum Denken an.
- Pausen ermöglichen es Ihnen, sich auf den kommenden Gedanken innerlich vorzubereiten.
- Pausen geben Ihnen Gelegenheit zur Tiefenatmung und zum Auffüllen der Atemreserve. Machen Sie Atempausen nach dem Ausatmen, nicht nach dem Einatmen.
- Nach einem wichtigen Argument können Sie die Pausentechnik nutzen, weil dadurch das Gesagte betont wird. Die Aufmerksamkeit im Auditorium steigt und das Gesagte wirkt beim Zuhörer intensiver nach und wird besser behalten.

Von besonderer Wichtigkeit sind Pausen für all jene, die sehr hektisch, schnell und unruhig-nervös sprechen. Schnellsprechen mindert aus folgenden Gründen Ihre Überzeugungswirkung:

- Der Schnellsprecher vermittelt oft den Eindruck, er wolle die Sprechsituation möglichst schnell hinter sich bringen, um Misserfolgen aus dem Weg zu gehen (Fluchtverhalten).
- Hektisch-schnelles Sprechen signalisiert eher Unsicherheit.
- Schnellsprechen verführt zum undeutlichen, „nuscheligen" Sprechen, was sich zusätzlich negativ auf die eigene Überzeugungsfähigkeit auswirkt.
- Zu schnell dargebotene Argumente überfordern die Aufnahmefähigkeit der Zuhörer und mindern den Sympathiewert des Vortragenden.

Bei Rand- und Hintergrundinformationen kann eine schnellere Gangart beim Sprechen durchaus erwünscht sein. Wenn Sie etwa persönliche Erfahrungen, eine Anekdote, bereits bekannte Nachrichten oder Wiederholungen in die Präsentation einfügen.

8.4 Teilnehmerperspektive beachten

Große Fachkompetenz und gründliche Vorbereitungen nutzen wenig, wenn Ihre Zuhörer das Gesagte nicht nachvollziehen können. Für den Präsentationserfolg ist es unverzichtbar, verständlich zu formulieren und auf die Reaktionen der Zuhörer zu achten.

Erleichtern Sie den Zuhörern die Aufnahme der Informationen

Günstige Voraussetzungen für die Aufnahme und Verarbeitung der Informationen sind gegeben, wenn Sie:

- die Gliederung Ihrer Präsentation zu Anfang vorstellen,

- Ihre Präsentation als Lernprozess organisieren (siehe Abschnitt 3.4),

- den Zuhörern immer wieder zeigen, wie sich die einzelnen Teilthemen in das Gesamtkonzept einordnen,

- besonders wichtige Aussagen rhetorisch hervorheben (*„Dieser Punkt ist besonders wichtig...", „Von entscheidender Bedeutung ist..."*),

- gut artikulieren. Eine verwaschene, undeutliche Aussprache legt die Vermutung nahe, dass der zugrunde liegende Gedanke selbst unklar und wenig durchdacht ist,

- eine zuhörergerechte Sprachebene wählen,

- Fachbegriffe/Abkürzungen auf das Notwendige beschränken und erklären,

- Ihre Ausführungen an vermutetes/bekanntes Wissen und vermutete/bekannte Erfahrungen der Zuhörer anknüpfen,

- die Schaubilder und Grafiken hirngerecht gestalten und „inszenieren" (siehe Abschnitte 4.3 und 6.1.2),

- die Kernaussagen durch anschauliche Beispiele, Visualisierung und Wiederholung verankern,

- Zusammenfassungen nach längeren Ausführungen und nach wesentlichen Aussagen machen.

Darüber hinaus kommt es der Verständlichkeit zugute, wenn Sie eine gute Mischung zwischen Kerninformationen und auflockernden Elementen wie Beispiele, Vergleiche oder eigene Erfahrungen haben. Niemand kann sich über längere Zeit auf gedrängt dargebotene Informationen konzentrieren. Jeder braucht Phasen der Entspannung, des Nachdenkens und Zeit zum Einprägen des Neuen.

Achten Sie auf die Reaktionen Ihrer Zuhörer

Achten Sie während der gesamten Präsentation darauf, wie Ihre Zuhörer auf Ihre Ausführungen reagieren. Schenken Sie dabei den Entscheidern, Schlüsselpersonen und informellen Führern in der Gruppe besondere Aufmerksamkeit. Es ist ein „Muss" für jede Präsentation, vier Fragenkreise laufend im Blick zu haben:

- Inwieweit sind Akzeptanz und Interesse beim Zuhörer gegeben?

- Deuten Signale auf Widerspruch und „innere Kündigung" hin?

- Inwieweit sind Verständnisprobleme erkennbar?

- Lässt die Aufmerksamkeit nach?

Informationen hierüber erhalten Sie in Form von *nichtsprachlichen Signalen,* wie etwa Unruhe in der Gestik, plötzlicher Haltungswechsel wie Zurücklehnen, abreißender Blickkontakt, fragende Mimik.

Auch *sprachliche Rückmeldungen* wie Fragen, Einwände, unsachliche Angriffe, Untergespräche, Zwischenrufe oder Störungen, signalisieren Ihnen, dass die Aufmerksamkeit nachlässt.

Wenn Mimik, Gestik oder Unruhe auf Abbruchgedanken, Widerspruch oder Desinteresse hindeuten, sollte Sie den Zuhörern in jedem Falle Gelegenheit geben, Verständnisfragen zu stellen oder Einwände zu bringen. Bei nachlassender Aufmerksamkeit können Sie zudem die später dargestellten aktivierenden Techniken nutzen (siehe Punkt 8.5).

8.5 Aufmerksamkeit sichern durch Aktivierungstechniken

Aktivierungstechniken dienen dazu, Präsentationen so zu gestalten, dass die Aufmerksamkeit der Zuhörer geweckt und erhalten bleibt. Ohne Aufmerksamkeit hat Ihr Publikum keine Chance, die wesentlichen Inhalte aufzunehmen, zu verarbeiten und zu behalten.

Sie erfahren in diesem Abschnitt

- welche Ursachen für sinkende Aufmerksamkeit verantwortlich sind
- welche Techniken zur Aktivierung der Zuhörer zur Verfügung stehen

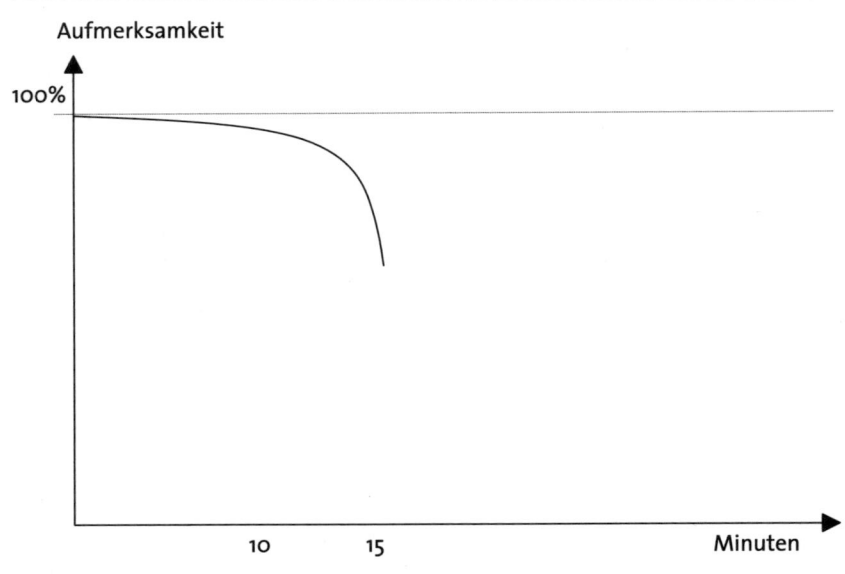

Abb. 59: Verlauf der Aufmerksamkeitskurve

Wie die Abbildung andeutet, lässt sich die Aufmerksamkeitskurve während einer Präsentation nicht ohne weiteres auf einem sehr hohen Niveau halten.

Inwieweit die Aufmerksamkeit während eines Vortrags nachlässt, lässt sich nicht mit Gewissheit sagen. In der Praxis wird oft mit der Faustregel gearbeitet, dass die Konzentrationsfähigkeit nach etwa 10 bis 15 Minuten schwächer wird. Es wäre jedoch fahrlässig, solche Hypothesen zu verallgemeinern. Inwieweit die Aufmerksamkeit wirklich sinkt, hängt neben der Dauer des Vortrags von anderen Bestimmungsfaktoren ab. Dazu gehören vor allem die rhetorischen Fähigkeiten des Vortragenden, die Bedeutung des Themas für die Zuhörer sowie die eingesetzten Medien und Methoden.

8.5.1 Ursachen sinkender Aufmerksamkeit

Ergebnisse der Kommunikationsforschung (siehe zum Beispiel Kroeber-Riel 1993) bestätigen die Alltagserfahrung, dass die Aufmerksamkeit vor allem dann sinkt, wenn die dargebotenen Reize die Zuhörer zu wenig aktivieren und wenn sich aufgrund der Präsentation negative Gefühle einstellen. Es sind vor allem folgende Präsentationsfehler, die „Abbruchgedanken" und dadurch eine sinkende Aufmerksamkeitskurve verursachen:

- Ziel und Nutzen der Präsentation bleiben unklar,

- die vereinbarte Zeit wird überschritten,

- die Ausführungen sind unverständlich,

- die Struktur der Präsentation ist nicht erkennbar,

- die Grafiken sind unleserlich und überladen,

- die Anzahl der Grafiken überfordert die Zuhörer,

- der Vortrag wirkt langweilig und farblos.

Weil niemand genau sagen kann, wie die präsentierten Inhalte schließlich beim Zuhörer ankommen, ist es von großer Bedeutung, in jeder Phase Ihrer Präsentation darauf zu achten, wie es um die Aufmerksamkeit im Auditorium bestellt ist. Informationen hierüber erhalten Sie durch sprachliche und nichtsprachliche Rückmeldungen (siehe Abschnitt 8.4). Je früher Sie mangelnde Aufmerksamkeit wahrnehmen, desto eher können Sie mit der einen oder anderen Technik gegensteuern.

8.5.2 Die Aktivierungstechniken im Einzelnen

Die dargestellten Aktivierungstechniken sind darauf gerichtet, die Zuhörer in geeigneter Weise zu beteiligen und ihre Aufmerksamkeit auf die Kernbotschaft zu lenken. Leitend ist dabei die psychologische Erkenntnis, dass Aufmerksamkeit vor allem durch überraschende und intensive Stimulanzien sowie durch bedürfnisorientierte und emotionale Reize gefördert werden kann.

Prüfen Sie in Abhängigkeit vom Szenario und der Zielsetzung Ihrer Präsentation, welche der sechs Techniken in Frage kommen, um die Aufmerksamkeitskurve auf einem hohen Niveau zu halten.

Aktivierungstechniken

- Attraktiv einsteigen
- Kundennutzen veranschaulichen
- Zuhörer beteiligen
- Standort und Medienwechsel
- Rhetorische Mittel
- Ergänzende Stimulanzien

Abb. 60: Aktivierungstechniken

Attraktiv einsteigen

Ein Aufmerksamkeitswecker („attention spot") in der Einstiegsphase der Präsentation ist darauf gerichtet, Neugier zu wecken und Spannung zu erzeugen. Bedenken Sie, dass sich Ihre Zuhörer – auch wenn sie körperlich anwesend sind – gedanklich noch mit anderen Themen beschäftigen, zum Beispiel mit Problemen in Ihrer Abteilung, der stressigen Anreise oder anderen Tagesordnungspunkten.

Das Spektrum möglicher Aufmerksamkeitswecker wurde in Abschnitt 3.4 im Einzelnen dargestellt.

Kundennutzen veranschaulichen

Die Zuhörer schenken Ihnen bei jeder Präsentation ein kostbares Gut:
ihre Zeit. Sie werden dann Ihre Ausführungen aufmerksam und wohl-
wollend begleiten, wenn ein Nutzen für sie selbst, für ihr Team oder ihr
Unternehmen erkennbar ist. Verweilen Sie deshalb nicht nur bei der Beschreibung bestimmter Produktmerkmale, sondern zeigen Sie, was dieses Merkmal für die Praxis bedeutet. Der Nutzen kann etwa darin liegen

- Zukunftsanforderungen besser zu bewältigen,

- aktuelle Schwierigkeiten zu überwinden,

- neue Marktfelder zu erschließen,

- einen Fullservice zu erhalten,

- wirtschaftliche Vorteile zu haben.

Weil Nutzengesichtspunkte die Aufmerksamkeit fördern, ist es ratsam,
relevante Produktinformationen in dem Dreischritt: Nutzen – Details –
Nutzen darzustellen.

Schritt 1:   Sie weisen in der Einleitung auf die Bedeutung und den Nutzen des Neuen hin und erzeugen dadurch Aufmerksamkeit.

Schritt 2:   Dann stellen Sie die notwendigen Details Ihres Produkts oder
Konzepts in verständlicher Weise dar.

Schritt 3:   Sie entwickeln daran anknüpfend den Praxisnutzen und verankern diesen durch eindrucksvolle Bilder und Referenzbei-
spiele. Achten Sie darauf, dass Sie ausgehend von den konkreten Wünschen, Schwierigkeiten und Erwartungen des
Kunden den Nutzen Ihres Lösungsvorschlags aufzeigen.

Zuhörer beteiligen

Mithilfe dialogischer Techniken können Sie Ihr Auditorium aktiv beteiligen und in den Informations- und Überzeugungsprozess einbeziehen.
Der Dialog ist das wirkungsvollste Mittel, um die Aufmerksamkeit zu stimulieren und die Zuhörer aus ihrer passiven Rolle zu befreien. Frage-
runden sowie Phasen der Diskussion und des Erfahrungstauschs motivieren, weil der Zuhörer sein Vorwissen, seine Vorerfahrung und seine
Sicht der Dinge einbringen kann.

Nutzen Sie offene Fragen (= W-Fragen), um das Gespräch in Gang zu bringen. Beispiele:

- „Welche Anforderungen haben Sie an eine Problemlösung?"
- „Was verstehen Sie unter...?"
- „Welche Erfahrungen haben Sie gemacht mit...?"
- „Welche Erwartungen haben Sie...?"
- „Welche Entscheidungskriterien haben für Sie Priorität...?"
- „Wie schätzen Sie diesen Lösungsweg ein...?"

Standort- und Medienwechsel

Eine abwechslungsreiche Dramaturgie stimuliert zweifellos die Aufmerksamkeit der Zuhörer. Prüfen Sie, inwieweit ein Wechsel des Standorts und der Medien zum Drehbuch Ihrer Präsentation passt.

Die Möglichkeiten haben wir in Abschnitt 8.2 behandelt.

Rhetorische Mittel

Wer Zuhörer fesseln will, findet in der klassischen Rhetorik eine Reihe ergänzender Praxistipps. Hervorragende Redner wie Helmut Schmidt, Wolfgang Schäuble oder Joschka Fischer setzen vor allem drei rhetorische Stilmittel ein, um ihre Zuhörer zu fesseln: Stimmliche Modulation, Sprechtempo und Pausen.

Wenn Sie Ihre Zuhörer aktivieren wollen, sollten Sie in jedem Falle Monotonie vermeiden. Setzen Sie auch hier auf einen Wechsel der „Reize", auf laut und leise, hoch und tief, schnell und langsam. Vergessen Sie nicht, vor und nach wichtigen Aussagen Sprechpausen zu machen (siehe im Einzelnen Abschnitt 8.3).

Ergänzende Stimulanzien

In vielen Präsentationen können Sie motivierende Zutaten wie Witz und Humor einsetzen, um Gefühle zu wecken. Dies schafft Sympathie und Abwechslung und aktiviert dadurch die Aufmerksamkeit. Achten Sie jedoch darauf, dass die Stimulanzien mit Augenmaß eingesetzt werden, zu den Erwartungen ihrer Zielgruppe passen und Ihre Kernbotschaft nicht übertönen.

Sammeln Sie motivierende Zutaten für Ihre Präsentationen in einer individuell gestalteten elektronischen Motivdatei. Dies hilft Ihnen bei der Vorbereitung, um kopflastige Themen aufzulockern und psychologische Ventile zu schaffen. Mein Handarchiv pflege ich seit 20 Jahren. Es ist nach diesen Kategorien aufgebaut.

Rubrik 1: *Sinnsprüche und Zitate.* Ich habe gute Erfahrungen damit gemacht, Verwertbares sofort in den Computer einzugeben Einmal in einer Winword-Datei für die Tischvorlagen sowie in PowerPoint für meine Präsentationen.

Rubrik 2: *Cliparts.* Bemühen Sie sich hier um Originalität und Eigenständigkeit. Viele der amerikanischen Clipart-Bibliotheken sind für Einstellungen und Sehgewohnheiten unserer Zuhörer weitgehend unbrauchbar. Üben Sie auch Zurückhaltung bei PowerPoint-Cliparts, da die meisten dieser Clips inzwischen fast jedem bekannt sind.

Tipp
Internet-Adressen für Cliparts finden Sie im Anhang unter WWW-Links.

Rubrik 3: *Cartoons und Karikaturen.* Achten Sie beim Studieren von Tages- und Wochenzeitungen, Fachzeitschriften, Magazinen und Büchern auf Verwertbares. Vergessen Sie nicht, den Namen des Karikaturisten zu vermerken. Prüfen Sie die Möglichkeit, zu Ihren Themen passende Karikaturen anfertigen zu lassen. Hierbei stellen Sie einige typische Situationen und Motive Ihres Unternehmens, Bereichs oder Ihrer Produktpalette und Kernkompetenzen zusammen und bitten einen Karikaturisten, Ihnen Vorschläge zu machen.

Rubrik 4: *Storys, Fabeln und Anekdoten.* Sammeln Sie auch hier, was zu Ihren typischen Szenarien passt und was Sie gern erzählen. Die Länge sollte nach Möglichkeit eine Minute nicht überschreiten. Wo finden Sie Storys und Geschichten? In Zeitungen, im Rundfunk und Fernsehen und natürlich im täglichen Leben.

Rubrik 5: *Digitale Fotos und Videos.* Es war noch nie so einfach wie heute, kurze Videosequenzen in Präsentationen einzufügen. Digitale Kameras und digitale Fotoapparate bieten eine Reihe von Chancen, zum Beispiel Produkte, Referenzobjekte, Werkstätten, Verfahrensabläufe, virtuelle Darstellungen oder Ihr Team einzubinden.

8.6 „Stressfahrplan" – Wege zu einer positiven Einstellung

Wichtige Stationen des Stressfahrplans

- Positive Einstellung
- Akzeptieren Sie „innere Unruhe"
- Angst durch Handeln besiegen
- Misserfolge konstruktiv verarbeiten
- Mentales Training
- Kein Perfektionismus

Mangelnde Sicherheit und Ausstrahlung lassen sich häufig auf Lampenfieber und Redeängste zurückführen. Im Kapitel 7.3 haben wir bereits Möglichkeiten kurz angesprochen, um die schwierige Einstiegsphase beim Präsentieren „in den Griff" zu bekommen. Wenn Sie sich grundsätzlicher mit dem Problemkreis „Redehemmungen" auseinander setzen wollen, finden Sie im Folgenden weiterführende Empfehlungen.

Ziel muss es sein, eine innere Einstellung zu erlangen, die von Selbstvertrauen und Erfolgszuversicht geprägt ist. Sie haben dann die richtige Verfassung, wenn es Ihnen Freude macht, die Tür zum Präsentationsraum zu öffnen und zu Ihrem Auditorium zu sprechen.

Der Dreh- und Angelpunkt zu Ausstrahlung und Erfolgsmotivation liegt nicht so sehr in der mechanischen Anwendung äußerer Techniken. Viel wichtiger ist eine *positive Einstellung* zur eigenen Person, zum Vortragsthema und zu den Zuhörern.

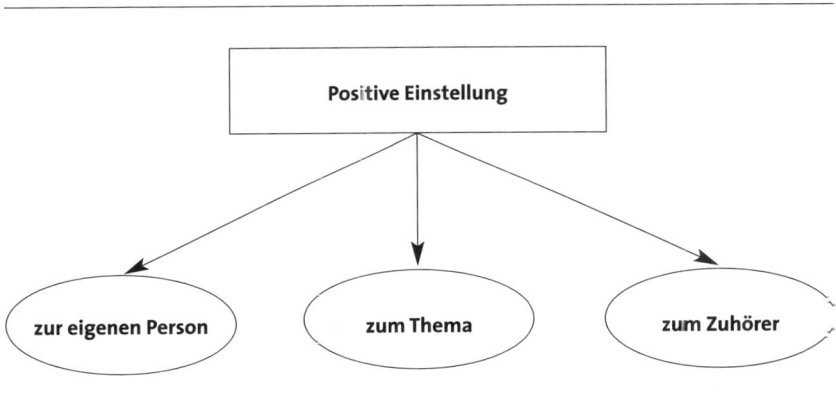

Positive Einstellung zur eigenen Person

Wie denken Sie über sich selbst als Präsentator? Haben Sie Vertrauen in Ihre Fähigkeit, eine Präsentation durchzuführen? Wenn nein, warum nicht? Wenn Sie vor einem Auftritt Selbstgespräche (innere Dialoge) führen, worum kreisen Ihre Gedanken? Entwickeln Sie eine positive Meinung von sich selbst. Akzeptieren Sie zunächst Ihre Stärken und Schwächen und versuchen Sie dann schrittweise, die eigenen Stärken auszubauen und die Schwachstellen zu überwinden. Wenn Sie sich selbst nicht akzeptieren, können Sie nicht erwarten, dass andere Sie annehmen! Nur ein Mensch, der Selbstvertrauen hat, kann das Vertrauen anderer erwerben. Schreiben Sie auf, was Ihre persönlichen Stärken sind und worauf Sie bauen können, wenn Sie Ihre Bühnen betreten. Vermeiden Sie es, sich immer nur Ihre Minuspunkte vor Augen zu halten und das, was schief gehen könnte. Es gibt so etwas wie eine sich selbst erfüllende Prophezeihung: Wer sein Gehirn nur mit dem beschäftigt, was alles schief gehen könnte, provoziert leicht Misserfolg. Daher der Rat, an ein Gelingen zu glauben und dies durch inneres positives Sprechen zu verstärken.

Positive Einstellung zum Thema

Ihr Zuhörer muss spüren, dass Sie eine positive Einstellung zu den präsentierten Inhalten haben und dass Ihnen das Thema wichtig ist. Wenn Sie selbst nicht hinter Ihren Ideen und Argumenten stehen, können Sie nicht erwarten, dass Ihr Kunde Ihre Ausführungen akzeptiert. Sie können Ihre Zuhörer nur dann wirklich begeistern, wenn Sie selbst hinter Ihrem Thema stehen. Es gibt eine einfache Übung zur Förderung der Begeisterungsfähigkeit.

Sprechen Sie über Themen, die Sie begeistern! Dies kann zum Beispiel ein Produkt, ein Land, ein Hobby, eine Vision, eine neue Technologie oder eine politische Idee sein. Es ist hochinteressant und lehrreich zu sehen, wie man selbst bei einem Begeisterungsvortrag wirkt – wie sich die eigene Gestik, Mimik und Persönlichkeit aufhellt, wenn man wirklich hinter einem Thema steht. Gerade für technisch und eher sachlich orientierte Menschen bringt es einen hohen Lernertrag, die eigene Körpersprache und Stimme gerade dann auf Video zu erleben, wenn man hinter einer Sache steht.

Positive Einstellung zum Zuhörer

Wenn Sie an Ihr Auditorium denken, welche Assoziationen kommen Ihnen spontan in den Sinn? Denken Sie eher an Freunde oder Feinde? Sind es eher Partner, zu denen Sie sprechen oder ist es eine „gemischte Raubtiergruppe", die Sie zur Strecke bringen will? Es liegt auf der Hand, dass die positiven oder negativen inneren Dialoge einen unmittelbaren Einfluss auf Ihr Stressniveau und damit auf Ihre Mimik und Ihr Erscheinungsbild haben werden. Günstig ist eine partnerschaftliche Einstellung zum Zuhörer, die von Respekt und Wertschätzung getragen ist. Diese dialogische Basis ist zum Beispiel verletzt, wenn Sie als Vortragender Dominanzgebärden zeigen (Sie sind oben, die Zuhörer sind unten) oder wenn Sie Minderwertigkeitskomplexe an den Tag legen (Sie sind unten, die Zuhörer oben).

Akzeptieren Sie innere Unruhe

Lampenfieber ist – in bestimmten Grenzen – durchaus erwünscht, um die notwendige Energie und Leistungsbereitschaft zu aktivieren. Das weiß jeder Leistungssportler, jeder Schauspieler vor einer Premiere, jeder Moderator vor einer „Livesendung" im Fernsehen, jeder Redner vor einer wichtigen Debatte. Nur wer innerlich „aufgeladen" ist, besitzt die entsprechende Dynamik und das Durchstehvermögen für einen überzeugenden Vortrag. Suchen Sie beim Vortrag nach Ventilen, um Ihre Alarmreaktion in Bewegung umzusetzen. Beispiele: Sie wechseln den Standort, Sie setzen unterstützende Gestik ein, Sie gehen früh in die Interaktion, Sie entwickeln Bilder am Flipchart, Sie drücken Ihr Engagement in einer lebendigen Sprechtechnik aus.

Angst durch Handeln besiegen

Sie können Ihre Stressreaktion besser beherrschen, wenn Sie das rhetorische Know-how kennen und den Ablauf der Präsentation üben. Der Übungsfaktor ist unverzichtbar, gibt es doch keine Kunst ohne Übung. Schaffen Sie sich im Alltag Erfolgserlebnisse, indem Sie aktiv nach Gelegenheiten suchen, um Präsentationen mit zunehmender Schwierigkeit durchzuführen und in Besprechungen und Diskussionen kommunikative Techniken zu erproben.

Misserfolge konstruktiv verarbeiten

Wer handelt, hat Erfolge und natürlich auch Misserfolge. Belasten Sie Ihr Nervenkostüm nicht durch Misserfolge. Entscheidend ist auch hier wie Sie Misserfolge sehen und bewerten. Im Folgenden einige Praxistipps, um produktiv mit diesen Situationen umzugehen.

Deuten Sie Misserfolge als Lernquelle um. Versuchen Sie eine positive Einstellung zu einem „Fehlschlag" zu gewinnen. In den meisten Fällen können Sie auch aus frustrierenden Ereignissen etwas lernen. Machen Sie Ihr Selbstvertrauen und Ihre Selbstakzeptanz niemals von einzelnen Erfolgen oder Misserfolgen abhängig. Bringen Sie sich selbst gegenüber stets das gleiche Maß an Wertschätzung entgegen, und zwar unabhängig davon, ob Sie gerade mit Erfolgen gesegnet sind oder nicht.

Mentales Training

Vor besonders stressigen Situationen kann ein Mentaltraining zum selbstsicheren und erfolgsmotivierten Auftreten hilfreich sein. Als wirkungsvoll haben sich diese Wege herausgestellt:

Simulation der Ernstsituation. Hierbei geht es darum, den gesamten Handlungsablauf der Präsentation gedanklich durchzuspielen (zu simulieren). So etwa die Einstiegsphase Ihrer Präsentation, der Umgang mit dem Projektor oder das „Inszenieren" einer Folie. Die Erfahrung zeigt, dass es leichter fällt, bestimmte Vorsätze umzusetzen, wenn sie das erwünschte Verhalten vorher simuliert haben. Diese Form des gedanklichen Probehandelns wird seit Jahren mit Erfolg im Hochleistungssport eingesetzt, beispielsweise beim alpinen Ski, Rodeln im Eiskanal oder in der Leichtathletik beim Stabhochsprung. Spitzensportler bestätigen, dass komplexe Handlungsabläufe mithilfe des Mentaltrainings schneller erlernt oder vervollkommnet werden können.

Visualisierung eines rhetorischen Leitbildes. Entwerfen Sie mithilfe Ihrer Vorstellungskraft das überzeugendste rhetorische Leitbild von sich selbst. So und so möchte ich vor die Gruppe treten, so und so möchte ich „rüberkommen", wenn ich vor Kunden präsentiere. Dieses Bild ist dann besonders wirkungsvoll, wenn Sie verschiedene Sinnesorgane aktivieren. Sie stellen sich also via Kopfkino ein überzeugendes optisches Erscheinungsbild und eine hirnfreundliche akustische Präsentation vor. Sie koppeln damit die Vorstellung, dass es Ihnen Freude macht, die „Bühne" zu betreten und mit Engagement und Begeisterung die Inhalte darzustellen. Halten Sie Ihr eigenes rhetorisches Leitbild fest und definieren Sie kleine Lernschritte, um sich diesem Bild anzunähern.

Eigene Erfolgserlebnisse bewusst machen. Das Ziel besteht hier darin, in einen „Zustand der besten persönlichen Ressourcen" zu kommen. Dieser lässt sich mit den Eigenschaften *energiegeladen, erfolgsmotiviert, kraftvoll* und *selbstsicher* kennzeichnen. Dieser Zustand kann auch als freies Fließen der Energien interpretiert werden und wird daher als „Flow-Zustand" bezeichnet (siehe zum Beispiel Loehr 1988). Hierbei versetzen Sie sich mit geschlossenen Augen zurück an konkrete Situationen, die Ihnen besonders gut gelungen sind. Welche persönlichen „Sternstunden" kommen mir in den Sinn, wenn ich an Vorträge, Gespräche, Auftritte der Vergangenheit denke? Und – wie habe ich mich dabei gefühlt? Die Hypothese: Wenn Sie sich eine Weile persönliche Erfolgserlebnisse bewusst machen, gehen Sie mit mehr Ausstrahlung und Zuversicht in die anstehende Präsentation, als wenn Sie sich von negativen, misserfolgsorientierten Gedanken dominieren lassen.

Kein Perfektionismus

Bedenken Sie, dass Ihre Zuhörer kleine Schwächen verzeihen. Perfektionismus ist nicht gefragt. Im Gegenteil. Alles, was zu glatt und stromlinienförmig wirkt, kann zur Ablehnung führen. Wenn Ihnen einmal der Faden reißt oder andere Schwierigkeiten auftreten, sind Lächeln und Humor die beste Überlebensstrategie. Versprecher und kleine „Menschlichkeiten" können jedem passieren.

Tipp
Auf der CD-ROM sind unter Videoclips Versprecher bekannter Moderatoren und Politiker zusammengestellt. Ich bin sicher, dass Sie auch ein wenig schmunzeln werden. Wenn Sie als kompetent, selbstüberzeugt und sympathisch wahrgenommen werden, spielen Verlegenheitspausen und Versprecher keine Rolle.

Bewährte Tipps zum Umgang mit Verlegenheitspausen.

- Sprechen Sie einfach weiter. Niemand im Publikum kennt Ihr Konzept.

- Nehmen Sie den letzten Gedanken noch einmal auf.

- Fassen Sie die Quintessenz des bisher Gesagten zusammen.

- Gehen Sie zum nächsten Punkt über. Sagen Sie, dass Sie im späteren Verlauf Ihrer Präsentation auf den betreffenden Gedanken noch einmal zurückkommen.

- Häufig helfen Floskeln weiter wie:
  „Lassen Sie es mich anders formulieren..."
  „Besser ausgedrückt..."

9 Souverän interagieren und diskutieren

In diesem Kapitel finden Sie

9.1 Modelle zur Verzahnung von Präsentation und Interaktion
9.2 Empfehlungen zum Diskussionsverhalten
9.3 Empfehlungen zur Einwandbehandlung
9.4 Empfehlungen zum Umgang mit unsachlichen Angriffen
9.5 Ergänzende Tipps für schwierige Situationen

Der überzeugende Vortrag und der gekonnte Medieneinsatz sind notwendige, jedoch noch keine hinreichenden Bedingungen für den Erfolg. Sie werden Ihre Präsentationsziele nur dann erreichen, wenn Sie neben dem Präsentieren in der Lage sind, mit Einwänden, Fragen und anderen Diskussionsbeiträgen, die während und nach der Präsentation kommen, gekonnt umgehen. Hierfür benötigen Sie kommunikative Fähigkeiten, die mit unterschiedlichem Schwerpunkt für alle Präsentationsmodelle notwendig sind.

9.1 Modelle zur Verzahnung von Präsentation und Interaktion

Phasen der Diskussion und Interaktion* können in unterschiedlicher Weise mit der eigentlichen Präsentation verknüpft werden. Die Abbildung zeigt die wichtigsten Präsentationsmodelle in der Übersicht. Welches Modell in Frage kommt, hängt maßgeblich vom Anlass der Präsentation, von den eingesetzten Medien und vom Ergebnis der Zuhöreranalyse ab (siehe Abschnitt 3.2). Die Modelle 1 bis 3 eignen sich für Vortragspräsentationen, während das Modell 4 hauptsächlich für Präsentationen im Gespräch und für Lehr-Lern-Situationen in Frage kommt.

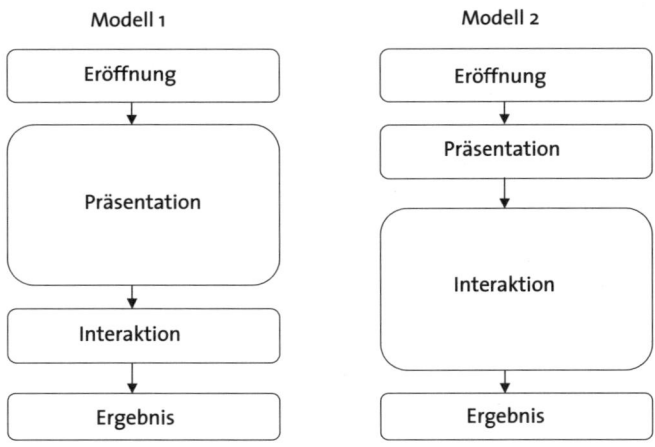

Abb. 61: Standardmodelle „Präsentation und Interaktion"

---

* Der Begriff „Interaktion" umfasst alle wechselseitigen Aktionen zwischen Präsentator und Zuhörern sowie zwischen den Zuhörern. Dazu gehören angeregte und spontane Beiträge des Auditoriums, also z.B. Fragen, Einwände, Kritik, neue Ideen. „Diskussionen" werden als Untermenge von „Interaktionen" verstanden.

Modell 1

Diese Variante *„Zunächst Präsentation, dann Diskussion"* hat sich bei den meisten Präsentationsanlässen bewährt. Hierbei entzerren Sie die Phasen Vortrag und Diskussion. Der Vorteil dieses Vorgehens: Sie können Ihre Präsentation im Zusammenhang darstellen und laufen nicht Gefahr, dass eine frühe Diskussion Ihr Konzept durcheinander bringt. Geben Sie Ihren Zuhörern bereits zu Ende der Einleitung eine entsprechende Orientierungshilfe: *„Zunächst stelle ich Ihnen das Konzept im Zusammenhang vor. Wenn Sie Verständnisfragen haben, können Sie mich jederzeit unterbrechen. In der anschließenden Diskussionsphase beantworte ich gern Ihre Fragen und Einwände"*

Modell 2

Falls Sie Im Vorfeld der Präsentation nur wenig Informationen über Bedürfnisse, Vorwissen und spezielle Erwartungen des Kunden zusammentragen konnten, ist es ratsam, nur kurz zu präsentieren und früh in die Interaktion zu gehen. Dieser frühe Dialog hat in diesem Zusammenhang zwei Vorteile:

1 Sie erhalten (ergänzende) Kundeninformationen und

2 Sie sichern Aufmerksamkeit und Interesse des Zuhörerkreises.

Je nach Präsentationsanlass und Szenario können weitere Formen der Verknüpfung von Präsentation und Interaktion in Frage kommen.

Modell 3

Wenn Sie keine Vorinformationen über die Erwartungshaltung und die Situation des Kunden haben, bietet das Modell 3 die beste Gewähr, kundenorientiert zu präsentieren. Die vorgeschaltete interaktive Phase hat zum Ziel, die besonderen Erwartungen und Entscheidungskriterien der Zuhörer in Erfahrung zu bringen. Diese Informationen helfen Ihnen dann, die Inhalte kundengerecht zu präsentieren und in einer weiteren interaktiven Phase mit dem Kunden zu diskutieren. Dieses Vorgehen ist risikoreich und verlangt vom Präsentator ein hohes Maß an Flexibilität und Medienkompetenz. Er muss jeweils in kurzer Zeit entscheiden, wie er am besten auf Fragen und Bedürfnisse des Kunden eingeht und wie er die vorbereiteten visuellen Hilfsmittel rasch einsetzen kann.

- Bei Computerpräsentationen ist sicherzustellen, dass die relevanten Charts auf Knopfdruck angesteuert werden können. Dies setzt differenzierte Vorbereitungen voraus (siehe Abschnitt 3.5).

- Beim Einsatz des Overheadprojektors bereitet es in der Regel keine Probleme, die betreffenden Folien rasch herauszusuchen und zu präsentieren.

- Falls der Zuhörerkreis Themen und Wünsche artikuliert, für die Sie keine fertigen Schaubilder und Grafiken mitgebracht haben, bleibt Ihnen nur die Möglichkeit, verbal auf diese Punkte einzugehen und – falls erforderlich – spontan ein Flipchart oder eine Blankofolie einzusetzen.

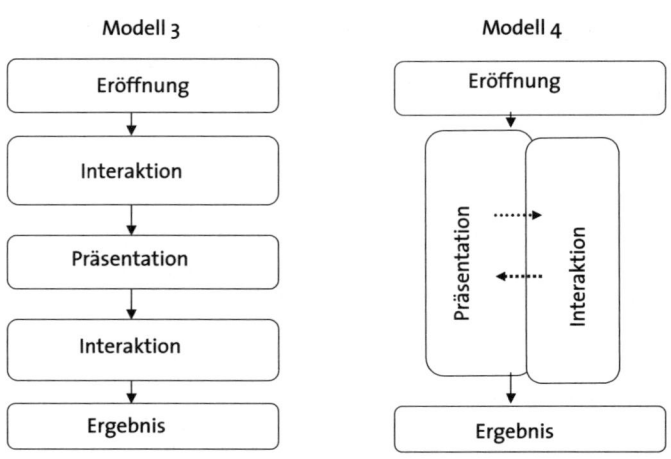

Abb. 62: Spezielle Modelle „Präsentation und Interaktion"

Modell 4

Dieses „parallele Schema" eignet sich zum Beispiel, wenn Sie bestimmte Inhalte im Rahmen eines Gesprächs präsentieren wollen. Hierbei fügen Sie kleine Präsentationsmodule in den Gesprächsablauf ein, wobei die Interaktion mit dem Gesprächspartner aufrechterhalten bleibt (siehe im Einzelnen Abschnitt 5.4.2). Auch das Lehrgespräch im Rahmen von Schulungen weist eine ähnliche formale Struktur auf.

9.2 Empfehlungen zum Diskussionsverhalten

Sie erfahren im Einzelnen, wie Sie

- die Diskussion gekonnt eröffnen
- Diskussionsbeiträge wertschätzend behandeln
- die Diskussion kompetent und zielorientiert lenken
- am Schluss die Kernbotschaft verstärken

Bei den meisten Präsentationen sind Sie Präsentator *und* Diskussionsleiter zugleich. Achten Sie bei der Leitung der Aussprache darauf, die Beiträge sachgerecht und partnerschaftlich zu behandeln, auch wenn Sie mit schwierigen Sachfragen und kritischen Einwänden konfrontiert werden. Generell wird es Ihnen leichter fallen, in der Diskussionsphase zu bestehen, wenn Sie sich bereits im Rahmen der Vorbereitung Reaktionsmöglichkeiten für die sachlichen und unsachlichen Beiträge sowie für unfaire Taktiken festgelegt haben (siehe hierzu auch Abschnitt 3.2 und 3.3).

Die Diskussion gekonnt eröffnen

Die formelle Eröffnung (*„Welche Fragen sind entstanden?"* oder *„Haben Sie Fragen?"*) birgt die Gefahr, dass niemand etwas sagt. In den meisten Fällen ist es daher günstiger, eine Eröffnungsvariante zu wählen, bei der Sie direkt in die Interaktion kommen. Sie können zum Beispiel:

- an einem Vor- oder Pausengespräch anknüpfen: *„Herr Dr. Müller, Sie hatten in unserem Vorgespräch auf die Bedeutung der Recyclingfähigkeit hingewiesen. Wie beurteilen Sie unseren Vorschlag?"* oder *„In der Pause wurde ich gefragt..."*

- einen Teilnehmer, den Sie persönlich kennen, um seine Einschätzung bitten: *„Herr Winkler, wie beurteilen Sie die Umsetzbarkeit dieses Lösungsvorschlags für Ihre Sparte?"*

- das Fazit Ihrer Präsentation in die Aussprache münden lassen: *„So weit die wichtigen Vorzüge unseres Lösungsvorschlags. Inwieweit erscheinen Ihnen die gezeigten Produktmerkmale praktikabel für Ihr Haus?"*

- offene Fragen stellen, um die Zuhörer zu aktivieren: *„Wie sehen Ihre Erfahrungen zu diesem Punkt aus?"*, *„Wie schätzen Sie diesen neuen Lösungsweg ein?"*

- noch einmal ein wichtiges Chart zeigen und zu Fragen und Anmerkungen auffordern: *„Welche Fragen sind entstanden?"*

Diskussionsbeiträge wertschätzend behandeln

Um den eigenen Sympathiewert zu fördern, ist es wichtig, auf ein gutes Klima hinzuwirken und auf Fragen und Einwände partnerschaftlich zu reagieren. Der Grundsatz des Fairplay sollte auch dann nicht aufgegeben werden, wenn Ihr Gegenüber Fangfragen stellt oder unsachlich agiert. Jeder muss sein Gesicht wahren können. Wertschätzend wirkt es, wenn Sie:

- dem Fragesteller Interesse und Zuwendung zeigen,

- situationsgerecht ein paar Schritte auf den Fragesteller zugehen,

- Blickkontakt anbieten und ausreden lassen,

- den Teilnehmer mit seinem Namen ansprechen,

- sich bemühen, den Beitrag zu verstehen,

- bei Meinungsverschiedenheiten zunächst die gemeinsamen Punkte herausstellen.

Diskussion kompetent und zielorientiert lenken

Unter inhaltlichem Aspekt kommt es darauf an, Ihre Präsentationsziele ständig im Blick zu haben und die Fragen kurz, präzise und kompetent zu beantworten. Wiederholen Sie im Rahmen der Diskussionsrunde Ihre wichtigsten Nutzenargumente und die besonderen Kompetenzen Ihres Leistungsangebots/Unternehmens. Steter Tropfen höhlt den Stein...

Bewährt haben sich in der Praxis diese Lenkungstechniken

- Lassen Sie sich nicht zu Antworten verleiten, die Ihren Informationsstand überfordern und die nicht in Ihre Zuständigkeit fallen. Oft ist es ratsam, diplomatisch Nein zu sagen und ein späteres Gespräch anzubieten:

  „Für diese Frage bin ich nicht direkt verantwortlich. Darf ich Ihnen einen Kontakt zur Abteilung X herstellen...?"

  „Ich möchte Ihnen hier keine gewagte Antwort geben sondern mich erst in unserem Unternehmen rückversichern. Bis wann brauchen Sie die Information?"

- Erteilen Sie das Wort in der Reihenfolge der Wortmeldungen oder nach inhaltlichen Gesichtspunkten.

- Worterteilungen zum Verfahren (zum Beispiel Zeit und Ablauf) haben Vorrang.

- Wenn zahlreiche und sehr heterogene Fragen und Einwände kommen, können Sie die Fragenkreise thematisch bündeln. Stimmen Sie dieses Vorgehen jedoch mit den Zuhörern ab.

- Prüfen Sie bei unterschiedlichen Meinungen zunächst, ob Sie über das gleiche Thema sprechen.

- Bei sehr speziellen Fragen, die den Großteil der Runde überfordern würden, können Sie eine kurze Antwort geben und dem Fragesteller ein weiterführendes Vieraugengespräch nach der Veranstaltung anbieten.

Ergänzende Tipps

• Achten Sie auf die verfügbare Zeit.

• Vermeiden Sie ein offenes Streitgespräch. Fragen Sie vielmehr nach Begründungen und Beweismitteln Ihres Gegenübers.

• Greifen Sie in der Diskussion ruhig noch einmal auf Folien oder andere visuelle Hilfsmittel zurück.

• Ein taktischer Hinweis: Im Anschluss an einen heiklen Einwand können Sie weitere Fragen entgegennehmen (und z. B. auf Flipchart notieren), um Zeit zu gewinnen.

Kernbotschaft am Schluss verstärken

• Fassen Sie zu Ende die Quintessenz der Diskussion so zusammen, dass die wesentlichen Punkte Ihrer Präsentation und Ihre Fähigkeit, problemorientierte Lösungen im Dialog mit dem Zuhörer zu erarbeiten, noch einmal betont werden. Sprechen Sie in jedem Falle die konkreten Folgeaktivitäten an, d.h. wer was bis wann und wie tun soll. Bedanken Sie sich abschließend für die Einladung.

• Beachten Sie beim Präsentieren im internationalen Geschäft, dass es zu den Ritualen gehören kann (etwa in China), dass die Folgeaktivitäten recht vage und unverbindlich bleiben.

• Der letzte Eindruck muss positiv und einprägsam sein, denn er bleibt besonders nachhaltig in der Erinnerung der Zuhörer.

9.3 Spezielle Empfehlungen zur Behandlung von Einwänden

Wer überzeugen will, muss in der Lage sein, sich wirkungsvoll mit Fragen und anderen Auffassungen auseinander zu setzen. Eine gute Einwandtechnik verlangt mehr als Sachkompetenz und Schlagfertigkeit. Unter psychologischem Aspekt ist vor allem darauf zu achten, dass unnötige Spannungen vermieden werden, die Diskussion im Gleichgewicht gehalten und Akzeptanz bei den Beteiligten aufgebaut wird.

Einwände als Chance begreifen

Einwände sind im allgemeinen positive Signale, weil sie Interesse bekunden. Sie sollten daher produktiv mit ihnen umgehen. Ein anfängliches „Nein", geäußerte Bedenken und Befürchtungen oder kritische Fragen zeigen, dass der Zuhörer noch Widerstände und innere Zweifel hat. Ihre Beweisführung erscheint ihm noch nicht zwingend. In jedem echten Einwand steckt eine Frage oder der Wunsch nach einer Verständnishilfe. Diese Frage gilt es zu erkennen und überzeugend zu beantworten.

Denken Sie daran, dass Sie im Gespräch und in der Diskussion nicht nur an der Qualität Ihrer Thesen und Argumente („Sachebene") gemessen werden, sondern vor allem auch an der Art und Weise, wie Sie mit abweichenden Auffassungen und Kritik umgehen („Beziehungsebene").

Einwände „weich" und „wirksam" behandeln

Das folgende Phasenkonzept zeigt in vereinfachter Form, wie man Einwände psychologisch „richtig" und wirkungsvoll behandeln sollte.

Aktives Zuhören

Ziel ist es, den sachlichen Gehalt des Einwandes zu verstehen, aufmerksames Interesse zu zeigen und zu einem kooperativen Diskussionsklima beizutragen.

Phasenkonzept zur Behandlung eines Einwands

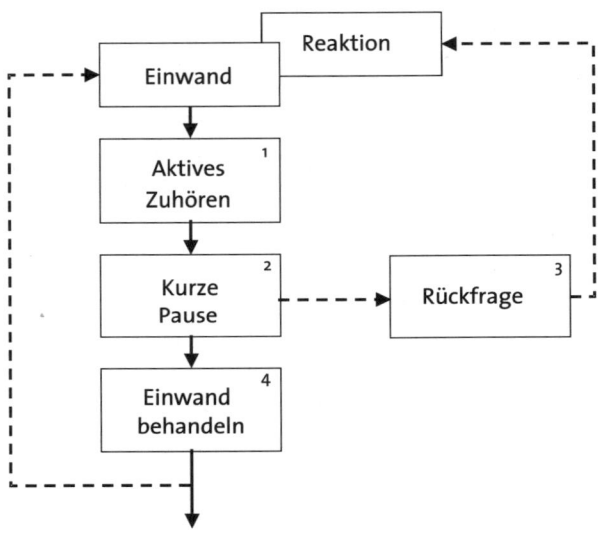

Abb. 63: Phasenkonzept zur Behandlung eines Einwands

Wichtige Merkpunkte:

- Bleiben Sie ruhig und innerlich gelassen. Bieten Sie dem Fragesteller Blickkontakt an. Vermeiden Sie Verlegenheitsgesten und stereotypes Lächeln, während Sie den Einwand hören.

- Lassen Sie den anderen ausreden.

- Lassen Sie sich unter gar keinen Umständen provozieren.

- Bemühen Sie sich, den Kern des Einwandes rasch herauszufinden. Achten Sie bei der Verständniskontrolle auf die Voraussetzungen, Beweismittel und Konsequenzen des Einwandes. Überlegen Sie, ob Sie auf den Einwand überhaupt eingehen müssen.

- Analysieren Sie die Motive, die dem Einwand (wahrscheinlich) zu
Grunde liegen: Will man Sie provozieren, will man Ihre Sicherheit te-
sten oder liegt ein echtes (sachliches) Motiv zu Grunde, das zu den
Meinungsäußerungen geführt hat?

Kurze Pause zum Nachdenken

Dies ist psychologisch ratsam, weil eine zu schnelle Antwort oft den Eindruck vermittelt, mit Standardformulierungen zu arbeiten, nicht zu-
gehört und den Diskussionspartner nicht ernst genommen zu haben. Eine kurze Denkpause gibt Ihnen zudem Gelegenheit, zu entscheiden, ob
Sie sofort antworten sollen oder ob eine Rückfrage günstiger ist.

Rückfrage

Sie eröffnet die Möglichkeit:

- zusätzliche Informationen zu erfragen und die Einschätzung des
Gegenüber, besser zu verstehen:
„Mir ist nicht ganz klar geworden, wie das einzuordnen ist..."
„Darf ich fragen, auf welche Untersuchungen Sie sich stützen...?"
- abzusichern, ob man den Einwand verstanden hat
„Habe ich Sie recht verstanden ...?"
„Sie sind also der Meinung, dass...?"
- Zeit zu gewinnen, falls man den Einwand nicht sofort beantworten
will oder nicht sofort beantworten kann.

Einwände wirksam behandeln

Vermeiden Sie unbedingt, auf eine Behauptung, die Ihnen nicht passt,
mit einer Gegenbehauptung zu reagieren. Widerstand und Widerspruch, ein schroffes „Nein", bauen unnötige Spannungen auf und erzeugen Abwehr. Redewendungen wie: *„Nein, das stimmt nicht..."; „Nein, da
sind Sie falsch informiert..."; „Glauben Sie mir, das läuft in der Praxis nicht..."* haben den Charakter der Endgültigkeit und führen häufig zu einer emotionalen Einengung („psychologische Reaktanz") des Partners. Und emotionale Einengung zerstört einen fruchtbaren Dialog und mindert Ihre
Glaubwürdigkeit und Ihre Chancen zu überzeugen.

Jede Demonstration von Überlegenheit und Dominanz erzeugt Abwehr und mindert die Akzeptanzbereitschaft beim Zuhörer. Daher die Empfehlung, Einwände nicht zu widerlegen, sondern zu beantworten, partnerschaftlich und nicht überlegen zu wirken. Denken Sie daran:

Jeder Mensch hat ein mehr oder weniger ausgeprägtes Bedeutungsbedürfnis, ein Verlangen nach Bejahung und Wertschätzung.

Der Grundsatz der positiven Einstimmung des Gesprächspartners (durch Anerkennung, Ausdruck von Verständnis, bedingte Zustimmung u.a.) trägt diesem Motiv Rechnung. Möglichkeiten zur Umsetzung dieser Forderung sind:

- Die Technik der bedingten Zustimmung
- Die Vorteile-Nachteile-Methode
- Die Referenzmethode
- Die Verzögerungstechnik
- Die Methode der Vorwegnahme
- Verständnis zeigen

Die Technik der bedingten Zustimmung

Hierbei greift man einen Aspekt des Einwands auf und stimmt bedingt zu. Erst dann wird der eigene Standpunkt auf verständliche Weise erklärt, präzisiert oder relativiert.

- *„In diesem Aspekt stimme ich zu..."*
- *„Ich bin Ihnen dankbar, dass Sie diesen Punkt ansprechen..."*
- *„Diese Meinung hören wir oft. Wir dürfen jedoch nicht übersehen, dass..."*

Eine Variante dieser Technik besteht darin, dem angesprochenen Aspekt einen weiteren hinzuzufügen:

- *„Ich verstehe Ihre Bedenken. Dieser Punkt wird häufiger angesprochen. Erlauben Sie mir bitte, hierzu die Erfahrungen unserer Firma darzustellen..."*

Die Vorteile-Nachteile-Methode

Hier argumentieren Sie mit den zwei Seiten einer Sache. Ein offensichtlicher Nachteil wird zugegeben. Sodann wird der Nutzen oder der Wert Ihres Produkts/Ihrer Problemlösung argumentativ aufgebaut. Ziel: Zeigen, dass sich durch die Abwägung zwischen „Für" und „Wider" eine Entscheidung für die vorgeschlagene Lösung rechtfertigen lässt.

- *„Das ist richtig. Der Preis liegt um 10 Prozent höher als bei der Alternative 1. Häufig wird jedoch übersehen, dass gerade im ökologischen Bereich ein erheblicher Zusatznutzen mit dieser Variante verbunden ist..."*

- *„Zugegeben, es gibt Risiken bei der Endlagerung von hochstrahlendem Material. Wir dürfen jedoch nicht vergessen, welche Vorteile die Kernenergie im Vergleich zu fossilen Kraftwerken bietet..."*

Die Referenzmethode

Hier argumentiert man mit den Erfahrungen und Erkenntnissen in vergleichbaren dritten Unternehmen, Organisationen, Ländern oder mit den Aussagen von Experten und Persönlichkeiten, die aus der Sicht des Kunden vermutlich eine große meinungsbildende Kraft haben.

- *„Vielen Dank für Ihr Frage. Bei der Planung unseres Projekts XY haben wir die angesprochenen Probleme folgendermaßen gelöst..."*

- *„Sie fragen zu Recht nach den Zukunftstrends in diesem Bereich. Unsere Gespräche mit dem Fraunhofer-Institut haben nämlich ergeben, dass..."*

- *„Sie befürchten, dass die Einführung dieses Konzepts viel Unruhe bei der Mitarbeitern verursachen wird. Ich kann Sie hier beruhigen. Wir haben eine Reihe von Referenzunternehmen, die gerade durch frühe Beteiligung der Betroffenen die Einführungsphase sehr gut gemeistert haben..."*

Die Verzögerungstechnik

Der Einwand wird positiv bewertet und zu einem späteren Zeitpunkt beantwortet.

- *„Ein wichtiger Aspekt, den Sie da ansprechen, ich komme gegen Ende meiner Ausführungen auf diesen Punkt zu sprechen..."*

Die Methode der Vorwegnahme

In vielen Fällen kommt es Ihrer Überzeugungskraft zugute, wenn Sie von sich aus den ein oder anderen Einwand ansprechen, den man bei der vorgeschlagenen Problemlösung bringen könnte. Insbesondere kritische Zuhörer honorieren in der Regel eine zweiseitige Argumentation. Vorsicht: keine schlafenden Hunde wecken!

Verständnis zeigen

Zeigen Sie Verständnis für die Einschätzung und die Wünsche Ihrer Zuhörer. Verständnis zeigen ist eine einfache Geste der Wertschätzung und trägt dazu bei, dass sich die Distanz zum Gegenüber verringert. Bedenken Sie, dass Kritik und Einwände häufig nur damit zu tun haben, dass Ihr Zuhörer eine andere Sicht der Dinge, eine andere Perspektive als Sie hat. Hieraus kann man relativ leicht eine kooperative Einwandtechnik machen.

- *„Ich kann Ihre Sicht der Dinge sehr gut nachvollziehen. Es gibt allerdings Untersuchungsergebnisse, die uns veranlasst haben, einen anderen Weg zu beschreiten..."*

- *„Ich habe volles Verständnis für Ihr Anliegen und würde es gern realisieren. Wir haben hier jedoch die Auflagen des Bundesumweltamtes zu beachten..."*

- *„Ich verstehe sehr gut Ihre Verärgerung über den Terminverzug. Bitte geben Sie mir die Chance, den Hintergrund für die terminlichen Schwierigkeiten zu beleuchten."*

9.4 Empfehlungen zum Umgang mit unsachlichen Angriffen

In diesem Abschnitt finden Sie bewährte Abwehrstrategien für die häufigsten unsachlichen Taktiken.

Unsachliche Taktiken

1 Emotionalisieren
2 Fachkompetenz bestreiten
3 Meinungen als Tatsachen hinstellen
4 Tatsachen bestreiten
5 Einzelfälle verallgemeinern
6 Hypothetische Fragen stellen

Abb. 64: Unsachliche Taktiken

1 Emotionalisierung

Anstatt sachlich und fair zu bleiben, versucht Ihr Gesprächspartner, Sie durch gezielte Provokation und Emotionalisierung aus der Reserve zu locken, sodass Sie die Selbstkontrolle verlieren und nicht mehr in der Lage sind, ein überlegtes Urteil abzugeben.

Zu den Spielarten gehören: persönliche Angriffe, Beleidigungen, Unterstellen unlauterer Motive, Herabsetzen mit Schlagworten, Ironie, lächerlich machen. Die häufigste unsachliche Variante ist die Killerphrase. Durch sie versucht Ihr Gegenüber, gute Vorschläge und Ideen rasch abzuwürgen. Typische Redewendungen sind:

- *„In der Theorie ist das ja ganz gut, aber in der Praxis..."*

- *„Bei uns sieht das ganz anders aus..."*

- *„Unser bisheriger Lieferant ist unumstrittener Marktführer..."*

Abwehrmöglichkeiten

- Ruhe, Gelassenheit und Selbstdisziplin.

- Lassen Sie sich niemals den Grad der Unfairness, die Lautstärke und die emotionale Stimmung vom anderen aufdrängen.

- Stellen Sie das Sachargument und die Regeln des Fairplay in den Mittelpunkt.

- Versuchen Sie die starken Emotionen Ihres Gegenübers durch Rückfragen auf die Sache zu lenken.

Hierbei hilft Ihnen ein Argumentations-Judo.

Wenn Sie persönlich angegriffen werden, gehen Sie nicht zur Gegenattacke über. Durchbrechen Sie den Teufelskreis, indem Sie sich weigern, auf die Aktion mit einer Reaktion zu antworten. Schlagen Sie nicht zurück, sondern gehen Sie einen Schritt zur Seite und lenken Sie den Angriff auf das Problem. Vermeiden Sie, genauso wie beim Judokampf, ihre Kräfte unmittelbar gegen die Kraft des anderen zu setzen. Nutzen Sie Ihre Wendigkeit, springen Sie zur Seite und lassen Sie den Stoß des anderen ins Leere laufen. Halten Sie nicht gegen die Gewalt des anderen, kanalisieren Sie sie lieber zur Erkundung der Interessen, indem Sie Optionen zu beiderseitigem Nutzen entwickeln und unabhängige Kriterien suchen.

Harvard-Konzept

Was können Sie konkret tun?

Nutzen Sie die Fragetechnik, um die Energie des „Angreifers" von Ihrer Person zum Sachproblem zu lenken:

- *„Herr Müller, mir ist nicht klar geworden, welchem Lösungsweg Sie den Vorzug geben..."*
- *„Herr Dr. Winkler, welche Kriterien sind für Sie entscheidend, um zu einer Lösung zu kommen...?"*
- *„Herr Schneider, unter welchen Umständen könnten Sie sich doch mit dem Konzept anfreunden...?"*
- *„Was würden Sie an unserer Stelle tun?"*

- Verteidigen Sie sich nicht. Gestatten Sie der Gegenseite, „Dampf ab-zulassen". Lehnen Sie sich auf Ihrem Stuhl (gedanklich) zurück. Hören Sie zu und lenken Sie den Angriff konsequent auf das Sach-problem.

- Springen Sie niemals „blind" auf Reizthemen an, weil Sie dies in „psy-chologischen Nebel" bringen kann. Bestimmen Sie selbst, ob Sie et-was sagen, was Sie sagen und wie Sie es sagen.

2 Bestreiten der Fachkompetenz

Bei dieser Taktik wirft man Ihnen mangelnde Sachkunde oder un-zulängliche Erfahrung vor, um den strittigen Gegenstand beurteilen zu können. Dies geschieht nicht selten mit dem Hinweis auf Ihre berufli-che Funktion, Ihr Alter oder Ihre fachliche Spezialisierung.

Abwehrmöglichkeiten

- Lassen Sie sich niemals zu gewagten Antworten provozieren. Ihre Kompetenz und Seriosität müssen erhalten bleiben. Sagen Sie diplo-matisch Nein und bieten Sie eine spätere Antwort an:

„Diese Frage fällt nicht in meinen Zuständigkeitsbereich; darf ich Ihnen nach der Veranstaltung den Namen des zuständigen Ansprechpartners nennen."

- Einschränkende Redewendungen sind ratsam, um Ihre Argumenta-tion weniger angreifbar zu machen.

„Nach meinem derzeitigen Informationsstand..."
„Aufgrund unserer Recherchen kommen wir zu der Einschätzung..."

- Lassen Sie sich auf keine Kompetenzdiskussion ein, konzentrieren Sie sich in jedem Falle auf die Sachargumente.

3 Meinungen als Tatsachen hinstellen

Diese Taktik ist vor allem dann beliebt, wenn Ihr Gegenüber erkennt, dass er die schwächeren Sachargumente hat. Derartige Scheinargumentationen werden häufig durch inhaltsleere Floskeln eingeleitet wie:

„Es bedarf keiner weiteren Diskussion, dass..."

„Der Fall liegt doch ganz klar..."

„Sie als Fachmann werden bestätigen, dass..."

„Wir können mit Sicherheit davon ausgehen..."

Abwehrmöglichkeiten

- Stellen Sie Fragen, um Argumente für die aufgestellten Behauptungen zu erhalten. Wer behauptet, ist immer beweispflichtig!

  „Bitte sagen Sie mir, wie Sie zu Ihrer Einschätzung kommen...?"
  „Auf welche Informationsquellen stützen Sie sich...?"

- Damit haben Sie gegebenenfalls die Möglichkeit, sich mit Fakten auseinander zu setzen.

4 Tatsachen bestreiten

- Diese Taktik kann darauf zielen, Sie zu verunsichern, Ihre Glaubwürdigkeit herabzusetzten. Sie sollen zu unüberlegten Reaktionen provoziert werden. Typische Redewendungen lauten:

  „Was Sie da sagen, stimmt überhaupt nicht..."
  „Sie sind falsch informiert..."

Abwehrmöglichkeiten

- Zunächst gilt auch hier: Rückfragen stellen, um in Erfahrung zu bringen, worauf sich Ihr Gegenüber stützt.

- Falls notwendig, müssen Sie Ihre Argumentation verteidigen. Dies fällt natürlich leichter, wenn Sie im Rahmen Ihrer Vorbereitung die Fakten, Daten und Beweismittel abgesichert haben.

- Lassen Sie sich nicht beeindrucken, wenn Ihr Gegenüber im Brustton der Überzeugung spricht.

5 Einzelfälle verallgemeinern

Ihr Gegenüber führt einzelne Beispiele, persönliche Erfahrungen und konkrete praktische Fälle in die Diskussion ein und kommt dann zu allgemeinen Schlussfolgerungen.

Abwehrmöglichkeiten

Wenden Sie sich mit Entschlossenheit gegen diese Taktik, weil ihr ein Denkfehler zugrunde liegt. *Einzelfälle und Beispiele beweisen nie!* Sie sind allenfalls geeignet, zu erläutern und zu veranschaulichen.

- Verweisen Sie auf Gegenbeispiele, auf positive Referenzen und anders gelagerte Fälle.

- Fragen Sie Ihren Gesprächspartner, inwieweit sich die vorgetragenen Fälle und Beispiele verallgemeinern lassen. Häufig führt dies schon zu einer differenzierteren Sicht der Dinge.

6 Hypothetische Fragen stellen

Ihr Gegenüber versucht, die Überzeugungskraft Ihrer Argumentation durch hypothetische Fragen zu erschüttern oder Sie zu verunsichern:

„Was machen wir mit Ihrem Lösungsvorschlag, wenn sich in einem Jahr zeigt, dass der Kunde sein Verhalten verändert?"

„Was ist, wenn sich Ihre Annahmen als viel zu optimistisch erweisen?"

„Was machen wir, wenn sich Ihr Vorschlag als Flop herausstellt?"

Abwehrmöglichkeiten

- Springen Sie nicht „blind" auf hypothetische Fragen an.

- Prüfen Sie zunächst, ob der hypothetischen Frage realistische Annahmen zu Grunde liegen, und sagen Sie, auf welche Informationen (Untersuchungen, Institute, Marktanalysen usw.) Sie Ihre Prognosen stützen:

„Ihrer Frage liegt eine recht pessimistische Erwartung hinsichtlich der konjunkturellen Entwicklung zu Grunde. Wir stützen uns in unserer Marktprognose auf den Sachverständigenrat und die Zahlen des Wirtschaftsministeriums."

„Wir haben uns bemüht, weder eine pessimistische noch eine zu optimistische Prognose zu Grunde zu legen. Wir haben eine mittlere Entwicklungslinie unterstellt. Und die sieht so aus..."

9.5 Ergänzende Tipps für zwei spezielle Situationen

Selbst erfahrene Präsentatoren haben immer wieder Probleme, bei Untergesprächen, Unruhe im Zuhörerkreis oder bei Monologen einzelner Teilnehmer angemessen zu reagieren.

1 Untergespräche

Wenn Teilnehmer Privatdiskussionen führen und sich Unruhe breit macht, ist dies in der Regel ein Alarmzeichen. Sie sollten darauf hinwirken, dass mögliche Abbruchgedanken nicht in Desinteresse und „innere Kündigung" umschlagen.

Reaktionsmöglichkeiten

- Aktivieren Sie die Teilnehmer durch offene Fragen:

  „Inwieweit habe ich mich verständlich machen können...?"
  „Was ist offen geblieben...?"
  „Welche Erfahrungen haben Sie damit gemacht...?"

- Bringen Sie einen neuen (motivierenden) Gesichtspunkt!

- Setzen Sie rhetorische Mittel ein: Lautstärke variieren; mehr Dynamik und Emotionen; anschauliche Beispiele und Vergleiche.

- Wechseln Sie die Medien.

- Stellen Sie den Nutzen Ihres Vorschlags heraus. Nutzen motiviert stärker als Fakten und Detailinformationen.

- Bemühen Sie sich, die desinteressiert wirkenden Teilnehmer (über „Schlüsselwörter", die mit ihrem Ressort zu tun haben) zu aktivieren und an der Diskussion zu beteiligen.

- Wenn dies alles nicht hilft, ist es ratsam, die Kernbotschaft zusammenzufassen und in die Diskussion überzuleiten.

2 Monologe

Es verlangt dialektisches Geschick und Fingerspitzengefühl, mit Teilnehmern umzugehen, die kritische Koreferate halten oder einen ganzen Fragenkatalog vortragen.

Reaktionsmöglichkeiten

- Bei Präsentationen vor ranghöheren Führungskräften oder Kunden ist es im Zweifel ratsam, auch bei längeren Beiträgen geduldig zuzuhören und dann kurz und kompetent zu antworten. Bedenken Sie stets, dass sich hinter den Wortmeldungen eines Teilnehmers auch emotionale Motive (nach Bestätigung, Anerkennung...) verbergen können.

- In vielen Fällen können Sie freundlich unterbrechen und nach den entscheidenden Argumenten oder Kriterien fragen:

  „Herr Dr. Müller, mir ist nicht deutlich geworden, welches Argument für Sie das entscheidende ist."

- Dem „Langredner" können Sie mit Hinweis auf die knappe Zeit ein Gespräch unter vier Augen anbieten.

- Werden mehrere Fragen gebündelt gestellt, ist es ratsam, Notizen zu machen und dann zunächst diejenige zu behandeln, die am leichtesten zu beantworten ist.

10 · Präsentation nachbereiten

Wegen der Vergessenskurve sollte sich die Nachbereitung möglichst unmittelbar an Ihre Präsentation anschließen. Im Mittelpunkt dieser Rückschau stehen vier Fragen:

- Was ist nach der Präsentation zu tun?
- Welche Kundeninformationen habe ich gewonnen?
- Wie sind die Gruppe und das Gruppenverhalten einzuschätzen?
- Wie kann ich die Qualität zukünftiger Präsentationen verbessern?

Was ist nach der Präsentation zu tun?

Die Folgeaktivitäten im Anschluss an Präsentationen hängen vom Ziel, vom Sachthema und von den Reaktionen des Auditoriums ab. Häufig werden in der Diskussionsphase einer Präsentation *Folgeaktivitäten* angesprochen. Bei Kundenpräsentationen wird dabei die Initiative eher vom Zuhörerkreis ausgehen. Bei anderen Anlässen wie zum Beispiel bei Präsentationen vor eigenen Mitarbeitern wird der präsentierende Vorgesetzte selbst Folgevereinbarungen anregen oder zu solchen motivieren.

Bei *Überzeugungspräsentationen* können Sie sich etwa diese Fragen stellen:

- Welche Informationen wünscht der Kunde im Nachgang zu der Präsentation?

- Welche Produktmerkmale und Nutzenargumente waren aus der Sicht des Kunden besonders interessant?

- Wo konkret signalisierten die Anwesenden Zustimmung, wo Widerspruch?

- Inwieweit habe ich neue Erkenntnisse gewonnen über den konkreten Bedarf, über Entscheidungskriterien und die Situation des Kunden?

- Welchen Teilnehmern habe ich ergänzende Informationen zugesagt?

- Inwieweit sind Folgetreffen und Folgeaktivitäten vereinbart worden? Welche operativen Schritte sind zu tun?

Wenn Ihre Präsentation darauf gerichtet war, Ihre Zuhörer zu informieren *(Informationspräsentation)*, stehen naturgemäß andere Fragen im Mittelpunkt:

- Inwieweit sind die Kerninformationen verstanden worden?

- Inwieweit zeigten die Zuhörer Akzeptanz oder Widerspruch?

- Welche Fragen wurden gestellt, wie war der Meinungstrend?

- Gibt es Wissensdefizite, die durch ergänzende Informationen ausgeglichen werden können?

- Inwieweit sind Folgeaktivitäten mit den Zuhörern vereinbart worden?

- Plane ich weitere Schritte, die mit der Weiterführung des Themas zu tun haben?

Die Aktionen im Anschluss an Ihre Veranstaltung leisten einen zusätzlichen Beitrag, um Ihre Präsentationsziele oder übergeordnete Unternehmensziele zu erreichen. Mögliche Aktionen sind zum Beispiel:

- E-Mails mit ergänzenden Informationen

- Telefonate oder persönliche Gespräche

- Besprechungen im eigenen Team

- Erarbeitung und Versand bestimmter Unterlagen (Angebote; technische Berechnungen; Broschüren; Preiskalkulationen usw.)

- Folgeveranstaltungen (Präsentationen, Gespräche, Besprechungen...)

Welche Kundeninformationen habe ich gewonnen?

Dieser Punkt knüpft an Ihre vorbereitenden Überlegungen zur Situations- und Zuhöreranalyse an (siehe Abschnitt 3.2). Während Sie im Vorfeld der Präsentation häufig auf Vermutungen und Spekulationen angewiesen waren, haben Sie nun die Chance, die Informationsbasis zu verbessern und zu aktualisieren. Wichtige Fragen sind:

- Inwieweit habe ich ergänzende und neue Informationen über die Erwartungen und Ziele des Kunden erhalten? (Was sind seine Entscheidungskriterien, seine brennenden Probleme und Bedürfnisse?)

- Inwieweit habe ich ergänzende und neue Informationen über die Vorkenntnisse und Einstellungen der Zuhörer erhalten? (Bei Kundenpräsentationen: Wie stehen die Zuhörer zu unserem Unternehmen, zum Angebot, zum Wettbewerb?)

- Inwieweit habe ich ergänzende und neue Informationen über den persönlichen Bereich und die Persönlichkeitsstruktur der Zuhörer erhalten?

- Inwieweit passten die eingesetzten Medien zur Erwartungshaltung des Kunden?

- Inwieweit habe ich (bei Kundenpräsentationen) Informationen über seine unternehmerische Strategie, relevante Marktentwicklungen und Trends erhalten?

Wie sind die Gruppe und das Gruppenverhalten einzuschätzen?

Die Dynamik einer Gruppe lässt sich niemals mit Gewissheit voraussagen. Insofern bleibt auch bei akribischer Vorbereitung stets ein Restrisiko. Daher ist es besonders wichtig, Erfahrungen im Umgang mit Gruppen zu sammeln und den Blick für das Gruppenverhalten zu schärfen. Relevante Fragen sind:

- Wie verhielten sich Entscheider und andere Schlüsselpersonen?

- Wer war der informelle Führer in der Gruppe?

- Inwieweit ist es gelungen, ein gutes Klima aufzubauen?

- Welche sachlichen Einwände und Fragen waren schwer zu beantworten?

- Gab es unsachliche Spielarten oder Fangfragen? Wenn ja, welche?
- Welche Rolle spielte der Wettbewerb in der Diskussion?
- Habe ich Konflikte zwischen Teilnehmern beobachten können?
- Zu wem habe ich einen „guten Draht" aufbauen können?
- Mit wem werde ich Kontakt halten/Kontakte ausbauen?
- Mit wem war es schwierig? Warum?

Wie kann ich die Qualität zukünftiger Präsentationen verbessern?

Um das eigene Präsentationsverhalten weiterzuentwickeln, ist es hilfreich, alle Determinanten zu durchdenken, die den Verlauf und das Ergebnis der Präsentation beeinflusst haben. Bemühen Sie sich darum, Positives zu verstärken und Schwierigkeiten als Lernchance zu betrachten. Prüffragen zur Qualitätskontrolle:

- Wenn ich die gesamte Präsentation Revue passieren lasse: Was ist gut gelaufen? Was will ich verbessern?
- Wie habe ich mich während der Phasen Einleitung, Hauptteil, Schluss und Diskussion gefühlt?
- Inwieweit habe ich mein Lampenfieber in den „Griff bekommen"?
- Inwieweit bin ich zufrieden mit der Vorbereitung meines Auftritts, mit Vortrag und Diskussion sowie mit dem Medieneinsatz?
- An welchen Stellen der Präsentation zeigte der Zuhörerkreis besonderes Interesse?
- An welchen Stellen kam Kritik?
- Inwieweit konnte ich Einwände und Fragen überzeugend beantworten?
- Wie sind meine Schaubilder und Grafiken angekommen?
- Inwieweit ist es gelungen, die Aufmerksamkeit der Zuhörer auf hohem Niveau zu halten?
- Inwieweit habe ich den zeitlichen Rahmen einhalten können?

Die Beantwortung dieser Fragen hilft Ihnen, konkrete Vorsätze für die nächste Präsentation zu formulieren. Vergessen Sie dabei nicht, Ihr Selbstbild mit dem Fremdbild (wie Ihr Auditorium Sie wahrnimmt) in Einklang zu bringen. In vielen Fällen können Sie Kollegen oder Teilnehmer, die Sie gut kennen, um eine ehrliche und offene Rückmeldung bitten. Wie Sie dabei am besten vorgehen und welche Maßnahmen zudem geeignet sind, Ihr Präsentationsverhalten nachhaltig zu verbessern, erfahren Sie im nächsten Kapitel.

11 Wie nutze ich den Alltag zur Optimierung meines Präsentationsverhaltens?

In diesem Buch haben Sie sicherlich eine Reihe nützlicher Erkenntnisse und Tipps gefunden, die Sie in Ihre Praxis umsetzen wollen. Nun stehen Sie vor der Frage, wie Sie am besten vorgehen, um das Neue mit Erfolgsaussicht anzuwenden. Einen Teil der Praxishilfen werden Sie bei Bedarf relativ leicht umsetzen können. Dies gilt vor allem für Empfehlungen, die sich auf die Vorbereitung der Inhalte, auf die Visualisierung und den Medieneinsatz beziehen. Schwieriger ist es, die Anregungen zur Förderung der persönlichen Überzeugungswirkung bei Präsentationen umzusetzen und sich dabei aus eingefahrenen Denk- und Handlungsabläufen zu lösen.

Dieses Kapitel zeigt Ihnen in vier Abschnitten, wie Sie Ihr Präsentationsverhalten zielgerichtet und nachhaltig verbessern können.

11.1 Eigene Stärken und Schwächen erkennen

Bei der Bestandsaufnahme Ihrer aktuellen Präsentationstechnik können Sie sich an den Kapiteln und Qualitätskriterien von Buch und CD-ROM orientieren. Notieren Sie alle innovativen Ideen, die zur Verbesserung Ihrer eigenen Präsentationen in Frage kommen. Prüfen Sie darüber hinaus, inwieweit die Inhalte geeignet sind, die Präsentationskultur Ihres Teams oder Ihres Unternehmens weiterzuentwickeln.

Wer seine persönlichen Stärken und Schwächen erkennen will, benötigt Informationen darüber, *wie er auf andere wirkt*. Diese Frage kann man nicht durch Selbstanalyse beantworten. Es ist vielmehr notwendig, das Selbstbild (Wie nehme ich mich selbst wahr?) mit dem Fremdbild zu vergleichen (Wie nehmen mich die anderen wahr?). Meine Erfahrungen in Seminaren und Coachings zeigen immer wieder, dass die Selbsteinschätzung meistens schlechter ausfällt als die Einschätzung von anderen.

Unverzichtbar ist daher eine offene und ehrliche Rückmeldung (= Feedback) von anderen. Die Schlüsselfrage: Wie werden Ihr Auftreten, Ihr Sprechen und Präsentieren, Ihr Umgang mit den Medien sowie Ihre Art mit Einwänden und Kritik umzugehen von den Zuhörern wahrgenommen und bewertet?

Diese zwischenmenschlichen Zusammenhänge und die Funktion des Feedbacks lassen sich recht anschaulich mithilfe des „Johari-Fensters" (siehe Abbildung 65) erläutern. Die Psychologen Joseph Luft und Harry Ingram haben dieses Fenster konzipiert, daher das Kunstwort *Johari*.

Die vier Bereiche des Johari-Fensters

Bereich I: „Öffentliche Person"

Dies ist der Bereich Ihrer Person, der Ihnen selbst und den anderen bekannt ist. Nach der ersten Präsentation bei einem Neukunden ist dieser Bereich noch klein. Wenn Sie über Monate oder Jahre mithilfe zahlreicher Kontakte eine vertrauensvolle Beziehung zum Kunden aufgebaut haben, wird dieser Bereich relativ groß sein. Sie haben dann einen großen Teil Ihrer Person für ihn öffentlich gemacht.

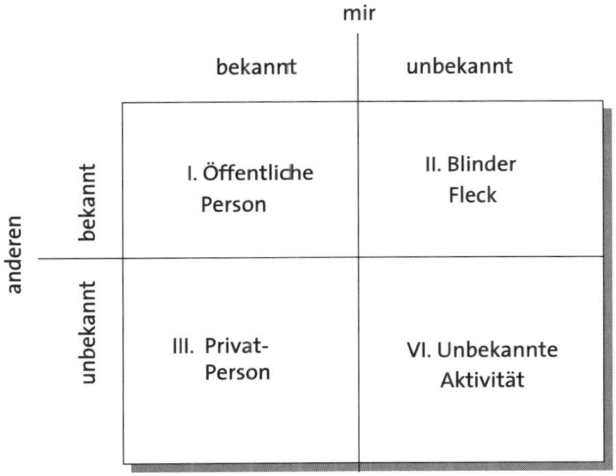

Abb. 65: *Johari-Fenster*

Bereich II: „Blinder Fleck"

Dieses Feld beinhaltet Verhaltensweisen, die für andere sichtbar, Ihnen selbst jedoch nicht bewusst sind. Als Präsentator zeigen Sie in der Regel auch Verhaltensmuster, die Ihnen unbekannt sind, die Ihre Zuhörer jedoch wahrnehmen. Dies können sowohl negativ bewertete Verhaltensmuster sein wie Verlegenheitsgesten, zu schnelles Sprechen, „Äh-Sagen" oder Dominanzgebärden als auch positiv bewertete Verhaltensmuster. So können Sie zum Beispiel sehr viel kompetenter und sicherer wirken als Sie selbst vermuten.

Feedbackgespräche bieten Ihnen die Möglichkeit, den eigenen Blinden Fleck zu verkleinern. Bitten Sie Menschen Ihres Vertrauens, Ihnen ehrlich und offen zu sagen, wie sie Ihr Verhalten erleben. Dieses Feedback ist im Zusammenspiel mit einer Videokontrolle eine wertvolle Hilfe, um zu einer realistischen Selbsteinschätzung zu gelangen.

Wer kann Ihnen ehrlich und offen Feedback geben?

- Ehefrau/Ehemann, Freunde, Bekannte
- Kollegen, Vorgesetzte, Mitarbeiter, Sekretärin
- Trainer und Teilnehmer in Seminaren
- Berater und Coaches
- Teilnehmer Ihrer Präsentationen
- Mitglieder der eigenen Delegation und Dolmetscher
  (im internationalen Geschäft)

Bereich III: „Privatperson"

Dies ist derjenige Teil Ihrer Persönlichkeit, der Ihnen bekannt ist, den Sie aber vor anderen verbergen. Dies kann eine „Fassade" sein, die Sie anderen zeigen, dies kann eine Rolle sein, die Sie anderen vorspielen. So werden Sie beim Präsentieren vermutlich darauf achten, Wissenslücken, Produktmängel oder Redehemmungen zu verbergen.

Bereich IV: „Unbekannt"

Dies ist einmal das Feld des „Unterbewussten", das zum Beispiel verdrängte Ereignisse oder Handlungen der eigenen Lebensgeschichte beinhalten kann. Zum anderen gehören dazu auch latente Begabungen und Fähigkeiten, die noch nicht in Erscheinung getreten sind. Diese Facetten Ihrer Person sind weder Ihnen noch anderen bekannt.

11.2 Das Präsentations*verhalten* nachhaltig verbessern

Ausgehend von der Stärken-Schwächen-Analyse geht es nun darum, konkrete Aktionen zu planen, um persönliche Stärken auszubauen und Schwachstellen zu überwinden. Wichtig ist hier, dass Sie sich erreichbare Lernziele setzen, die Erfolgserlebnisse ermöglichen. Erfolgserlebnisse sind unverzichtbar, weil sie die Motivation verstärken, das Neue weiterzuverfolgen. Wichtige Ansatzpunkte zur nachhaltigen Verbesserung des Präsentations*verhaltens* sind:

- Anwendungspläne erstellen,

- Mit Erinnerungsstützen arbeiten,

- Das Neue im Alltag anwenden und falls nötig,

- Kleine Übungen in den Alltag integrieren.

Anwendungspläne erstellen

Notieren Sie Ihre Vorsätze und die beabsichtigten Aktionen in einem Anwendungsplan. Ein differenziertes Beispiel finden Sie in der Abbildung 66. Es empfiehlt sich, für die einzelnen Vorsätze konkrete Zeitziele einzutragen (Wann beginnen? und Wann Erfolgskontrolle?). Bei bestimmten Aktionen ist es zudem sinnvoll, in der Spalte „Mit wem und wie?" Personen (Teammitglieder, Lernpartner...) zu notieren, die für die Realisierung der betreffenden Aktion wichtig sind oder beim Transfer helfen können. Falls Sie beispielsweise in Zukunft verstärkt via Computer und Dataprojektor präsentieren wollen, müssen diese Vorhaben vermutlich mit dem Vorgesetzten und anderen Teammitgliedern abgestimmt sein.

Vorsätze/Aktionen	Wann beginnen?	Wann Erfolgs- Kontrolle?	Mit wem und wie?
Für Charts/Schaubilder			
1. Individuelle Checklist für Charts erstellen	05. Febr.	15. Febr.	Dr. Schneider
2. Bildschirmpräsentation für Anlass XY überarbeiten	20. Febr.	Mitte März	Herr Müller (EVD)
3. Anschauliches Material für Referenzprojekte sammeln	Sofort mit Vorg. besprechen	Mitte des Jahres	Im Team
Für Vortrag			
1. Füllsel wegtrainieren	Sofort	Mitte des Jahres	Allein (Tonband)
2. Standort bewusst wechseln	Nächste Präs.	Nach Präs.	Kollege Reiner (Pers. Feed-back)
3. Folien „inszenieren"	Nächste Präs.	Nach Präs.	Kollege Reiner (Pers. Feed-back)
4. Einleitung in der Nähe der Zuhörer sprechen	Nächste Präs.	Nach Präs.	Kollege Reiner (Pers. Feed-back)

Abb. 66: Muster für einen Anwendungsplan

Beschränken Sie sich auf wenige Aktionen und Trainingsziele und achten Sie darauf, dass die zuerst ausgewählten (vermutlich) eine hohe Erfolgswahrscheinlichkeit haben. Wenn Sie ein Teilziel erreicht haben, aktualisieren Sie Ihren Trainingsplan, indem Sie ein neues Ziel an die Stelle des erreichten setzen.

Mit Erinnerungsstützen arbeiten

Damit Sie Ihre Vorhaben nicht vergessen, ist es ratsam, schriftliche oder symbolische Merkhilfen zu nutzen. Dies können Merkzettelchen oder Klebepunkte sein, die Sie dort anbringen, wo Sie häufig hinschauen, also zum Beispiel:

- in der Brieftasche,

- in der Folienmappe,

- auf den Rahmen der Schutzhüllen,

- auf Ihrem Präsentations-Skript,

- am PC/Notebook,

- im Zeitplanbuch,

- auf dem Schreibtisch.

Und natürlich kann auch ein Lernpartner, ein Coach oder ein „Pate" die Aufgabe übernehmen, Sie an bestimmte Vorsätze zu erinnern.

Das Neue im Alltag üben und anwenden

„Begabungen können sich nur zeigen, wenn man sie auf die Probe gestellt hat" – so Johann Wolfgang von Goethe vor etwa 200 Jahren.

Dieser pädagogische Grundsatz ist nach wie vor gültig. Suchen Sie Gelegenheiten, um das Neue anzuwenden, zu wiederholen und zu üben: Jede Präsentation, jeder Vortrag, jede Besprechung ist geeignet, Ihre Überzeugungskraft und Präsentationstechnik weiterzuentwickeln und aus Fehlern zu lernen. Lassen Sie sich dabei nicht durch negative innere Dialoge oder Redehemmungen blockieren. Setzen Sie im Zweifel auf Handeln, denn Handeln besiegt Angst und bringt neue Erfahrungswerte.

Ergreifen Sie die erstmögliche Chance, Ihren Vorsatz durchzuführen. Vorsätze teilen Ihrem Gehirn ein neues „Verhaltensmuster" mit, allerdings nicht, wenn sie getroffen werden, sondern erst, wenn sie Auswirkungen im Alltag haben. Ohne Erfolgserlebnisse wird es nicht gelingen, die erwünschten Verhaltensweisen aufzubauen und auf Dauer zu festigen.

Kleine Übungen in den Alltag integrieren

Es gibt eine Reihe bewährter rhetorischer Übungen, die Sie bei Bedarf in Ihren Alltag einfügen können. Die dargestellten Übungsvarianten bieten Ihnen die Chance:

- Ihre Sprechtechnik zu verbessern,
- allgemein mehr Sicherheit beim Sprechdenken zu erreichen und
- die Übungsinhalte (z.B. Module aus Präsentationen) besser zu beherrschen.

Ein Tonbandgerät oder eine Videoanlage erleichtert Ihnen die Selbstkontrolle und die schrittweise Verbesserung Ihrer rhetorischen Fähigkeiten.

Anregungen für kleine Übungen

- Sprechdenken üben
  a) reproduzierend
  b) kreativ/produzierend
- Prosatext halblaut lesen
- Simulation von Präsentationen
- Analyse fremder Präsentationen

Reprozierendes Sprechdenken bedeutet, dass Sie zunächst aus einem vorgegebenen Text (zum Beispiel Artikel aus Zeitungen oder Fachzeitschriften) Schlüsselworte herausziehen. Auf der Grundlage dieser Stichworte versuchen Sie dann, den ursprünglichen Text klar und deutlich wiederzugeben (zu reproduzieren). Sie wiederholen diesen Vorgang, bis Sie mit dem Ergebnis zufrieden sind. Bei Präsentationen können Sie zum Beispiel bestimmte Abschnitte des Manuskripts, bestimmte Folien oder Bildschirminhalte zum Gegenstand dieser Übung machen.

Beim *kreativen Sprechdenken* wählen Sie zunächst ein beliebiges Thema oder lassen sich ein Stichwort geben. Das Ziel dieser Übung besteht darin, eine Minute lang frei und flüssig über das Thema zu sprechen.

Das Ergebnis wird durch Tonband kontrolliert. Sie können mit dieser Übungsvariante zum Beispiel trainieren:

- über Verlegenheitspausen hinwegzukommen,

- mehr Sicherheit beim Spontansprechen zu erlangen und

- mehr Vertrauen in die eigene Stimme und in die eigene Sprechtechnik aufzubauen.

11.3 Die CD-ROM als Transferhilfe einsetzen

Die beigefügte CD-ROM unterstützt die Anwendung des Präsentations-Know-hows in vielfältiger Weise.

- Differenzierte Checklisten zu den Schlüsselthemen des Präsentierens können Sie unmittelbar einsetzen. Sie helfen Zeit zu sparen und fassen didaktisch aufbereitet die Kerninformation zusammen.

- Mit der CD-ROM haben Sie einen umfassenden Ratgeber zur Präsentationstechnik stets dabei und können – auch auf Reisen – in kurzer Zeit alle relevanten Informationen auf Knopfdruck finden. Die anwenderfreundliche Menüführung kommt diesem Ziel entgegen.

- Mithilfe der Notprogramme können Sie die darzustellenden Inhalte auch unter Zeitdruck rasch in eine präsentable Form bringen. Die Firmenpräsentationen namhafter Unternehmen geben Ihnen zusätzliche Anregungen.

- Die CD-ROM enthält die Software MindManager, die zum Beispiel den Prozess der Ideensammlung wirkungsvoll unterstützen kann. Details zur Methode des MindMapping finden Sie in Abschnitt 4.4.3.

11.4 Seminare sinnvoll nutzen

Die Teilnahme an Seminaren bietet – pädagogische und inhaltliche Qualitätsstandards vorausgesetzt – eine Reihe zusätzlicher Chancen: Das Präsentations-Know-how wird komprimiert und didaktisch aufbereitet vermittelt. Sie erhalten Gelegenheit, unter fachlicher Anleitung praxisbezogene Präsentationen zu simulieren, Neues zu erproben, Erfahrungen mit anderen Teilnehmern auszutauschen und durch Feedbackgespräche und Videokontrolle Ihren „Blinden Fleck" zu verkleinern. Darüber hinaus bieten viele Seminare die Möglichkeit, professionelle Rückmeldungen zur Wirkung der eigenen visuellen oder multimedialen Strategie zu erhalten.

Gütekriterien für Seminare

Vor der Teilnahme an Seminaren ist es ratsam, die Qualität der Angebote anhand der folgenden Gesichtspunkte einzuschätzen:

- Prüfen Sie Image, Programmschwerpunkte und Erfahrungen des Anbieters.

- Fragen Sie nach Qualifikation, Referenzen und berufspraktischen Erfahrungen des Trainers.

- Entsprechen Zielgruppe und Lerninhalte Ihren Voraussetzungen und Erwartungen?

- Ist das Seminar praxisbezogen gestaltet und ist Gelegenheit gegeben, Präsentationen zu simulieren?

- Bewegt sich die Teilnehmerzahl in einem vertretbaren Rahmen (nicht mehr als 12 bei einem Zwei- oder Dreitagestraining)?

- Kommen vorwiegend aktivierende Lernmethoden zum Einsatz, also: Simulationen, Diskussion, Gruppenarbeit, Erfahrungsaustausch, Fallstudien, Übungen...?

- Die eingesetzten Methoden dürfen nicht im Widerspruch stehen zu wissenschaftlichen Erkenntnissen. Vorsicht bei maßlosen Lernziel-Versprechungen und Angeboten mit Erfolgsgarantie in zwei Tagen.

- Prüfen Sie, inwieweit Transferhilfen zur erfolgreichen Anwendung des Erlernten integriert sind.

Sprechen Sie die Weiterbildungs- und Personalentwicklungsexperten in Ihrem Unternehmen an. Dort sind in der Regel das Wissen und die Marktkenntnis vorhanden, um eine optimale Seminarempfehlung zu geben. Als Führungs- und Fachkraft kleinerer Unternehmen finden Sie Ansprechpartner in Kammern, Weiterbildungsakademien, Wirtschafts- und Berufsverbänden und den übrigen Einrichtungen zur Führungs- kräfte-Weiterbildung.

Im Internet finden Sie Bildungseinrichtungen mit professionellen An- geboten zur Präsentationstechnik und angrenzenden Themen, zum Bei- spiel unter:

www.managerseminare.de
www.faz-institut.de
www.albertthiele.de

Transferförderung nach Seminaren

Eine handlungs- und transferorientierte Gestaltung des Seminars si- chert noch nicht die erfolgreiche Umsetzung des Erlernten. Neben den oben erläuterten individuellen Transferhilfen sind stützende Maßnah- men zur Anwendung des Erlernten am Arbeitsplatz notwendig. Gerade in Klein- und Mittelbetrieben kann der Vorgesetzte im Zusammenwir- ken mit der Personalabteilung erheblich mehr tun als bisher.

Transfergespräch zwischen Teilnehmer und Vorgesetztem: Hier geht es einmal um die Bewertung des Seminars insbesondere im Hinblick auf neue Er- kenntnisse und den Praxisnutzen. Daneben sollten konkrete Aktionen zur Umsetzung des Erlernten besprochen werden. Leitfragen: Sind die ursprünglichen Erwartungen und Bedürfnisse erfüllt worden? Was kann unmittelbar in die Praxis umgesetzt werden und wie soll dies ge- schehen? Was kann auf mittlere Frist verbessert werden und wie? In wel- cher Weise kann der Vorgesetzte unterstützen? Gibt es Erkenntnisse, die für andere Mitarbeiter, für die ganze Abteilung oder unternehmensweit von Wichtigkeit sind?

Umfassende Lern- und Transferförderung: Die Förderungsimpulse des Vorge- setzten dürfen sich nicht darauf beschränken, dem Mitarbeiter Feedback zu geben und bei der Erreichung seiner Transferziele zu unterstützen. Als Coach sollte er alle Chancen nutzen, um den Mitarbeiter schrittweise an schwierigere Situationen, in denen Präsentationsgeschick gefordert ist, heranzuführen. Auch im internationalen Geschäft.

Transferseminare nach drei bis vier Monaten bieten den Teilnehmern die Möglichkeit, über Erfolge und Schwierigkeiten bei der Umsetzung des Erlernten zu sprechen, wichtige Inhalte zu vertiefen und ihre Aktionspläne zu aktualisieren.

Ob Sie innovative Impulse aus einem Seminar, aus Gesprächen mit Fachleuten oder aus einem Buch beziehen, beachten Sie stets bei der Weiterentwicklung Ihres Präsentationsstils, dass Sie sich treu bleiben: Suchen Sie sich aus den angebotenen Anregungen und Techniken nur die Empfehlungen heraus, die zu Ihren beruflichen Situationen, Ihren Karrierezielen und zu Ihrer Persönlichkeit passen.

Im Mittelpunkt dieses Abschnitts stand die Frage, was Sie persönlich tun können, um Ihr Präsentationsverhalten im Alltag gezielt zu verbessern. Zwei weitere Aspekte sind von Bedeutung, wenn man die Qualität von Präsentationen optimieren will:

1 Auf welche Zukunftstendenzen muss ich mich einstellen?

2 Wie können die Rahmenbedingungen im Unternehmen förderlich gestaltet werden?

Anregungen und Empfehlungen werden hierzu im abschließenden Kapitel gegeben.

12 Zukunftstendenzen und Ausblick

Bei der Optimierung von Präsentationen geht es darum, Erfolg versprechende Entwicklungstrends früh zu erkennen und die strategisch richtigen Konsequenzen zu ziehen. Dies gilt für individuelle Präsentationen
genauso wie für die Präsentationskultur eines Unternehmens. Dieses Kapitel fasst wichtige Zukunftstendenzen zusammen und zeigt, welche
Konsequenzen Unternehmen daraus ziehen sollten. Die individuellen
Konsequenzen sind in Kapitel 11 behandelt worden.

12.1 Zukunftstendenzen beim Präsentieren

Der Trend zur multimedialen Präsentation wird sich in den kommen-
den Jahren weiter verstärken. Traditionelle Medien wie Overheadfolie,
Dia oder Flipchart werden zwar nicht verdrängt, gehen jedoch in ihrer
Bedeutung zurück. Trendreports sowie eigene Recherchen in Großun-
ternehmen und Forschungseinrichtungen deuten daraufhin, dass die
Präsentationskultur in Zukunft insbesondere durch:

- verstärkte Medienintegration,

- professionelle Nutzung der Servertechnologie,

- Telekommunikation,

- und multifunktionale Präsentationsräume geprägt sein wird.

Verstärkte Medienintegration

Zur Erreichung von Präsentationszielen wird zunehmend die ganze Bandbreite multimedialer Möglichkeiten genutzt. Vor allem Videosequenzen, Simulationen, Animationen und virtuelle Darstellungen kommen immer häufiger zum Einsatz. Große Arbeitsspeicher, leistungsfähige Prozessoren, DVD-Laufwerk und die übrigen besonderen Leistungsmerkmale moderner Notebooks unterstützen diese Tendenz.

Experten erwarten, dass es schon in naher Zukunft praktikabel und wirtschaftlich sein wird, Produkte, Abläufe und Situationen virtuell in Präsentationen einzubinden oder durch dreidimensionale Darstellungen im Präsentationsraum erlebbar zu machen. Interessante Anwendungsfelder zeichnen sich in der Architektur, in der Konstruktion sowie in den Bereichen Produktdesign, Marketing und Projekt-Management ab.

Bei den Peripheriegeräten gehören in Zukunft elektronisches und interaktives Whiteboard sowie digitale Foto-, Video- und Desktopkamera zu den Standardwerkzeugen des Präsentierens. Darüber hinaus werden die in Kapitel 5 beschriebenen neuen Medien an Bedeutung gewinnen.

Professionelle Nutzung der Servertechnologie

Marketing-Server werden verstärkt genutzt, um – zentral koordiniert – unterstützende Materialien für Präsentationen bereitzustellen, also Firmenporträts auf der CI-Linie des Unternehmens, marktrelevante Informationen, Bilder, Videoclips und Argumentationshilfen für spezielle Länder und Kulturkreise. Diese Informationsangebote kann der Präsentator je nach Bedarf an jedem Ort der Welt und rund um die Uhr nutzen. Die Übertragung auch großer Datenmengen wird in Zukunft erleichtert durch verbesserte Komprimierungssoftware und die Nutzung der im Aufbau begriffenen UMTS-Technologie.

Bei zentral erarbeiteten Präsentationsmaterialien kommt es darauf an, die Wünsche und Bedürfnisse der präsentierenden Mitarbeiter zu berücksichtigen. Insbesondere in Großunternehmen werden die Betroffenen oft gar nicht oder unzureichend beteiligt, was dann zu einer geringen Akzeptanz der angebotenen Hilfsmittel führt. Außerdem sind die Kriterien für die Gestaltung professioneller Charts bei zentral erstellten Firmen- und Produktpräsentationen noch konsequenter zu berücksichtigen.

Telekommunikation

Video- und Real-Time-Computerkonferenzen werden auch im Rahmen von Präsentationen an Bedeutung gewinnen, um beispielsweise:

- entfernte Personen zu beteiligen, deren persönliche Teilnahme nicht möglich ist,
- Spezialisten oder andere Schlüsselpersonen während der Veranstaltung zuzuschalten,
- simultan in „Echtzeit" zu konferieren. Dabei haben alle Teilnehmer das relevante Dokument zur gleichen Zeit auf dem Bildschirm und können – unterstützt von einer Software – zur gleichen Zeit daran arbeiten (application sharing).

Multifunktionale Präsentationsräume

Die verstärkte Nutzung der neuen Medien hat Konsequenzen für Design und Architektur der Präsentations- und Konferenzräume:

- Multifunktionale Medienwände sowie integrierte Kamerasysteme für Videokonferenzen und Verzweigungen ins Internet werden zur Standardausstattung gehören. Die Tendenz geht dahin, die klassischen und computergestützten Hilfsmittel so anzuordnen, dass ein „Medien-Overkill" und lange Rüstzeiten vermieden werden.
- Um den Qualitätsbedürfnissen der Teilnehmer entgegenzukommen, wird die elektronische Technik weitgehend unsichtbar ins Mobiliar integriert.

Bei der Präsentation kommen verstärkt Rückprojektion, Plasmabildschirme und Großmonitore zum Einsatz.

12.2 Konsequenzen für die Unternehmen

Aus der Sicht des Unternehmens ist zu prüfen, welche neuen Medien zur Branche, zur Präsentationskultur und zum Firmenleitbild bestmöglich passen. Um Fehlentscheidungen zu vermeiden und zu einem realistischen Konzept für „Innovatives Präsentieren" zu kommen, empfiehlt sich zunächst die Erarbeitung einer zielgerichteten Strategie und anschließend die Durchführung strategieunterstützender Schulungsmaßnahmen.

Von der Istanalyse zur zielwirksamen Strategie

Gegenstand der folgenden vier Schritte kann die Präsentationstechnik eines Teams, eines Bereiches oder des gesamten Unternehmens sein:

1. *Analyse der Istsituation:* Hier geht es um die Stärken und Schwachstellen der aktuellen Präsentationstechnik. Diese Standortbestimmung kann sich auf einzelne oder auf alle Faktoren beziehen, die den Präsentationserfolg beeinflussen.

Tipp
Mithilfe des konzeptionellen Bezugsrahmens dieses Buches (siehe Abschnitt 1.3) kann der Gegenstand der Istanalyse leicht definiert werden.

---

2. *Definition strategischer Ziele:* Welches Verständnis hat unser Unternehmen von der Präsentationskultur und wie wollen wir diese weiterentwickeln? Welche Präsentationstechnik ist am ehesten geeignet, Unternehmen und Mitarbeiter als innovativ, kompetent, partnerschaftlich und teamfähig darzustellen? Wie können wir durch unsere Präsentationstechnik zusätzlich Wettbewerbsvorteile erlangen?

3. *Entscheidung für bestimmte Maßnahmen:* Die Grundlage bilden die vorausgehenden Analyseschritte 1. und 2.

4. *Durchsetzung der Strategie:* Einsetzen einer verantwortlichen Person, Projektgruppe oder Abteilung, die als Promotor das strategische Konzept zur Verbesserung der Präsentationskultur koordiniert und vorantreibt.

Strategie unterstützende Seminare

Die Durchsetzung der Strategie hat die größte Erfolgsaussicht, wenn unterstützende Seminare auf breiter Front in Verbindung mit netzgestützten Lernformen durchgeführt werden. Wünschenwert sind dabei aus Gründen der Motivation und des Transfereffekts das Lernen und Üben im Team. Ein Top-Down-Modell, das alle Führungsebenen umgreift, bietet die beste Gewähr für eine nachhaltige Verbesserung der Präsentationskultur. Das Teamtraining bringt neben individueller Verhaltensförderung die Chance:

- Problembewusstsein für innovative Präsentationstechniken zu wecken,

- den Umgang mit neuen Medien zu üben,

- die Möglichkeiten und Grenzen klassischer und neuer Medien auszutesten,

- die Corporate-Identity-Strategie des Unternehmens sowie zentral bereitgestellte Präsentations- und Argumentationshilfen zu optimieren,

- innovative Ideen aus dem Kreis der Teilnehmer zur Weiterentwicklung der Präsentationstechnik zusammenzutragen und umzusetzen,

- einen Lernprozess im beteiligten Team in Gang zu setzen.

Medien sind Hilfsmittel

Wer immer präsentiert, sollte sich bewusst machen, dass neue Präsentationstechniken und professionelle Medienkompetenz allein nicht ausreichen, um Zuhörer zu überzeugen. Wichtiger sind zwischenmenschliche Fähigkeiten („soziale Kompetenzen"), ohne die es nicht gelingt, eine gute Beziehung zum Kunden herzustellen und kontinuierlich zu entwickeln. Gerade wegen der dominierenden Wirkung von Multimedia sollte man darauf achten, nicht an den Rand gedrängt zu werden. Ob neue oder klassische Medien – sie sind lediglich Diener des Präsentierenden. In diesem Sinne können neue, faszinierende Medien den Vortragenden bei seiner Überzeugungsarbeit lediglich unterstützen, sie können den präsentierenden Menschen niemals ersetzen.

13 Literatur- und Abbildungsverzeichnis

Literaturverzeichnis

Bierschenck, Burkhard, P. (Hrsg.): Der Seminaranbieter: Wertvolle Tipps und Checklisten für Einsteiger und Fortgeschrittene. München 1999.

Bird, P.: Sell yourself. Persuasive tactics to boost your image. London 1994.

Brendel, M.; Brendel F.: Richtig recherchieren. Wie Profis Informationen suchen und besorgen. Ein Handbuch für Journalisten, Rechercheure und Öffentlichkeitsarbeiter. Frankfurt 2000.

Bruhn, M.; Stauss, B. (Hrsg.): Dienstleistungsqualität: Konzepte, Methoden, Erfahrungen. Wiesbaden 1995.

Carnegie, D.: Rede – interessieren, begeistern, überzeugen. Grünberg 1988.

Cusumano, M. A.: Die Microsoft-Methode: sieben Prinzipien, wie man ein Unternehmen an die Weltspitze bringt. Freiburg i. Br. 1996.

Feuerbacher, B.: Professionell präsentieren – mit und ohne Computer. Heidelberg 1998.

Fisher, R.; Brown, S.: Gute Beziehungen. Die Kunst der Konfliktvermeidung, Konfliktlösung und Kooperation. Frankfurt – New York 1989.

Fisher, R.; Ury, W.: Das Harvard-Konzept. Sachgerecht verhandeln – erfolgreich verhandeln. Frankfurt – New York 1985.

Geißner, H.: Rhetorik und politische Bildung. Kronberg 1981.

Goldmann, H. M.: Wie Sie Menschen überzeugen. Kommunikation für Führungskräfte. Düsseldorf – Wien – New York 1990.

Gressmann, M.; Imdahl, R.; Jehn, S.: Präsentation mit elektronischen Medien. Künzell 1999.

Gross, S. F.: Beziehungsintelligenz. Talent und Brillanz im Umgang mit Menschen. Landsberg a. L. 1997.

Hierhold, E.: Sicher präsentieren – wirksamer vortragen. Wien 1998.

Hierhold, E.: Verkaufspräsentationen – Selling to Groups. Wien 1997.

Hoff, R.: I can see you naked. Kansas City. Missouri 1992.

Klammer, M.: Non-verbale Kommunikation beim Verkauf. Heidelberg 1989.

Krämer, W.: So lügt man mit Statistik. Frankfurt – New York 1997.

Kroeber-Riel, W.: Bildkommunikation. Imagerystrategien für die Werbung. München 1993.

Kürsteiner, P.: Notebook- und PC-Präsentationen. Wien – Frankfurt 1999.

Kushner, M.: Erfolgreich Präsentieren für Dummies. Bonn 1997.

Lay, R.: Dialektik für Manager. München 1986.

Loehr, J.: Persönliche Bestform durch Mental-Training. München – Wien – Zürich 1988.

Meffert, H.; Bruhn, M.: Dienstleistungsmarketing: Grundlagen – Konzepte – Methoden. Wiesbaden 1997.

Mehrabian, A.: Silent messages: Implicit communication of emotions and attitudes (2nd ed.). Wadsworth, Belmont, California 1981.

Molcho, S.: Alles über Körpersprache. München 1995.

Nell-Breuning, O. v.: Macht – für den Christen ein Problem? In: Stimmen der Zeit, Heft 6, Freiburg 1985.

O'Connor; Seymour, J.: Neurolinguistisches Programmieren. Freiburg 1994.

Paivio, A.: Imagery and Verbal Processes. New York, Chicago 1972.

Reinke, H.; Kommer, I.; Schieke, D.: Microsoft PowerPoint 2000 – Das Handbuch. Unterschleißheim 1999.

Rentzsch, H. P.: Erfolgreich verhandeln im weltweiten Business. Wiesbaden 1999.

Reusch, F.: Der kleine Hey – Die Kunst des Sprechens. Mainz 1986.

Rizk-Antonious, R.: Qualitätswahrnehmung von Konsumenten, dargestellt am Beispiel von Dienstleistungen – Wesen, Messung, empirische Relevanz. Diplomarbeit an der Fernuniversität Hagen 1999.

Salacuse, J. W.: International erfolgreich verhandeln. Frankfurt – New York 1992.

Sarnoff, D.: Auftreten ohne Lampenfieber. Frankfurt – New York 1990.

Saul, S.: Führen durch Kommunikation. Weinheim – Basel 1999.

Schulz von Thun, F.: Miteinander Reden: Störungen und Klärungen. Reinbek b. Hamburg 1985.

Seifert, J. W.; Pattay, S.: Visualisieren – Präsentieren – Moderieren. Speyer 1998.

Silberer, G: Multimedia im Verkaufsgespräch: mit zehn Fallbeispielen für den erfolgreichen Einsatz. Wiesbaden 1999.

Stary, J.: Visualisieren. Ein Studien- und Praxisbuch. Berlin 1997.

Textor, A. M.: Sag es treffender. Hamburg 1985.

Thiele, A.: Die Kunst zu überzeugen. Faire und unfaire Dialektik. Düsseldorf 2000.

Thiele, A.: Überzeugend argumentieren. 15 Bausteine für erfolgreiche Rhetorik. Wiesbaden 1999.

Ury, W. L.: Schwierige Verhandlungen. Wie Sie sich mit unangenehmen Kontrahenten vorteilhaft einigen. Frankfurt - New York 1992.

Weidenmann, B.: Lernen mit Bildmedien. Weinheim – Basel 1991.

Weidenmann, B.: Erfolgreiche Kurse und Seminare. Weinheim – Basel 1998.

Will, H.: Vortrag und Präsentation. Weinheim – Basel 1997.

Zelazny, G.: Wie aus Zahlen Bilder werden. Der Weg zur visuellen Kommunikation. Wiesbaden 1999.

Abbildungsverzeichnis

14 Stichwortverzeichnis

15 Glossar

ANSI Lumen
Maßeinheit für die Bildhelligkeit der LCD Projektoren gemessen nach ANSI (American National Standards Institute). Eine 1 qm große Fläche auf der Projektionswand wird in 9 gleich große Rechtecke eingeteilt. Der mathematische Durchschnitt der Lichtstärke im Zentrum jedes Feldes ergibt die ANSI Lumenzahl.

Application Sharing
Beim Application Sharing arbeiten entfernt sitzende Benutzer via Datenübertragung an derselben Aufgabe. Dieses Konferenzsystem eignet sich insbesondere zur Demonstration bestimmter Funktionsweisen in Schulungen oder zur gezielten Hilfe bei Anwendungsfeldern (Support), da der Lernende auf seinem Bildschirm zuschauen kann, wie der Lehrende das Problem löst.

Auflösung
Anzahl der Bildschirmpunkte (= Pixel) in horizontaler und vertikaler Richtung.

AutoSetup/AutoSynch
Der Projektor erkennt die angeschlossene Quelle und stellt sich automatisch auf sie ein.

Bandbreite
Gibt den Frequenzbereich in Hertz an, den ein Signal zur Übertragung benötigt.

Bildwiederholfrequenz
Gibt an, wie oft ein Bild auf dem Monitor in der Sekunde neu aufgebaut wird (in Hz).

BNC
Eine im Profi-Videobereich sehr häufig genutzte Steckverbindung, die sich durch hervorragende mechanische Belastbarkeit auszeichnet. Für ® Workstations haben BNC Kabel 5 Verbindungsstecker: je einen für die 3 Grundfarben Rot, Grün und Blau und je einen für Horizontale und Vertikale Synch.

Breitbandkommunikation
Breitbandkommunikation bezeichnet den Transfer oder Austausch von Informationen mit einer Bandbreite zwischen einem und fünf MHz, z.B. für die Übertragung farbiger Bewegtbilder mit Stereoton. Je höher die Bandbreite, desto mehr Informationseinheiten lassen sich pro Zeiteinheit übertragen.

Browser
Ein Navigationsinstrument für das World Wide Web (WWW). Der Browser setzt den HTML-Code in das Dokumentenformat für den Bildschirm um und interpretiert die Aktion des Benutzers, indem er die Mausklicks auf einen Link in die passende Adresse (URL) umwandelt.

CBT
Computer Based Training. Computergestützte Aus- und Weiterbildung mithilfe interaktiver Programme auf CD-ROM. Ähnliche Funktionen erfüllen Telelearning-Lösungen.

CE
Prüfsiegel, das alle elektrischen und elektronischen Geräte, die seit dem 01.01.96 in der EU in den Verkehr gebracht wurden, tragen müssen. Gibt Auskunft über die elektromagnetische Verträglichkeit der Geräte.

Cinch
Häufig genutzte Steckverbindung für die Übertragung von Video- und Audiosignalen.

CRT Projektoren
Auch „Beamer" genannt. 3-Röhren-Projektoren für Festinstallationen unter der Decke. Im Gegensatz zu LCD Projektoren sind CRT Projektoren wesentlich schwerer, teurer und nur sehr aufwendig zu justieren.

Curtain
Der Bildschirminhalt kann nach und nach „aufgerollt" und dadurch die Aufmerksamkeit der Zuschauer auf das Wesentliche gelenkt werden.

Cyberspace
Der Ausdruck „Cyberspace" wird häufig als Modewort für das Internet oder die Online-Welt als elektronischer Treffpunkt von Menschen verwendet, die über die Netze miteinander verbunden sind. Künstler und Ingenieure definieren mit Cyberspace speziell die Virtual-Reality-Anwendungen, die ihren Benutzern durch die 3-D-Brille räumliche Eindrücke vermittelt.

Digitale Medien
Medien, die technisch auf der Binärlogik (0 oder 1) beruhen. Sie sind deshalb in der Lage Inhalte mithilfe der Computertechnologie zu verarbeiten, zu speichern und über Datennetze zu transportieren. Dazu zählt man CD-ROM, DVD, Internet, Intranet. Die Begriffe digitale und Neue Medien werden gleichbedeutend verwendet.

DMD/ DLP
„Digital Mirror Device", „ Digital Light Processing". Eine von der Firma Texas Instruments entwickelte Spiegeltechnik, die bei LCD Projektoren eingesetzt wird. Bewirkt eine rasterfreie Darstellung mit naturgetreuen Farben.

DVD
Digital Versatile Disk. Doppelseitig bespielbares optisches Speichermedium mit etwa 20-mal größerer Kapazität als eine CD-ROM

Enlarge
Beliebige Bildausschnitte können stufenweise bis auf das x-fache vergrößert werden.

Extranet
Netz zwischen Unternehmen, die die Internettechnologie nutzen.

Freeze
„Friert" das aktuelle Projektionsbild ein, sodass Sie Programmänderungen durchführen können, ohne dass es die Zuschauer merken.

Frequenz
Anzahl der Schwingung einer Wechselspannung pro Sekunde, ausgedrückt in Hertz (Hz).

Halogenlampen
Geben im Unterschied zu den inzwischen bei LCD Projektoren häufiger eingesetzten Metallhalogenlampen ein gelberes, aber dafür wärmer wirkendes Licht ab. Sind wesentlich preisgünstiger als ® Metallhalogenlampen, aber dafür haben sie eine wesentlich geringere Lebensdauer.

HTML
HyperTextMarkup Language: Sprache für Hypertext-Dokumente im Internet.

Hypertext
Verbindung zwischen zwei oder mehreren Dokumenten, die irgendwo gespeichert sind. Durch Anklicken auf eine „Hypertext-Markierung" (ein herausgehobenes Wort oder eine Zeile) kann direkt das betreffende, verkettete Dokument aufgerufen werden.

Internet
Weltweit größte Ansammlung von verbundenen Netzwerken, die Universitäten, Behörden, Unternehmungen und andere Nutzer miteinander verbinden.

Internet-Adresse
Eindeutiger Name einer Website mit Unternehmens- oder Produktpräsentation, z.B. www.go-for-it.de

IR Maus-Fernsteuerung
Die Computermaus kann über die Fernbedienung des Projektors gesteuert werden.

Komprimierung
Viele Projektoren können höhere ➔ Auflösungen darstellen, als sie selber haben. Dabei werden einfach Spalten und Zeilen weggelassen. Da die Bildqualität darunter leidet, haben einige Hersteller spezielle Komprimierungsverfahren entwickelt, die versuchen, Komprimierungen mit möglichst wenig Informationsverlust durchzuführen.

Kontrast
Gibt das Verhältnis zwischen Schwarz und Weiß in einem Bild wieder. Je höher der Wert
desto kontrastreicher und somit schärfer ist das Bild.

Konvergenz
Deckungsgleichheit der 3 LCD Panels (rot, grün, blau) in einem Projektor Bei Konvergenz
problemen wirkt das Bild unscharf und es können Farbränder an den Buchstaben auftre
ten.

LCD
„Liquid Crystal Display". Flüssigkristallanzeige.

Lens Shift
Sorgt für parallele Seitenlinien auch bei steiler Auf- oder Abwärtsprojektion. Manuell ein
stellbar.

Link
Eine Hypertextverbindung im WWW. Eine hervorgehobene Textstelle, die ein anderes Do
kument aufruft, wenn es angeklickt wird.

Manueller Zoom
Die Größe der Bilddiagonale wird per Hand direkt am Objektiv eingestellt.

Medium
Mittel zur Weitergabe oder Verbreitung von Informationen durch Sprache, Ton, Gestik,
Mimik, Schrift und Bild. Ein Medium ist ein Träger physikalischer oder chemischer
Vorgänge (z.B. Luft oder Schallplatte) oder ein Stoff, in dem sich diese Vorgänge abspielen.

Multimedia
Ein Kunstwort zur Umschreibung vielfältiger Nutzungen von Informationsdarstellungen
in Dokumenten und Bewegtbildern, die Texte, Daten, Grafiken, Zeichnungen, Film und
Ton beinhalten, und die über PCs, Fernsehen und andere Systeme interaktiv zugänglich
gemacht werden. Die Verbreitung erfolgt über Netze (besonders Internet, Bildtelefon, Vi
deokonferenz und Kabel-TV) und über Speichermedien (besonders CD-ROM, DVD und Vi
deocassetten).

Multimedia-Strategie
Rahmenkonzept, in dem festgelegt wird, welche Multimedia- und Internet-Anwendungen
mit welchen Zielen und mit welcher Priorität entwickelt und umgesetzt werden sollen

Metallhalogenlampe
Eine häufig bei LCD Projektoren eingesetzte Lampe. Erzeugt im Gegensatz zu → Halogen
lampen ein sehr weißes Bild.

Motor Zoom
Die Größe der Bilddiagonale kann per IR Fernbedienung eingestellt werden. Ermöglicht
standortunabhängigen Einsatz.

Multinorm
Projektionssysteme mit Multinorm Kompatibilität können PAL, SECAM und NTSC Videobilder projizieren.

Navigation
In der Informationstechnologie verwendete Metapher, um die Bewegungsmöglichkeiten des Benutzers in einem System und seine Orientierung in demselben zu beschreiben.

Offline
Nicht ans Netz angeschlossen. Man spricht einerseits von Offline-Anwendungen (z.B. CD-ROM), andererseits davon, dass ein Internetnutzer gerade offline ist, weil er derzeit keinen Zugang zum Netz hat.

Online
Mit dem Netz verbunden. Wer online ist, kann das Internet oder ein anderes Datennetz (Intranet, Extranet, Online-Dienste) nutzen.

Online-Lernen
Beim Online-Lernen oder Lernen im Netz greifen die Lernenden und Tutoren auf einen Server zu, auf dem die relevanten Daten gespeichert sind. Tutoren und Lernende können untereinander synchron oder asynchron kommunizieren.

OSD
On Screen Display. Statusanzeige, die in das Projektionsbild eingeblendet wird und alle aktuellen Werte wie angeschlossene Quelle, Helligkeit, Kontrast etc. anzeigt.

PCMCIA
„Personal Computer Memory Card International Association". Internationales Standardisierungskomitee für scheckkartengroße Erweiterungskarten für Notebooks und Digitalkameras. Neben Speicher- gibt es auch Modem-, Sound- und Videokarten im PCMCIA-Format.

Pixel
„Picture Element". Kleinster ansteuerbarer Bildschirmpunkt.

Pixelfrequenz
„Bildpunkt Taktfrequenz". Anzahl der pro Sekunde angesteuerten Pixel.

Pointer
Roter Punkt oder Handzeiger, der in das Projektionsbild eingeblendet werden kann und die Aufmerksamkeit der Zuschauer lenkt.

Rückprojektion
Schaltet auf seitenverkehrte Darstellung für Projektion im Durchlichtverfahren. Erfordert spezielle Rückprojektionsleinwände.

SCARt

Auch EURO AV Anschluss genannt. Mit nur einer Steckverbindung überträgt das maximal 21-polig belegte Kabel alle Audio- und Videosignale. SCART ist ® S-Video-tauglich.

Screendesign

Gestaltung der Benutzeroberfläche einer Multimedia-Anwendung oder einer Webseite (Grafik, Farben, Symbole).

SECAM

„Sequential Couleur A Memoire". Fernsehstandard, der u.a. in Frankreich eingesetzt wird. Die Zeilenzahl beträgt 625 die Bildfolge 25 Bilder pro Sekunde.

Server

Computer, der im Dauerbetrieb arbeitet, Programme und Dateien (Datenbanken, Textdateien) zentral speichert und diese zum Abruf durch Client-Rechner bereithält. Server sind einerseits Knotenpunkte in firmeninternen Netzen (Intranet) und halten dort gemeinsam genutzte Programme und Dateien vor. Mailserver dienen zur Verwaltung und Weiterleitung von E-Mails im Intranet oder im Internet. Webserver speichern die einzelnen Dokumente einer Webseite und machen sie im Internet verfügbar.

SmartMedia Karte

Sehr kleine Speicherkarten, wie sie z.B. für Digitalkameras verwendet werden. Sind noch kleiner und preiswerter als ® PCMCIA Speicherkarten.

SVGA

„Super Video Graphics Array". Graphikstandard für PCs mit einer maximalen Auflösung von 800 x 600 → Pixeln.

S-Video

Hochwertiges Videosignal, bei dem die Helligkeits- von den Farbsignalen getrennt werden. DIN-4-polige Steckverbindung. Wird z.B. bei S-VHS Rekordern genutzt.

Telelearning

Aus- und Weiterbildung mithilfe von Online-Anwendungen im Internet, Extranet und Intranet. Das Lernprogramm muss nur einmal auf dem Server bereitgestellt werden und nicht als CD-ROM an jedem Arbeitsplatz vorliegen.

TFT Technologie

„Thin Film Transistor". Die heute am weitesten verbreitete Technologie bei LCD Projektoren. TFT steht für Dünnfilmtransistor. Man unterscheidet zwischen → Aktiv- und der heute nicht mehr verwendeten Passiv Matrix Technologie.

Variofocal Objektiv

Die projizierte Bilddiagonale ist abhängig vom Abstand des Projektors zur Leinwand.

Vertikalfrequenz
Gibt an, wie viele Bilder pro Sekunde aufgebaut werden können (Bildwiederholfrequenz, in Hz).

VGA
„Video Graphics Array". Graphikstandard für PCs mit einer maximalen ➔ Auflösung von 640 x 480 ➔ Pixeln.

Virtuelle Realität(VR)
Computersimulierte Räume, in denen sich der Anwender am Computerbildschirm oder mithilfe einer speziellen Brille und einem sensorischen Handschuh frei bewegen kann. Die vom Computer berechneten Wechselwirkungen werden in realistischen Bildeindrücken, akustischen Signalen und simulierten Beschleunigungskräften an den Benutzer weitergegeben.

VHS
„Video Home System". Standard für analoge Videoaufzeichnung und -wiedergabe auf einem 0,5-Band.

Workstation
Schneller, äußerst leistungsfähiger Computer auf der Basis von einem oder mehreren Prozessoren zur Bewältigung rechenintensiver Aufgaben (z.B. CAD/CAM Anwendungen).

WWW
World Wide Web. Ein Hypermedia-basiertes System zur Verbreitung von Informationen im Internet. Entwickelt bei CERN (Genf) ist WWW der am meisten genutzte und am schnellsten wachsende Dienst im Internet.

XGA
„Extended Graphics Array". Grafikkarten mit einer ➔ Auflösung von maximal 1.024 x 768 ➔ Pixeln.

Quelle: Medium 2000 und Minolta-Studie 1999.

16 WWW-Links zur Präsentationstechnik

Die hierunter zusammengestellten WWW-Adressen helfen Ihnen, sich weitere Informationen zu den folgenden Themen zu beschaffen

1. Neue Präsentationsmedien und Raumgestaltung
2. Klassische Präsentationsmedien
3. Präsentationssoftware
4. Stimulanzien: Sinnsprüche, Cliparts und mehr
5. Ergänzendes Know-how zum Professionellen Präsentieren
6. Präsentieren im internationalen Geschäft
7. Unternehmen, die Firmenpräsentationen bereitgestellt haben

Die Auflistung enthält neben den WWW-Links dieser Publikation zusätzliche Internet-Adressen mit Informationen und Anregungen für die Weiterentwicklung Ihrer Präsentationstechnik. Mit der Zusammenstellung ist keine Empfehlung für bestimmte Anbieter oder Produkte verbunden.

1. Neue Präsentationsmedien und Raumgestaltung
(Anbieter und Informationen)

Notebook

www.toshiba.de

www.ibm.de

www.sony.de

Dataprojektoren

www.medium.de

www.3m.com

www.avi-studio.de

www.liesegang.de

www.presentations.com

www.sanyo.de

Plasmabildschirme

www.medium.de

www.pioneer.de

www.filmplus.ch

Fernbedienungen

www.proxima.com

www.gyropoint.com

www.medium.de

www.buylogitech.de

www.pronto.philips.com

www.remotecentral.com

Elektronische Whiteboards

www.medium.de

www.liesegang.de

www.3m.com

www.panasonic.com

www.softboard.com

www.avi-studio.de

www.presentations.com

www.smarttech.com

www.mimio.de

Dokumentenkamera

www.medium.de

www.3m.com

www.avi-studio.de

www.presentations.com

Digitale Foto- und Videokamera

www.digitalkamera.de

www.kodak.de

www.sony.de

www.macromedia.de

www.kodak.de

www.adobe.de

www.minolta.de

DVD-Technologie

www.digitalmovie.de

www.sony.de

www.sanyo.de

www.pioneer.de

www.dvd.de

www.voss-interactive.de

www.mawa.de

www.vcl.de

www.mediacs.de

Innovative Raumgestaltung

www.weyel.de

www.inobjekt.de

2. Klassische Präsentationsmedien
(Anbieter und Informationen)

www.medium.de

www.liesegang.de

www.avi-studio.de

www.nitor.de

www.3M.com

www.neuland.de

3. Präsentationssoftware
(Anbieter und Informationen)

www.microsoft.com

www.corel.com

www.scala.com

www.mindman.com

www.mindmanager.de

www.micrografx.com

www.matchware.net

www.fastmultimedia.de

www.macromedia.com

4. Stimulanzien: Sinnsprüche, Cliparts und mehr

www.dasgrossez.de

www.clipart.com

www.clipartCity.com

www.inki.com/clipart

www.elektravision.de

www.stockmarketphoto.com

5. Ergänzendes Know-how zum Professionellen Präsentieren

www.presentersuniversity.com

www.tekom.de

www.3M.com

www.praesentieren-online.de

www.presentersonline.com

www.sonypresentations.com

www.hps.co.at

6. Präsentieren im internationalen Geschäft

www.faz-institut.de

www.ifim.de

www.bdae.de

www.bfai.com

www.vdi.de

7. Unternehmen, die Firmenpräsentationen bereitgestellt haben

www.daimlerchrysler.de

www.volkswagen.de

www.telekom.de

www.heidelberg.com

www.eon.com

www.iao.fhg.de

17 Technische Hinweise zur Arbeit mit der CD-ROM

Der Inhalt der mitgelieferten CD-ROM besteht aus HTML-Seiten, die in Ihrem Webbrowser angezeigt werden. Informationen zur Bedienung Ihres Browsers erhalten Sie in Ihrer jeweiligen Programmhilfe. Üblicherweise finden Sie die Programmhilfe durch Drücken der Taste „F1" oder über den Menüpunkt „?" oder „Hilfe" in der Menüzeile.

Alle blau unterstrichenen Textteile in der CD-ROM stellen „Hyperlinks" da. Durch Anklicken eines markierten Textteiles werden Sie zur entsprechenden Seite bzw. zum angezeigten Kapitel geführt. Mit einem „Klick" auf die Schaltfläche „Zurück" – die Sie in Ihrer Menüleiste finden – gelangen Sie wieder zurück zur zuletzt besuchten Seite.

Damit Sie die auf der CD-ROM gespeicherten PowerPoint-Präsentationen und Videosequenzen in guter Qualität auf Ihrem Bildschirm sehen können, sind spezielle Programme erforderlich. Sollten diese Inhalte auf Ihrem PC nicht einwandfrei wiedergegeben werden, so beachten Sie bitte die folgenden Hinweise:

1 Installation der auf der CD enthaltenen Programme

Die mitgelieferten Software-Tools finden Sie im Ordner /software der CD-ROM. Bitte öffnen Sie diesen Ordner mit dem Windows Explorer und starten Sie die Installationsroutine des gewünschten Programmes.

2 Die PowerPoint-Präsentationen werden nicht korrekt angezeigt

Zur Anzeige der Präsentationsdateien ist entweder eine installierte Version der Präsentationssoftware „MS PowerPoint" oder des kostenlos verfügbaren Anzeigeprogrammes „MS PowerPoint Viewer" erforderlich.

Eine Version des PowerPoint Viewer finden Sie auf der CD-ROM im Verzeichnis /software/ppviewer.

3   Die Videoclips werden nicht korrekt angezeigt

Die Videodateien sind im MPEG-Format abgespeichert. Zur Wiedergabe der Clips ist ein MPEG-Player auf Ihrem PC notwendig, z.B. die aktuelle Version des Windows Media Player von Microsoft, der auf der CD-ROM zum Download (siehe Kapitel 17) zur Verfügung steht.

18 Checklisten

18.1 Vorbereitung Ihrer Präsentationen

Die Vorbereitung auf einen Blick

1. Präzisieren Sie der Anlass der Präsentation
2. Definieren Sie die Ziele Ihrer Präsentation
3. Analysieren Sie den Zuhörerkreis
4. Erarbeiten Sie die Inhalte
5. Gliedern Sie Ihre Präsentation
6. Wählen Sie den geeigneten Medien-Mix
7. Erarbeiten Sie Ihr Präsentationsskript
8. Erstellen Sie die Tischvorlage

Merkpunkte zu den Vorbereitungsschritten

1. Präzisieren Sie den Anlass der Präsentation

- Wer hat warum die Präsentation angeregt?
- Welche Bedeutung hat die Präsentation aus Kundensicht?
- Welche Bedeutung hat die Präsentation aus Sicht des eigenen Unternehmens?
- Welche Vorgaben und Rahmenbedingungen habe ich zu beachten? (Raum? Zeit? Einlader? Vorgaben für Inhalt und Ablauf? Vorredner/Moderator?)
- Wie lässt sich das Thema definieren? (Beachten Sie hierbei die Informationen unter Punkt 1.3 zur Zuhöreranalyse)

2. Definieren Sie die Ziele Ihrer Präsentation

- Welche sachlichen Ziele will ich erreichen? (minimal? maximal?) (Beispiele: Aufmerksamkeit wecken, informieren, überzeugen, Meinungstrend erfahren...)

- Welche übergreifenden Ziele (Metaziele) will ich erreichen? (Beispiele: Vertrauen aufbauen, teamfähig wirken, innovativ erscheinen...)

3. Analysieren Sie den Zuhörerkreis

- Wie setzt sich der Zuhörerkreis zusammen? (Personenzahl; Namen; Hierarchie; Ressort; Alter...)

- Welche Erwartungen, Bedürfnisse und Wünsche haben meine Zuhörer?

- Was sind wahrscheinlich die Ziele und Entscheidungskriterien der Zuhörer?

- An welchenVorkenntnissen und Bildungsvoraussetzungen kann ich anknüpfen?

- Welches Sprachniveau ist angemessen?

- Wie kann ich auf eine Wellenlänge mit dem Zuhörerkreis kommen?

- Wo sind wir besser, wo schlechter als die Mitbewerber?

- Welche Präsentationsmedien setzen die Zuhörer vermutlich selbst ein?

Wichtig: Nutzen Sie alle Informationsquellen, um Vorinformationen über den Zuhörerkreis zu erhalten.

---

4. Erarbeiten Sie die Inhalte

- Nutzen Sie ETHOS zur Spektrumsanalyse (Welche wirtschaftlichen, technischen, menschlichen, organisatorischen und ökologischen Facetten hat mein Thema?)

- Welche Inhalte gehören zum Thema, welche nicht?

- Was sind die besonderen Vorzüge unseres Angebots?
- Bei Kundenpräsentationen: Welchen Zusatznutzen bieten wir?
- Durch welche Referenzobjekte und Beispiele kann die Überzeugungswirkung verstärkt werden?
- Gewichten Sie die Inhalte nach
  - Kerninformationen
  - Randinformationen und
  - Hintergrundinformationen

Aus zwei Gründen **müssen Sie** reduzieren und Schwerpunkte bilden:

- Die Präsentationszeit ist knapp.
- Die Aufnahmefähigkeit der Zuhörer ist begrenzt.

Wichtig: Machen Sie sich bewusst, was Ihre Kernbotschaft ist:
Welche 5 bis 7 Punkte wollen Sie im Langzeitgedächtnis des Kunden verankern?

---

5. Gliedern Sie Ihre Präsentation

- Zur **Einleitung** gehören: Anrede und Begrüßung, gegebenenfalls kurze Vorstellung, attraktiver Aufhänger, Thema und Ziel, Gliederung mit Informationen zum Ablauf der Veranstaltung

- Der **Hauptteil** enthält die Kerninformation Ihrer Präsentation: Lassen Sie sich bei der Strukturierung anregen
  - durch psychologische Prinzipien und die
  - Standardbaupläne

Psychologische Prinzipien

- Überblick vor dem Detail
- Bekanntes vor dem Neuen
- Einfaches vor dem Komplexen
- Nutzen vor den (anstrengenden) Details

- Der **Schlussteil** enthält: Zusammenfassung der wichtigsten Aussagen, Appell und/oder Ausblick, gegebenenfalls Überleitung in die Diskussion

6. Wählen Sie den geeigneten Medien-Mix

- Als Medien stehen zur Verfügung *computergestützte* sowie *klassische Medien*
- Prüfen Sie anhand der folgenden Kriterien, welche Medien für Ihr Szenario und Ihre Zielsetzung passen:

  1 Eignung für die Ziele und Inhalte
  (Computer günstig bei: Multimedia, virtuellen Darstellungen, Animationen, Veränderung von Daten während der Präsentation...)

  2 Eignung für die Imagebildung
  (Zu Hightech-Unternehmen passen Hightech-Medien)

  3 Eignung für Ihre Zielgruppe und Branche
  (Bleiben Sie bei den Medien, die den Zuhörern vertraut sind)

  4 Eignung für didaktische Varianten
  (Neben Computerpräsentation oder Folienpräsentation mindestens ein Flipchart als Dauermedium)

  5 Eignung für die Interaktion
  (Traditionelle Medien haben hier Vorteile im Vergleich zu Multimedia)

  6 Eignung für die eigene Persönlichkeit

- Spezielle Checklisten helfen Ihnen, unter Zeitdruck die Medien professionell vorzubereiten und einzusetzen sowie den Präsentationsraum herzurichten:

  – Optimierung von Computerpräsentationen
  – Folienpräsentation und Flipchart
  – Kriterien für die Gestaltung von Charts
  – Ausstattung des Präsentationsraums

7. Erarbeiten Sie Ihr Präsentations-Skript

- Günstig: DIN-A5-Papier

- Blätter nummerieren, einseitig beschriften, Stichworte sowie Hinweise auf Folien/Medien

- Einleitung und Schluss ausformulieren (zur persönlichen Sicherheit)

- Bei Computerpräsentation: Gliederungsübersicht der Folien ins Stichwortkonzept integrieren

- Rhetorische Hinweise ins Skript aufnehmen (zum Beispiel: Standort wechseln; Blickkontakt; Folie anmoderieren; lauter sprechen; Pausen! usw.)

Wichtig

Bei der Computerpräsentation sehen Sie die nächste Folie nicht. Daher brauchen Sie einen Spickzettel oder eine Gliederungsübersicht mit der Reihenfolge der Bildschirmcharts. Nur so können Sie die nächste Folie anmoderieren und bei Bedarf auf bestimmte Folien vor- und zurückspringen.

---

8. Erstellen Sie (falls notwendig) eine Tischvorlage

Worauf Sie mindestens achten sollten:

- inhaltliche Übereinstimmung mit der Präsentation

- verkleinerte Folien in die Vorlage integrieren

- Konzentration auf Kerninformationen

- imageförderliche Gestaltung auf der CI-Linie Ihres Hauses

- individuelle Gestaltung (Kunde muss spüren, dass die Unterlage für den speziellen Anlass entwickelt wurde)

Wann austeilen? Möglichst nach der Veranstaltung! Ausnahme: Wenn die Zuhörer mitschreiben und wenn Sie während der Präsentation Bezug auf die Unterlage nehmen.

18.2 Ausstattung des Präsentationsraums

Überblick als Lesehilfe

1. Prüfen Sie frühzeitig die Besonderheiten des Präsentationsraums
2. Bedenken Sie die Perspektive der Zuhörer von A bis Z
3. Präparieren Sie Ihr Notebook
4. Machen Sie sich mit den Eigenschaften des Dataprojektors vertraut
5. Bereiten Sie den Einsatz der klassischen Medien vor
6. Durchdenken Sie die Dramaturgie der Präsentation

Teilen Sie dem verantwortlichen Ansprechpartner möglichst früh (per E-Mail oder Fax) Ihre Wünsche hinsichtlich Raumausstattung, Medien und Organisation mit.

1. Prüfen Sie frühzeitig die Besonderheiten des Präsentationsraums

- Bestuhlung und Tische
- Lichtverhältnisse und Akustik
- Verdunkelungsmöglichkeiten (Dimmer)
- Steckdosen/Verlängerungskabel
- Funktionsfähigkeit und Standort aller Medien
- Referententisch/Rednerpult/Möglichkeiten zur Ablage?

2. Bedenken Sie die Perspektive der Zuhörer von A bis Z

- Ist die Anreiseskizze gut lesbar?
- Sind Hinweisschilder notwendig, damit alle Teilnehmer den Raum finden?
- Ansprechpartner für die ankommenden Teilnehmer?
- Garderobe? Namensschilder? Tischvorlagen in ausreichender Zahl?

- Klimaanlage?

- Ist jedes Chart lesbar? (Prüfen!)

- Reicht die Helligkeit des Dataprojektors für Größe und Lichtverhältnisse des Raums aus?

- Hat jeder Teilnehmer freie Sicht?

- Ist die Akustik in Ordnung? (Mikrofon vorab testen!)

- Sind die Leuchtpunkte des Laserpointers auch hinten im Raum noch zu erkennen?

- Softgetränke auf den Tischen? Kaffee in den Pausen usw.?

- Inwieweit ist für die Betreuung der Zuhörer nach Veranstaltung gesorgt?

3. Präparieren Sie Ihr Notebook

- Das Notebook möglichst seitlich in der Nähe des Referententisches/Rednerpults aufbauen, damit Sie die Tastatur bei Bedarf im Zugriff haben.

- Stellen Sie sicher, dass die Auflösung von Dataprojektor und Notebook kompatibel sind.

- Schalten Sie den Bildschirmschoner aus.

- Prüfen Sie, mit welcher Tastenkombination Sie gleichzeitig das Bild auf dem Notebook und auf der Leinwand sehen.

- Schalten Sie die Batteriesparfunktion aus.

- Fahren Sie Ihr Notebook bereits hoch, bevor die Teilnehmer eintreffen.

Hinweis
Prüfen Sie im Vorfeld, inwieweit es sinnvoll ist, die Computerpräsentation im Team durchzuführen. Sie könnten zum Beispiel das Handling am Computer delegieren!

---

4. Machen Sie sich mit den Eigenschaften des Dataprojektors vertraut

- Platzierung?
- Scharfeinstellung? Zoom? Black-Screen-Funktion? Stand-by-Funktion?
- Funktioniert die Mausfunktion?
- Funktioniert der Laserpointer?
- Zuerst den Dataprojektor einschalten, dann den Computer.

5. Bereiten Sie den Einsatz der klassischen Medien vor

Für den Einsatz des Tageslichtprojektors

- Referententisch links neben dem Projektor?
- Helllicht- oder normaler Projektor?
- An-Aus-Schalter? Schalter für Ersatzbirne?
- Projiziertes Bild in Ordnung? (verzerrt? hell genug?)
- Scharfeinstellung?
- Blankofolien und Permanentstifte?
- Wie wird Rollfolie weitergedreht?

Für den Einsatz des Flipcharts

- Ausreichend kariertes Flipchart-Papier?
- Schwarze und rote Filzstifte?

Für alle Fälle: schwarze und rote Stifte für Flipchart, Blankofolien und Permanentstifte für Tageslichtprojektor mitbringen.

---

6. Durchdenken Sie die Dramaturgie der Präsentation

- Wo sprechen Sie die Einleitung?

- Wie bewegen Sie sich während der Präsentation?

- Wo stehen Sie, um das nächste Chart einzublenden?

- Wer bedient in einem Vortragssaal die Verdunkelung, den Dimmer den festinstallierten Beamer?

- Wer ist der Ansprechpartner im Falle eines technischen Defekts?

- Stehen oder sitzen Sie beim Präsentieren und Diskutieren?

- Ist ein Moderator vorgesehen?

Hinweise für besondere Situationen

- Bei Präsentationen im internationalen Geschäft ist es ratsam, einen professionellen Ansprechpartner „vor Ort" zu haben, der den Präsentationsraum entsprechend Ihren Vorgaben herrichtet.

- Schwierigkeiten können sich bei Kongressen oder Fachtagungen ergeben, wenn mehrere Referenten mit unterschiedlichen Medien nacheinander präsentieren. Klären Sie vorab mit der Tagungsleitung ab, wann Sie vor Beginn der Veranstaltung zusammen mit der Haustechnik die Medien vorbereiten können.

- Spielen Sie vorher den Fall durch, dass Sie aus technischen Gründen die Computerpräsentation nicht zu Ende bringen können. Halten Sie für diesen „worst case" die notwendigen Unterlagen griffbereit, um auf Folienpräsentation umzuschalten.

18.3 Überzeugend vortragen

Allgemein

Beachten Sie alle Faktoren, die Qualität und den Wirkungsgrad Ihrer Präsentation beeinflussen. Die gesamte Breite der Einflussfaktoren sollte positiv auf den Kunden einwirken. Dazu gehören vor allem:

- Ihr Auftreten und Ihr äußeres Erscheinungsbild,
- Ihre rhetorische und körpersprachliche Darstellung,
- die Qualität der visuellen Hilfsmittel,
- Ihr emotionaler Kontakt zum Auditorium und
- Ihr Kommunikationsverhalten bei Einwänden und Kritik.

Bleiben Sie sich treu.
Suchen Sie sich aus den Empfehlungen das heraus, was zu Ihrer Persönlichkeit und zu Ihren Zielvorstellungen passt.

Praxistipps

1 Sicher und positiv auftreten

2 Überzeugen durch Optik und Körpersprache

3 Überzeugen durch wirkungsvolles Sprechen

4 Kontakt zum Zuhörer halten

1 Sicher und positiv auftreten

- Günstige Position für die Einleitung:
  Der Platz vor dem Referententisch oder vor dem Projektor.
- Sprechen Sie zu Beginn eher langsam und in normaler Stimmlage.

- Beginnen Sie immer mit positiven Formulierungen. Vermeiden Sie eine Entschuldigung in der Anfangsphase.
- Bemühen Sie sich schon in der Einstiegsphase darum, jedem Zuhörer durch Blickkontakt Wertschätzung entgegenzubringen.

2 Überzeugen durch Optik und Körpersprache

- Seriöses Erscheinungsbild sichern (Im Zweifel: ein wenig besser kleiden als der Durchschnitt der Zuhörer)
- Sicher und aufrecht stehen
- Glaubwürdig und engagiert wirken
- Positive Beziehungsbotschaften senden
- Blickkontakt anbieten

Bemühen Sie sich darum, Ihre Gestik nicht zu machen, sondern zuzulassen. Ihre Gestik wirkt am stärksten, wenn sie zum Inhalt passt und mit Ihrer Argumentation, Mimik und Ihrem Sprechausdruck eine Einheit bildet.

---

3 Überzeugen durch wirkungsvolles Sprechen

Die persönliche Art und Weise des Sprechens, – ob langsam oder schnell, ob laut oder leise, ob deutlich oder „nuschelig", ob flüssig oder stockend, sagt immer auch etwas über die eigene Persönlichkeit. Von Cicero stammt das Wort: Wie der Mensch, so seine Rede!

Was Sie für eine lebendige Sprechtechnik tun können

Wechseln Sie die Lautstärke

- Beginnen Sie Ihre Präsentation in der Stimmlage, in der Sie normal sprechen (Indifferenzlage). Sprechen Sie anfangs auch ein wenig langsamer und etwas leiser als normal.

- Wechseln Sie die Lautstärke.
- Betonen Sie die sinntragenden Silben und Wörter.

Variieren Sie das Tempo

- Achten Sie auf eine gute Artikulation.
- Sichern Sie durch Tempoveränderungen die Farbigkeit und die Lebendigkeit Ihres Vortrags.
- Erzeugen Sie Spannung durch Tempoverzögerungen: Fesseln Sie durch Tempobeschleunigungen.
- Wählen Sie insgesamt ein eher mäßiges Grundtempo.
- Sprechen Sie umso langsamer, je wichtiger und schwieriger Ihre Inhalte sind.
- Vermeiden Sie Füllsel (= Störlaute wie äh, äh,...), indem Sie zwischen den Sätzen den Mund schließen und nasal atmen.

Machen Sie Pausen

- Pausen erleichtern es den Zuhörern, das Neue zu verarbeiten.
- Pausen gliedern, machen aufmerksam, erzeugen Spannung, regen zum Denken an.
- Pausen ermöglichen es Ihnen, sich auf den kommenden Gedanken innerlich vorzubereiten.
- Pausen geben Ihnen Gelegenheit zur Tiefenatmung, zum Auffüllen der Atemreserve: Machen Sie Atempausen nach dem Ausatmen, nicht nach dem Einatmen.
- Nach einem wichtigen Argument können Sie die Pausentechnik nutzen, weil dadurch das Gesagte betont wird, die Aufmerksamkeit im Auditorium steigt, das Gesagte beim Zuhörer intensiver nachwirkt und dadurch besser behalten wird.

4 Kontakt zum Zuhörer halten

Für den Präsentationserfolg ist es unverzichtbar, verständlich zu formulieren und auf die Reaktionen der Zuhörer zu achten. Sie erleichtern den Zuhörern die Aufnahme der Informationen, wenn Sie:

- die Gliederung Ihrer Präsentation zu Anfang vorstellen,

- den Zuhörern immer wieder zeigen, wie sich die einzelnen Teilthemen in das Gesamtkonzept einordnen,

- besonders wichtige Aussagen rhetorisch hervorheben ("Dieser Punkt ist besonders wichtig...", „Von entscheidender Bedeutung ist..."),

- eine zuhörergerechte Sprachebene wählen,

- Fachbegriffe/Abkürzungen auf das Notwendige beschränken und erklären,

- Ihre Ausführungen an vermutetes/bekanntes Wissen und vermutete/bekannte Erfahrungen der Zuhörer anknüpfen,

- die Kernaussagen verankern durch anschauliche Beispiele, Visualisierung und Wiederholung,

- Zusammenfassungen nach längeren Ausführungen und nach wesentlichen Aussagen machen.

Achten Sie auf die Reaktionen Ihrer Zuhörer

- Inwieweit sind Akzeptanz und Interesse beim Zuhörer gegeben?
- Deuten Signale auf Widerspruch und „innere Kündigung" hin?
- Inwieweit sind Verständnisprobleme erkennbar?
- Lässt die Aufmerksamkeit nach?

Informationen hierüber erhalten Sie in Form von *nichtsprachlichen Signalen*, wie etwa Unruhe in der Gestik, plötzlicher Haltungswechsel (Zurücklehnen), abreißender Blickkontakt, fragende Mimik.

18.4 Aufmerksamkeit fördern durch Aktivierungstechniken

Zwei Fragen werden beantwortet

1 Auf welche Ursachen ist sinkende Aufmerksamkeit der Zuhörer zurückzuführen?
2 Wie können Sie die Aufmerksamkeit sichern und während der Präsentation erhalten?

1 Ursachen sinkender Aufmerksamkeit

- Ziel und Nutzen der Präsentation bleiben unklar.
- Die vereinbarte Zeit wird überschritten.
- Die Ausführungen sind unverständlich.
- Die Struktur der Präsentation ist nicht erkennbar.
- Die Grafiken sind unleserlich und überladen.
- Die Anzahl der Grafiken überfordert die Zuhörer.
- Der Vortrag wirkt langweilig und farblos.

Alarmzeichen für nachlassende Aufmerksamkeit: Unruhe im Auditorium sowie körpersprachliche Signale wie Wegschauen, Zurücklehnen, fragende Gesichter, Blättern in Unterlagen, Untergespräche mit den Nachbarn.

2 Die Aktivierungstechniken im Einzelnen

1. Motivierend einsteigen
2. Kundennutzen veranschaulichen
3. Zuhörer beteiligen
4. Standort und Medienwechsel

5. Rhetorische Mittel

6. Ergänzende Stimulanzien

Prüfen Sie in Abhängigkeit von Ziel, Zuhörerkreis und Situation, welche der folgenden Möglichkeiten in Frage kommen.

1. Motivierend einsteigen

Hierbei können Sie:

- anders als andere beginnen (a,a,a-Regel),
- die Bedeutung des Themas hervorheben,
- eine rhetorische Frage stellen,
- eine Anekdote erzählen,
- den Nutzen des vorgestellten Angebots ansprechen,
- ein Cartoon auflegen, ein Zitat oder einen Sinnspruch bringen,
- sonstige Wow-Effekte nutzen (im Rahmen des Infotainment).

2. Kundennutzen veranschaulichen

Ihre Zuhörer fragen sich während der Präsentation: Worin besteht der besondere Nutzen für mich? Was habe ich davon, wenn ich zuhöre? Stellen Sie daher an Stellen mangelnder Aufmerksamkeit den Nutzen für die Zuhörer heraus. Der Nutzen kann zum Beispiel darin liegen:

- Zukunftsanforderungen besser zu bewältigen,
- aktuelle Schwierigkeiten zu überwinden,
- neue Marktfelder zu erschließen,
- die Kosten zu senken,
- einen besseren Service zu erhalten,
- die Produktivität zu verbessern.

3. Zuhörer beteiligen

Die aktive Beteiligung der Zuhörer ist das wirkungsvollste Mittel, um die Aufmerksamkeit zu stimulieren und das Auditorium aus seiner passiven Rolle zu befreien. Sie können es zum Beispiel durch offene Fragen (= W-Fragen) aktivieren:

- *„Welche Anforderungen haben Sie an eine Problemlösung?"*
- *„Was verstehen Sie unter...?"*
- *„Welche Kriterien sind für Sie besonders wichtig?"*
- *„Welche Erfahrungen haben Sie damit gemacht...?"*

4. Standort- und Medienwechsel

Dies ist ein bewährtes dramaturgisches Mittel, um der Langeweile entgegenzuwirken.
Beispiele

- Während einer Folienpräsentation schalten Sie den Projektor aus, treten nach vorn und tragen persönliche Erfahrungen oder eine Anekdote vor.

- Bevor Sie auf einen neuen Punkt zu sprechen kommen, stellen Sie eine Frage und schreiben die Beiträge der Teilnehmer ans Flipchart.

- Sie unterbrechen Ihre Computerpräsentation, indem Sie zum Beispiel eine dunkle Leerfolie einblenden und gehen zum Flipchart. Dort erläutern Sie anhand einer Skizze das Funktionsprinzip der vorgeschlagenen Lösung.

5. Rhetorische Mittel

Wer Zuhörer fesseln will, findet eine Reihe ergänzender Praxistipps in der klassischen Rhetorik. Dazu gehören:

- stimmliche Modulation und Tempovariation,

- Pausen vor und nach wichtigen Gedanken,

- Körpersprachliche Wirkmittel,

- Verknüpfung rationaler Elemente mit persönlichen Erfahrungen und Erlebnissen,

- anschauliche Vergleiche und Analogien.

6. Ergänzende Stimulanzien

In vielen Präsentationen können Sie motivierende Zutaten wie Witz und Humor einsetzen, um Gefühle zu wecken. Dies schafft Sympathie und Abwechslung und aktiviert die Aufmerksamkeit. Achten Sie jedoch darauf, dass die Stimulanzien mit Augenmaß eingesetzt werden, zu den Erwartungen ihrer Zielgruppe passen und Ihre Kernbotschaft nicht übertönen. In Frage kommen:

- Sinnsprüche und Zitate,

- Cliparts (Originalität ist oberstes Gebot – nicht Konfektionsware) Relevante Internet-Adressen finden Sie unter WWW-Links,

- Cartoons und Karikaturen,

- Storys, Fabeln und Anekdoten,

- Digitale Fotos und Videos.

18.5 Folienpräsentationen und Flipchart

Inhalte dieser Checklist im Überblick

A. Folienpräsentationen

1. Die besonderen Vorteile
2. Die Grenzen
3. Tipps für die Vorbereitung
4. Tipps für die Durchführung

B. Flipchart

5. Die besonderen Vorteile
6. Die Grenzen
7. Tipps zur Gestaltung der Blätter
8. Hinweise zur Arbeit am Flipchart

A. Folienpräsentationen

1. Die besonderen Vorteile

- Blickkontakt zum Publikum ist problemlos möglich.

- Präsentation auch vor größeren Gruppen.

- Reihenfolge der Folien kann ohne technischen Aufwand variiert werden.

- Es ist leicht, Folien während der Präsentation zu verändern oder zu ergänzen.

- In Schutzhüllen können Overheadfolien leicht aufbewahrt, transportiert und fast beliebig oft wieder verwendet werden.

- Wenig Rüstaufwand. Sie haben lediglich den Projektor zu präparieren und die Folien bereitzulegen.

- Fragen und Zuhörerbeiträge können ohne zusätzlichen Aufwand auf Blankofolien festgehalten werden.

2. Die Grenzen

- Animationen und dynamische Elemente sind nicht möglich.
- Die gezeigten Folieninhalte sind nur für die Dauer der Projektion sichtbar.
- Gefahr von Folienschlachten.

Fehlerquellen beim Folienvortrag

- Zu viele und gleichförmige Charts
- Zu wenig Erläuterung
- Zu rascher Folienwechsel
- Charts sind nicht lesbar
- Unsicherheiten beim Handling
- Im projizierten Bild stehen
- Mangelhafte Zeigetechnik
- Gleichförmige Dramaturgie

---

3. Tipps für die Vorbereitung

- Folien „hirngerecht" gestalten (Qualitätskriterien beachten!).
- Anzahl der Charts begrenzen (Faustregel: ein Chart in 90 Sekunden).
- Lassen Sie die Charts von Dritten im Hinblick auf Rechtschreibung, Inhalt und formale Gestaltung prüfen.

Ergänzende Hinweise

- Verwenden Sie Flip-Frames (Schutzhüllen).
- Nehmen Sie vor der Präsentation die Folien aus dem Ordner.
- Nummerieren Sie Ihre Folien.
- Präparieren Sie früh den Präsentationsraum und üben Sie den Umgang mit den Medien. (Siehe Checklist zur Herrichtung des Präsentationsraumes)

- Kontrollieren Sie die Qualität des Projektionsbildes.

- Reservieren Sie feste Plätze auf dem Referententisch für die Folien, Ihre schriftlichen Unterlagen (Stichwortkonzept/Manuskript) sowie für Zeigehilfe, Folienschreiber und Blankofolien.

- Nutzen Sie einen Projektionsrahmen, um das Licht stärker zu bündeln.

4. Tipps für die Durchführung

- Treten Sie sicher, selbstüberzeugt, verbindlich und kompetent auf.

- Nutzen Sie eine Zeigehilfe, um die Aufmerksamkeit Ihrer Zuhörer auf die Kerninformation zu lenken. Alternativen:

Sie zeigen auf der Glasfläche des Projektors mit Kugelschreiber, Plexipfeil o.ä.

Laserpointer oder Leuchtzeiger. Vorteil: Sie können sich frei im Raum bewegen. Nachteil: Der Blickkontakt zum Auditorium reißt jeweils ab, während Sie mithilfe des Leuchtpunktes etwas hervorheben.

Sie benutzen einen Zeigestab, um an der Leinwand auf wesentliche Informationen hinzuweisen.

- Kontakt halten durch die Touch-Turn-Talk-Technik.

Touch	Mit Ihrer Zeigehilfe berühren Sie schweigend den Punkt, den Sie erklären wollen.
Turn	Ihre Zeigehilfe verweilt auf dem Punkt, während Sie sich zum Publikum drehen.
Talk	Jetzt nehmen Sie Blickkontakt zum Publikum auf und beginnen zu sprechen

Für diesen dreiphasigen Vorgang benötigen Sie nicht mehr als eine halbe Sekunde. Diese „Technik" funktioniert übrigens auch, wenn Sie mit der Hand am Flipchart erklären.

Bringen Sie Abwechslung in Ihre Folienpräsentation!

- Wechseln Sie den Standort, während Sie präsentieren.

- Schalten Sie an bestimmten Stellen den Projektor aus und erläutern Sie einen Zusammenhang am Flipchart ("pencil selling").

- Die „An-Aus-Technik" ist eine einfache Möglichkeit, die Aufmerksamkeit der Zuhörer gezielt auf die Leinwand, auf Ihre Person oder auf andere Medien zu lenken.

- Präsentieren Sie Ihre Folien „hirngerecht", also

  1. Phase: Folie ankündigen

  2. Phase: Folie zeigen – kurze Pause

  3. Phase: Folie erklären

  4. Phase: Folie abschließen

B. Flipchart

Das Flipchart ist das wichtigste Dauermedium, das sich in idealer Weise eignet, um Präsentationen am Overheadprojektor oder am Computer zu ergänzen. Dieses Medium gehört zur Standardausrüstung vieler Präsentations- und Konferenzräume.

5. Die besonderen Vorteile

- Der Zuhörer kann nachvollziehen, wie schwierige Zusammenhänge „live" entwickelt werden.

- Bilder am Flipchart können ohne Mühe verändert oder ergänzt werden.

- Dieses Dauermedium eignet sich hervorragend, um einleitend die Gliederung der Präsentation zu erläutern. Die Gliederung kann dann während des Vortrags dauernd (daher: Dauermedium) im Blickfeld der Teilnehmer bleiben. Die detaillierten Inhalte präsentieren Sie mithilfe Ihres Hauptmediums Overheadprojektor oder Computer.

Tipp
Heften Sie Ihre Gliederung an eine Pinnwand, damit Ihr Flipchart für weitere Anschriebe nicht „blockiert" ist.

- Sie können vorbereitete oder teilweise vorbereitete Texte und Schaubilder präsentieren, verändern und ergänzen.

- Sie können vorbereitete oder behandelte Flipchartbögen im Raum aufhängen und so einen komplexen Gedankengang dokumentieren.

- Sie können Ideen bei einem Brainstorming oder Diskussionsbeiträge rasch festhalten.

6. Die Grenzen

- Das Flipchart ist als Ergänzungsmedium, weniger als Hauptmedium geeignet.

- Bei größeren Gruppen von mehr als 30 Teilnehmern sollte das Medium nicht mehr eingesetzt werden.

- Ungeübte Vortragende erleben die Arbeit am Flip-Chart häufig als schwierig, weil die Persönlichkeit ungeschützt den kritischen Blicken ausgesetzt ist und die Anschriebe oft unangenehme Pausen mit sich bringen.

7. Tipps zur Gestaltung der Blätter

- Beschränken Sie sich auf bis zu 7 Zeilen pro Chart

- Jedes Chart benötigt eine Überschrift

- Planen Sie Leerblätter zum Abdecken ein

- Kariertes Papier erleichtert Ihnen saubere Anschriebe
  Kleinbuchstaben: mindestens 1 Karo
  Großbuchstaben: mindestens 2 Karos

- So einfach wie möglich

- Gute Kontrastfarben wählen
  (Schwarz als Grundfarbe; Rot als Signalfarbe)

- Korrigieren Sie Fehler mit Tipp-Ex

- Maximal 2 Schriftgrößen

9. Hinweise zur Arbeit am Flipchart

- Stellen Sie das Flipchart so auf, dass jeder Teilnehmer die Anschriebe problemlos lesen kann.

- Nicht mit der Spitze, sondern mit der Breitseite der Stifte schreiben! Sie erreichen eine eindrucksvolle Schrift, wenn Sie den Stift mit der ganzen Filzkante gleichmäßig auf das Papier setzen, dann schreiben und dabei den Stift nicht mehr drehen. Üben Sie das Schreiben!

18.6 Kriterien für die Gestaltung von Charts

Diese Checkliste hilft Ihnen, Ihre Bilder und Charts zu optimieren. Beachten Sie allgemeine und ergänzende Gestaltungskriterien.

Der Bereich A präzisiert Kriterien, die für alle Charts Gültigkeit haben:

1. Einheitliche Gestaltung
2. Aussagefähige Überschrift
3. Kerninformation auf einen Blick
4. Schriftart und Schriftgröße
5. Begrenzung der Informationsmenge
6. Sparsamer Farbeinsatz
7. Ergänzende Hinweise

Der Bereich B vermittelt ergänzende Kriterien für die Gestaltung spezieller Charts, also:

- Textcharts
- Kreisdiagramme
- Balken- und Säulendiagramme
- Kurvendiagramme
- Häufigkeitsdiagramme
- Punktdiagramme
- Charts mit Stimulanzien

A Allgemeine Gestaltungskriterien

1. Einheitliche Gestaltung (Lay-out)

- Prinzipieller Aufbau von Titel- und Inhaltsfolie?

- Wo steht das Logo?

- Wo stehen Folientitel, Untertitel, Legenden?

- Farbgestaltung bei Folien- und bei Bildschirmpräsentationen?
- Folienrand lassen

2. Aussagefähige Überschrift
- Kurze, treffende Überschrift ("action title")
- Bezug zur Kernaussage

3. Kerninformation auf einen Blick
- 30 Prozent der Folie freilassen
- Kerninformation im Zentrum der Folie
- Wesentliches hervorheben

4. Schriftart und Schriftgröße
- CD-Vorgaben beachten
- Eine, höchstens 2 Schriftarten in einer Präsentation
- Maximal 3 Schriftgrößen pro Chart
- Lesbarkeit sichern!
- Gut lesbar: 36 Punkte für Überschrift; 28 Punkte für Inhaltsteil

5. Begrenzung der Informationsmenge
- 1 Aussage pro Chart
- Verzichten Sie auf überflüssige Details
- Maximal 7 Zeilen bei Textcharts.

Faustregel

So einfach wie möglich, so wenig wie möglich, so lesbar und so übersichtlich wie möglich.

---

6. Sparsamer Farbeinsatz

- Einheitliche Gestaltung innerhalb einer Präsentation.

- Innerhalb eines Sach- oder Produktbereichs ist es ratsam, mit Abstufungen innerhalb einer Farbe zu arbeiten. Wechseln Sie die Farbe, wenn Sie sich einem neuen Produkt oder Sachbereich zuwenden.

- Verwenden Sie bei Textdiagrammen nicht mehr als drei Farben: eine für den Hintergrund, eine für den Text und eine für Hervorhebungen. Zusätzliche Farben können für Logo und Rahmengestaltung herangezogen werden.

- Arbeiten Sie bei den übrigen Diagrammvarianten (Kreis-, Linien-, Balkendiagramm usw.) höchstens mit vier oder fünf Farben.

- Maximieren Sie die Kontraste zwischen Text und Objekten im Vordergrund und dem gewählten Hintergrund. Dies kommt der Lesbarkeit Ihrer Charts zugute.

- Wählen Sie für Overheadfolien dunkle Schrift auf hellem Hintergrund (z.B. Schwarz auf Weiß, Schwarz auf Grau), für Dias und Bildschirmdarstellungen dunkle Hintergründe. Gute Ergebnisse erzielen Sie hierbei mit den Kontrasten Weiß und Gelb auf Dunkelblau, Schwarz auf Gelb, Weiß auf Dunkelgrün.

7. Ergänzende Hinweise

- Querformat der Folien fördert die Lesbarkeit.
- Schrille Effekte vermeiden.

B Ergänzende Gestaltungskriterien für spezielle Charts

Textcharts

- 1 Thema pro Textchart
- Bis zu 7 Zeilen pro Folie
- Schlüsselworte statt Sätze
- Groß- und Kleinbuchstaben
- Doppelter Zeilenabstand
- Kombinieren mit Bildern

Kreisdiagramme

- Maximal sieben Segmente pro Chart.
- Fassen Sie kleinere Segmente unter „sonstige" zusammen.
- Das wichtigste Segment sollte die stärkste Kontrastfarbe haben (z.B. Gelb auf Dunkelblau).

Balkendiagramme

- Höchstens 4 Balken oder 4 Gruppen pro Darstellung
- Nicht mehr als 3 Unterscheidungen bei den Grundelementen (z.B. max. 3 Schriftgrößen oder 3 Farbstufen).
- Die kräftigste Farbe oder Schraffur für das wichtigste Objekt, das auch in der Überschrift (Aussage-Titel) hervorgehoben wird.
- Diagramme mit vertikalen Säulen lassen nur wenig Platz für kommentierende Texte. Mehr Raum für Beschriftungen lässt das Balkendiagramm, in dem Sie die Säulen waagerecht anordnen.
- Wählen Sie den Abstand zwischen den Balken/Säulen kleiner als die Balken-/Säulenbreite.

Säulendiagramme

- Das Säulendiagramm eignet sich am besten, wenn weniger als 8 Zeitpunkte abgedeckt werden.

- Das Kurven- oder Liniendiagramm wirkt übersichtlicher, wenn auf der X-Achse mehr als acht Zeitpunkte erfasst sind.

- Einzelne Aspekte können besonders durch Pfeile, Linien, Schraffuren oder Farbe hervorgehoben werden.

- Farbe und Schraffur können zum Beispiel dazu verwendet werden, Daten der Vergangenheit von denen der Zukunft zu unterscheiden.

Kurvendiagramme

- Verwenden Sie höchstens 3 bis 4 Vergleichslinien pro Chart.

- Die Linie der Kurven muss immer stärker sein als die Basislinie; diese soll etwas stärker sein als die vertikalen und horizontalen Linien des Hintergrundnetzes.

- Die verschiedenen Kurven können durch Farbe und durch Art und Breite der Linien unterschieden werden.

- Beschränken Sie sich auf maximal 20 Datenpunkte pro Diagramm. Das bedeutet zum Beispiel: 4 Linien mit 5 Beobachtungspunkten.

- Verschiedene Linienstile (z.B. durchgezogene, gestrichelte, punktierte, farbige) können die Aussagekraft Ihrer Grafiken erhöhen.

- Unterscheiden Sie die verschiedenen Kurven durch Farbe, Art und Breite der Linien. Farbe ist dabei wirkungsvoller als die Art der Linien.

- Durchgehende Linien sind im Zweifel unterbrochenen vorzuziehen.

Häufigkeitsdiagramme

- Fassen Sie die Datenmengen der Gruppen so zusammen, dass ein aussagefähiges Muster, eine Verteilung sichtbar wird.

- Häufigkeitsverteilungen lassen sich als Säulen- oder als Kurvendiagramme darstellen.

- Säulen sind dann günstiger, wenn die Anzahl der dargestellten Gruppen gering ist (ca. 4 bis 7).

- Verwenden Sie nie weniger als 5 und niemals mehr als 20 Gruppen.

- In der Regel wählt man alle Gruppen gleich breit.

- Definieren Sie die Gruppengrenzen eindeutig. Vermeiden Sie „überlappende" Einteilungen wie: 0-25, 25-30, 30-45, weil z.B. die Zahl 25 in 2 Gruppen auftaucht. Besser: 0-24, 25-29, 30-44 usw.

Punktdiagramme

- Wenn Sie die Punkte im Koordinatensystem beschriften, wird das Diagramm in der Regel unübersichtlich. Es wirkt gefälliger, jedem Punkt einen Buchstaben oder eine Zahl zuzuordnen und an anderer Stelle – in einer Legende – zu erklären.

- Prüfen Sie aber, ob Sie nicht mithilfe einer anderen Schaubildform, z.B. einem Doppel-Balkendiagramm, Ihre Aussage visualisieren können. Sinnvoll bei weniger als 25 Punkten.

- Bei Präsentationen im kaufmännischen Bereich gibt es eine ganze Reihe von Varianten, z.B. die Portfolio-Analyse, die Break-even-Analyse.

Charts mit Stimulanzien

- Stimulanzien müssen zu Ziel, Szenario und Zuhörerkreis passen.

- Keine Stimulanzien bei Präsentationen vor Entscheidungsgremien.

- Bei Cliparts und Cartoons besteht die Gefahr, dass das Auditorium zum x-ten Mal dieselben PowerPointclips und Cartoons erleiden muss. Tragen Sie daher „maßgeschneiderte" Stimulanzien zusammen.

18.7 Optimierung von Computerpräsentationen

Die wesentlichen Rubriken dieser Checkliste

1   Chancen und Risiken von Computerpräsentationen
2   Wie Sie Bildschirmfolien optimieren
3   Wie Sie den Ablauf der Bildschirmpräsentation optimieren
4   Was vor dem Auftritt noch zu bedenken ist
5   Was bei der Durchführung zu beachten ist

1   Chancen und Risiken von Computerpräsentationen

Chancen der Computerpräsentation

- Multimedia-Einsatz

- Imageförderung

- Präsentieren „auf Knopfdruck"

- WWW-Fähigkeit

- Nutzung externer Peripheriegeräte

Risiken der Computerpräsentation

- Der Vortragende tritt in den Hintergrund

- Passivität der Zuhörer

- Ablenkende Effekte

- Computer passt nicht zum Szenario

- Risiko technischer Pannen

Tipps für die Vorbereitung

Nehmen Sie sich vor der Erarbeitung der Bildschirmpräsentation einige Minuten, um Ziel, Zuhörer und Situation sowie Inhalte und Aufbau der Präsentation zu durchdenken.

2 Wie Sie Bildschirmfolien optimieren

Beachten Sie bei der Gestaltung der Bildschirmfolien

- dass *der Inhalt im Mittelpunkt* steht. Animationen und dynamische Elemente dürfen nicht vom Wesentlichen ablenken. Im Zweifel: Zurückhaltung bei Effekten!

- dass die *Überschrift aussagekräftig* ist. Wenn möglich, sollte der Bildschirmtitel bereits die Kernaussage beinhalten.

- dass die *Kerninformation auf einen Blick* zu erkennen ist. Jedes Chart sollte nur ein Thema behandeln. Wichtige Inhalte sind optisch hervorzuheben.

- dass der *Farbeinsatz seriös und sparsam erfolgt.* Entwickeln Sie in Einklang mit der CD-Linie Ihres Unternehmens ein einheitliches und nicht zu lautes Farbsystem.

- dass *Schlüsselworte statt Sätze* verwendet werden. Die gezeigten Textinformationen sollen das gesprochene Wort ergänzen und nicht ersetzen.

- dass *Schaubilder hirngerecht aufbereitet werden.* Bei der Anfertigung der verschiedenen Schaubildvarianten (Kreis-, Linien-, Säulen-, Punktdiagramme usw.) sind spezielle Gestaltungshinweise zu beachten.

3 Wie Sie den Ablauf der Bildschirmpräsentation optimieren

- Begrenzen Sie die Anzahl der Folien (Faustregel: *Eine Folie in etwa 90 Sekunden).*

- Richten Sie Hyperlinks ein, um zum Beispiel in andere Präsentationen zu verzweigen.

- Begrenzen Sie eine Computerpräsentation auf maximal 15 Minuten (Faustregel) und schließen Sie daran eine Frage- oder Diskussionsrunde an.

- Längere Bildschirmdarstellungen können Sie in kurze Abschnitte aufteilen: Screenshow – Diskussion – Screenshow – Diskussion – Screenshow usw.

- Präparieren Sie Leerfolien (in Schwarz oder Dunkelblau), um an bestimmten Stellen Ihrer Bildschirmshow andere dramaturgische Elemente ins Spiel zu bringen.

- Bauen Sie Animationen so auf, dass sie menschlichen Sehgewohnheiten entsprechen (von links nach rechts und von oben nach unten).

- Vermeiden Sie in Ihrer Bildschirmpräsentation eine Reihung gleichförmiger Folien. (Textcharts mit Fotos und anderen Stimulanzien kombinieren)

- Setzen Sie Animationseffekte zurückhaltend ein.

- Titel- und Abschlussfolie nicht animieren.

- Die Titelfolie lenkt die Aufmerksamkeit der Zuhörer direkt auf das Thema und zeigt sowohl den Namen des Referenten als auch das Logo der Unternehmung.

- Die Abschlussfolie beendet Ihre Bildschirmshow und kann zur Diskussion überleiten. Für diesen Fall eignet sich zum Beispiel ein Folienbild mit der Aufschrift „Fragen?" oder „Diskussion".

Ergänzende Hinweise

- Detail- und Extrafolien am Schluss (hinter der Abschlussfolie) einfügen. So können Sie bei speziellen Fragen in der Diskussion sofort reagieren.

- Fehlerquellen ausmerzen. Bitten Sie einen kompetenten Kollegen, die Präsentation sorgfältig hinsichtlich Inhalt, Form und Rechtschreibung mit Ihnen durchzugehen.

- Prüfen Sie, ob die Animationen und Überblendeffekte richtig eingestellt sind.

4   Was vor dem Auftritt noch zu bedenken ist

- Gliederungsübersicht der Folien anfertigen. So sehen Sie auf einen Blick die Reihenfolge der Folien mit den korrespondierenden Foliennummern.

- Üben Sie vorher den Ernstfall und kontrollieren Sie die Zeit.

- Trainieren Sie den Umgang mit Fernbedienung und Laserpointer.

- Trainieren Sie, während einer laufenden Präsentation auf eine bestimmte Bildschirmfolie zu „springen".

- Prägen Sie sich wichtige Tastenkürzel und Befehle für PowerPoint ein:

Ziffer „n" und **Befehlstaste**	Ansteuern der Folie „n"
S oder **.**	Anzeigen eines schwarzen Bildschirms oder Zurückkehren von schwarzem Bildschirm zur Bildschirmpräsentation
W oder **,**	Anzeigen eines leeren, weißen Bildschirms oder Zurückkehren von einem leeren, weißen Bildschirm zur Bildschirmpräsentation

Tipps für die Durchführung einer Computerpräsentation

Sichern Sie einen guten Ersteindruck

Nehmen Sie sich nach einer stressigen Anreise eine „Bordsteinminute", bevor Sie die Tür zum Präsentationsraum öffnen. Vielen helfen die vier positiven Formeln (D. Sarnoff), die Sie sich vor dem Auftritt einige Male innerlich vorsagen:

Ich freue mich, hier zu sein.
Ich freue mich, dass Sie hier sind.
Ich bin ganz für Sie da.
Ich fühle mich gut vorbereitet.

Erst der Mensch – dann die Technik

Zu Anfang einer Computerpräsentation sollte der persönliche Kontakt zum Kunden und nicht die Technik im Mittelpunkt stehen. Sprechen Sie daher die Einleitung in der Nähe der Zuhörer. Es kommt Ihrer Überzeugungswirkung zugute, wenn Sie keine Barriere zwischen sich und dem Publikum haben.

Halten Sie Blickkontakt zum Auditorium

Dies fällt relativ leicht, wenn Sie stehend präsentieren (Fernbedienung nutzen!).

Präsentieren Sie überzeugend und glaubwürdig

- sicher, positiv und seriös auftreten
- vorbereitet und kompetent erscheinen
- kundengerechtes Sprachniveau wählen
- selbst hinter den Produkten stehen
- partnerschaftlich und teamfähig wirken
- mit Einwänden wertschätzend umgehen

Bleiben Sie flexibel

Auch wenn Sie eine Bildschirmshow gut ausgearbeitet haben, können Sie niemals mit Gewissheit sagen, wie Ihre Zuhörer darauf reagieren. Stellen Sie sich daher flexibel auf neue Situationen und Wünsche Ihres Auditoriums ein.

Vermeiden Sie Überlängen

Je länger Ihre (frontale) Multimediapräsentation dauert, umso eher werden die Zuhörer in eine passive Haltung gedrängt.

Inszenieren Sie Ihre Folien

Weil man auf Knopfdruck, also mit wenig Energieaufwand, Charts ein- und ausblenden kann, verführen Bildschirmpräsentationen dazu, die Zuhörer zu überfordern. Gewöhnen Sie sich daran, Computercharts wie auch Overheadfolien oder Dias zuhörergerecht anzukündigen, kurz wirken zu lassen und dann zu erklären. Dies setzt natürlich voraus, dass Sie die Gliederungsübersicht mit der Folienfolge vor Augen haben. Bewährt hat sich diese Schrittfolge:

1. Neues Chart ankündigen: „Auf dem nächsten Bild sehen Sie...", dann Mausklick.

2. Neues Chart einblenden und kurz wirken lassen, damit sich der Zuhörer orientieren kann.

3. Chart erklären, bei Bedarf Zeigehilfe einsetzen. Reaktion der Zuhörer beachten/gegebenenfalls Fragen zulassen.

4. Nächstes Chart ankündigen...Mausklick usw.

Wählen Sie die richtige Zeigehilfe aus

Um wesentliche Punkte hervorzuheben, kommen hauptsächlich zwei Varianten in Frage:

Fernbedienung (Infrarotmaus oder funkgesteuerte Maus mit integriertem Laserpointer).
Laserpointer, falls Sie sitzend präsentieren. Wenn Sie mit dem Mauszeiger markieren, wirkt dies ruhiger als ein Laserpointer.

Kontrollieren Sie die Zeit während des Vortrags

Legen Sie Ihre Uhr gut sichtbar bereit.

„Notprogramme" bei technischen Pannen

Es gibt Ihnen zusätzlich Sicherheit, wenn Sie eines der folgenden „Notprogramme" vorbereitet und trainiert haben:

- „Absturz" während der Präsentation: Sie schalten den Computer/ Dataprojektor aus und bestreiten den verbleibenden Teil Ihrer Präsentation am Overheadprojektor. Legen Sie vorab Ihren Foliensatz gegliedert bereit, sodass Sie rasch die relevante Anschlussfolie finden.

- „Absturz" in der Einstiegsphase der Präsentation: Sie verteilen die Tischvorlage und präsentieren die Inhalte anhand dieses „Dauermediums". Falls ein Hand-out oder ähnliches nicht verfügbar ist, bleibt Ihnen nur der verbale Vortrag und die unterstützende Nutzung des Flipchart oder Copyboards.

- „Absturz" in der Schlussphase der Präsentation: Sie fassen den bisherigen Teile der Präsentation zusammen und leiten in die Diskussion über.